广西大学语言文字学学科建设经费资助

汉语构词法
和造词法研究

◎ 李仕春 著

语文出版社
·北京·

图书在版编目(CIP)数据

汉语构词法和造词法研究/李仕春著. —北京:语文出版社,2010

ISBN 978-7-80241-386-3

Ⅰ.①汉… Ⅱ.①李… Ⅲ.①汉语—构词法—研究
Ⅳ.①H146.1

中国版本图书馆 CIP 数据核字(2010)第 247883 号

汉语构词法和造词法研究

李仕春 著

*

语文出版社出版

100010 北京朝阳门南小街 51 号

E-mail:ywp@ywcbs.com

新华书店经销 河北新华第一印刷有限责任公司印刷

*

890 毫米×1240 毫米 32 开本 8.25 印张 237 千字
2011 年 2 月第 1 版 2011 年 2 月第 1 次印刷
印数:1-2,000 定价:29.00 元

本书如有缺页、倒页、脱页,请寄本社发行部调换。

目 录

序 …………………………………… 张志毅（ 1 ）
内容提要 …………………………………………（ 1 ）
绪　论 ……………………………………………（ 1 ）
 第一节　选题缘由 ………………………………（ 1 ）
 第二节　研究概况 ………………………………（ 2 ）
 第三节　研究目的 ………………………………（ 16 ）
 第四节　研究方法 ………………………………（ 19 ）
 第五节　基本术语的说明 ………………………（ 19 ）
第一章　汉语的构词法和造词法 …………………（ 21 ）
 第一节　语言学史一瞥 …………………………（ 21 ）
 第二节　构词法和造词法的区别 ………………（ 29 ）
 第三节　汉语的构词法体系 ……………………（ 32 ）
 第四节　汉语的造词法体系 ……………………（ 37 ）
第二章　上古汉语的构词法和造词法 ……………（ 44 ）
 第一节　从复音词数据看上古汉语构词法的发展 …（ 44 ）
 第二节　口语词和书面语词复音化程度的差别 …（ 54 ）
 第三节　从复音词数据看上古汉语单音词复音化进程 …（ 57 ）
 第四节　复音单纯词不应看作单音词复音化的桥梁 …（ 63 ）
 第五节　范畴（类概念）的形成在单音词复音化中的作用 …（ 68 ）
 第六节　上古汉语词的构成特点和生成特点 …（ 84 ）
第三章　中古汉语的构词法和造词法 ……………（ 93 ）
 第一节　从复音词数据看中古汉语构词法的发展 …（ 93 ）
 第二节　从复音词数据看佛教类语料构词法的发展 …（104）
 第三节　联合式构词法在中古时期最能产的原因 …（109）
 第四节　词组凝固说献疑 ………………………（117）

  第五节 单音词义变造词的心理机制 …………………… (122)
  第六节 中古汉语词的构成特点和生成特点 ……………… (144)
第四章 近代汉语的构词法和造词法 ………………………………… (147)
  第一节 专书复音词研究的回顾与展望 …………………… (147)
  第二节 专书复音词统计方法新论 …………………………… (156)
  第三节 近代汉语专书复音词的统计 ………………………… (169)
  第四节 从复音词数据看近代汉语构词法的发展 ………… (186)
  第五节 近代汉语词的构成特点和生成特点 ……………… (190)
第五章 现代汉语的构词法和造词法 ………………………………… (193)
  第一节 《毛泽东选集》复音词的统计 ……………………… (193)
  第二节 从复音词数据看现代汉语构词法的发展 ………… (200)
  第三节 义素构词——探讨复合词构造的进一步细化 …… (203)
  第四节 复音词义变造词的心理机制 ………………………… (216)
  第五节 现代汉语词的构成特点和生成特点 ……………… (225)
  第六节 广西粤语复合词的语义构词法研究 ……………… (228)
结 论 ………………………………………………………………………… (233)
所用语料 ……………………………………………………………………… (239)
参考文献 ……………………………………………………………………… (240)
后 记 ………………………………………………………………………… (253)

序

2001年春天，仕春经过考试和考查，录取为硕士研究生。开学以后的三个学期，我便跟他们一起研读"词汇语义学""汉语词汇史""语言学前沿"等课程，每周每人交一份500字以上的读书笔记。其中必须写四方面内容：一、侧重于思想方法的读书心得（笔记的重点），二、对原书章节的批评（理论、结构、语言），三、提出问题（课内外的大小问题，查工具书后仍存疑的），四、读相关参考书的摘要报告。上课便报告读书笔记，讲评读书笔记，根据共性问题扩展讲解、讨论新内容、新理论、新思维。其训练着眼于理性思维、创新思想、广阔视野和写说能力等。仕春虽自谦"天性驽钝"，但他能独行其是，三个学期他对"科学学"，即元科学、元理论情有独钟。到南京大学读博的前两个学期他更注意学习和总结治学理论和方法。因此他的进步是飞跃的：从自发到自觉，从感性到理性。这条以论带史、以写带读的路子，可以分解出几个要点。

原子和整体互补，正如枝干依存。这是哲学观。宏观制约着专题研究中的点、线、面、体及其与认知辖域（基体）的关系。仕春读博期间写出了20多篇"一干多枝"的论文，如：构词法和造词法研究综述一类论文5篇，构词法和造词法体系研究一类创新论文5篇，从数据看汉语构词法各时期的发展一类创新论文5篇，汉语词汇复音化一类创新论文4篇，专书复音词统计方法新论一类论文6篇。这些论文是原子，是枝条，构成整体、主干，形成一篇原子密集、枝条丰茂的博士论文——《汉语构词法和造词法研究》。真是独树一帜。

"研究概况""语言学史一瞥"两节，力图从史见论。其文献综述，不是文献的排列和分类，而是抽取思想，上升范畴，分清流派。真正的学者只有站在哲学、学科、专题各级多派学说史的高峰，才能超越狭隘的视域，才能脱去工匠气，显示出一览众山小的大师风范。

论文力争达到前沿。如何达到前沿？必须阅读三阶段的三类文献。三阶段的文献是：以有史以来的经典文献的有关论述为源头，以现当代名著的有关论述为线索，以最近的新论为前沿的新战报（重点）。三类文献是：汉语文献，汉外文献（翻译、编译、译介论著），外语文献。三者缺一，尤其是缺少后一段、后二类文献，那便成了国粹的陈年老账，而学术大势显示：至今几乎没有什么是阈于一国的国粹。

  论文尽力用理论导航。只有新理论，才是科研的导航仪。新理论引导阅读，引导观察，引导构思，引导选材做舟，引导舟舰远航。来源于实践的理论，多带些直感性。高端的新理论，多来源于对前人成说的创造性继承，对域外学说的创造性借鉴，对学科内、学科外有关范畴的创造性移植，对已有思想成果的创造性思索。新理论包括：本专题学说史，新范畴的创造，新判断的创立，新推理的创建，新体系的构建。

  论文把定量分析法发挥到极致。定量的时域，从毛公鼎到毛选；书类有经史子集；项目类有字、词、词类、词频、单音词、复音词、单纯词、合成词、复合词及其构词法和造词法；总数据有8000多。用数据比用事实说话更加可信。定量分析，常有开云见日之效。内省简单枚举法，常弄得乌云蔽日。萨丕尔早就指出："举例性质资料不足以用作论据。"只有在足量资料中选出的例子，才能用作论据。在当今时代，只有对足量或全量做定量分析的资料，才能用作当今的论据。论文多处拨开旧说之云，洞见新说之日。材料是骨骼，是血肉；没有骨骼和血肉，灵魂无以寄托。材料是舟舰；没有舟舰，理论无以导航。

  赞佩之外，也有点遗憾。"研究概况""语言学史一瞥"两节，国外构词学说，如布龙菲尔德的、俄国多位学者的，还有赵元任创建的构词的句法模型，汉外构词法比较，都写得不到位。因此，不能回答有人提出的所谓的"张冠李戴"问题。这在一定程度上，给论文留下一个缺口。不知仕春以为然否？

  总之，仕春这厚重的论文，是材料做舟，理论导航。奉序为贺。

张志毅

2010年6月20日

海滨一隅

内容提要

　　本书在已有构词法和造词法研究成果的基础上,结合语言学理论(特别是认知语言学理论)及其他相关学科的理论,对汉语词的构成特点和生成特点作进一步的研究。每一个问题的研究模式都是在追述中进行创新,都是在充分回顾前修时彦研究的基础上,再进行创新式的论述,从而形成开放型的理论框架。

　　绪论部分交待本书写作缘由,以及本书所选课题的研究概况、研究目的、研究方法等。

　　第一章通过叙述普遍语法在语言学史上的传承关系,认为我们应改变传统的用印欧语眼光研究汉语(即把印欧语的结构移植到汉语并以为是汉语结构)的做法,应该从更高层次上借鉴西方语言学史上不同时代的学者对同一个语言问题总是结合自己的时代特点从不同角度进行研究的做法。在回顾汉语构词法和造词法研究概况的基础上,结合汉语复合词语义构成特点改传统汉语复合词的七分法为二分法,改过去按汉语词的结构构建造词法体系为从发生学的角度和语义构成的角度推演出汉语造词法体系,挖掘汉语构词和造词的特点。

　　第二章在勾勒上古汉语构词法发展概况的基础上,把数量、频率、义项、构词方式是否完备等四个方面作为判定单音词复音化在上古汉语进程中的标准。针对朱庆之、唐子恒等认为"越是口语性强的作品复音化程度越高"的观点,本书提出汉语复音化之初越是口语性强的作品复音化程度越高,但到了春秋战国时期却反过来,越是书面语性强的作品复音化程度越高的观点;针对徐通锵、周荐等认为"复音单纯词是单音词复音化的桥梁"的观点,本书提出复音单纯词是汉语造词的副产品,不是单音词复音化的桥梁,它只是汉语单音词复音化的一种表现形式,是人们为了更好地进行表情达意而采用的一种辅助形式;对汉语中单音词复音化的现象进行了重新探讨,说明类概念的形成在单音词复音化中的作用,而后介绍了上古汉语词的构成特点和生成特点。

第三章在描写中古汉语构词法发展概况的基础上,特别论述了汉语构词法在以汉译佛经为主的佛教类语料中的发展。认为中古汉语的构词法在佛教类语料和中土文献中是同步发展的,包括单音词复音化的程度,各专书中各类复音词占复音词总数的百分比以及各类复合词占复合词总数的百分比等等。指出在中古时期佛教类语料和中土文献中都是联合式构词法的能产性大于偏正式构词法,并且两者在能产性上的差异非常显著,这是该时期构词法最为突出的特色之一。基于此,本书对《中国语文》1998年第3期发表的沈怀兴论文中的观点"偏正式构词法一直最能产"提出了商榷性意见。解释了中古时期联合式构词法最能产的原因,介绍了单音词义变造词的心理机制,运用现代语言文字学理论分析了训诂学中的"反训"现象,同时指出"反训共词"也是词义变化的一种,但占的比重非常小。最后,总结出中古汉语词的构成特点和生成特点。

第四章对专书复音词研究情况进行了回顾与展望,认为目前学界主要集中在上古、中古时期文献中的专书复音词,对近代汉语文献中的专书复音词研究的比较少,不能反映近代汉语构词法发展的概况,进而介绍了专书复音词统计的新方法,并用这种方法对近代汉语几部有代表性文献中的复音词进行了统计,最后总结出近代汉语构词法发展概况。在此基础上,探讨近代汉语词的构成特点和生成特点。

第五章通过《毛泽东选集》中统计出来的有关复音词的数据并结合其他学者统计的数据看现代汉语构词法的发展概况。为了认识现代汉语中复音词词义和其构成成分——词素义之间的关系,论述了义素构词——探讨复合词构造进一步细化,探讨了复合词义变造词的心理机制。最后,论述了现代汉语的构成特点和生成特点。

结论部分总结了本书的创新之处并提出了今后进一步研究的设想。

绪 论

第一节 选题缘由

迄今为止,已有多位学者从多个角度多个层面对汉语词的构成规律和生成规律进行了研究,一方面他们在确立汉语构词法和造词法理论体系方面已经取得了一致或比较一致的认识,另一方面在这些理论的指导下,对汉语词的构成特点和生成特点的研究也取得了可喜的进展。在这种情况下再次对汉语构词法和造词法进行研究还有没有余地?也即已有汉语构词法和造词法理论体系还有没有值得补充的地方?自王力、吕叔湘提倡在汉语史研究中重视专书研究以来,已有近百名学者利用已有构词法理论和造词法理论对专书中的复音词进行了研究,他们得出了哪些研究成果?这些成果有没有学术价值?对建立汉语构词法发展史和造词法发展史有没有用?这便是本书要回答的问题。为此,我们在本书的写作过程中始终考虑的问题是:怎样在老课题中发现新课题?怎样在已有的论述中找到新的学术生长点?怎样把已有的成果推向更高一级的发展?

辩证唯物主义和历史唯物主义认为由实践到认识,再由认识到实践,如此"实践,认识,再实践,再认识,这种形式循环往复以至无穷,而实践和认识之每一个循环的内容,都比较地进到了高一级的程度"[1]。这就是认识从简单到复杂,从低级到高级,从有限趋向于无限的发展过程。这种认识,从形式上看,是实践、认识、实践的往复循环;从内容上看,每一次循环都比较地进到了高一级的程度。以此作指导,在总结已有构词法、造词法理论的基础上,结合最新的语言学及相关学科的理论,对已有构词法、造词法理论加以审视,发现其中的不足,构建

---

[1]《毛泽东选集》第 1 卷(第二版),北京:人民出版社,1991,第 296 – 297 页。

新的构词法和造词法理论。然后再以这些理论作指导挖掘汉语特点,在此基础上进一步丰富现有理论。理论的探讨和汉语特点的挖掘是我们追求的终极目标。

详人之略,略人之详——利用已有构词法和造词法的研究成果把我们对于构词法和造词法的研究联系起来——别人已论述的我们略之,他人论述不深入或没有论述的,我们详细论述,已有的论述是联系我们散漫思想的经脉。我们的研究主要表现在:利用近年兴起的认知语言学的有关理论详细论述前修时彦在研究汉语构词法和造词法过程中没有涉及的部分,或就前修时彦已有观点提出商榷性的意见,或在已有理论指导下挖掘汉语的特点,进而回归理论,丰富现有理论。

第二节 研究概况

早在先秦时期就有一些学者如孔子、墨子、荀子等开始了对词构成和生成问题的零星研究,但真正成系统的具有现代语言学意义的构词法研究应该从1898年马建忠的《马氏文通》开始,而造词法研究则是从1956年孙常叙的《汉语词汇》开始。

0.2.1 构词法研究述评

0.2.1.1 构词法研究小史

汉语构词法的研究始于汉语复音词构成的研究,远在先秦时期就有一些学者如墨子、荀子等开始注意汉语中词的构成问题,但真正成系统的具有现代语言学意义的构词法研究应该从1898年马建忠《马氏文通》开始。从那时到现在,汉语构词法研究史已经有100多年了,在此过程中,学者们研究构词法的角度、目的、方法、术语[①]不断改变,这种改变反映了人们对汉语复音词的构造在认识上不断深入,本节主要从研究对

---

① 本节的回顾和5.3.1节《复合词构造研究小史》有相同的一面和不同的一面,两者互补,从术语变换的角度回顾汉语构词法研究史的论述见5.3.1节。

象、角度、目的、方法等 4 个方面回顾汉语构词法的研究历程①。

(一)汉语构词法体系的孕育时期

早期汉语构词法的论述散见于语法书的各章节中,仅是举例性质地介绍了汉语中的几类词的结构,例如:《马氏文通》介绍了三类复音词:(1)马建忠沿袭了传统小学术语把复合词的构成成分看成是"字",从"字"与"字"之间的语法关系和语义关系两方面描写复合词:语法方面把复合词称为"名字骈列"、"动字骈列",语义方面把"骈列"分为"两字对待"、"双字同义";(2)称附加式复合词前缀为"加字"、"前加",后缀为"殿字"、"后附";(3)沿袭了传统"双声"、"叠韵"、"重言"等术语来描写现在的复音单纯词。《马氏文通》初步奠定了构词法体系的雏形,后来的学者大都遵循马建忠的做法建构汉语构词法体系,如:

薛祥绥《中国言语文字说略》(1919),刘复《中国文法通论》(1920),金兆梓《国文法之研究》(1922),胡以鲁《国语学草创》(1923)等著作除了术语上的不同外都没有超出马氏创建的构词法体系。

黎锦熙《复音词类构成表》(1923)和夏丏尊《双字词语的构成方式》(1946)代表了这段时期汉语构词法研究的成果,而后者"显由黎氏体系脱胎而来,但比黎氏分得更合理"②。黎锦熙把汉语的构词法体系分为 3 个大类,15 个小类,30 个次小类,11 个再次小类,夏丏尊则分 5 大类 21 小类。

构词法研究对象方面,该时期的学者在研究构词法时并没有把单音词排除,例如王力(1943:11-17)在谈到字和词的关系时列了下表,就把单音词包括了进来(左);吕叔湘(1944/1982:82-87)(右):

---

①对某一问题的回顾,大致有两种方法:一是偏重于文献史的综述;二是偏重于学术史的综述。就词法来讲,文献史的综述表现在诸位学者回顾构词法研究史时,仅是按照时间顺序罗列出与构词法研究有关的文献,一定程度上忽略了各文献之间在理论上的传承关系以及当时影响构词法研究的各种语言内部因素和外部因素。我们在回顾构词法和造词法的研究史时力争做到文献史和学术史兼顾,从纷繁复杂的文献数据中找出贯穿其中的理论和方法,并注意它们之间的传承关系,最终达到在通读文献史的基础上理清学术史,使我们对汉语构词法和造词法的进一步研究定位在较高的学术起点上。

②潘文国、叶步青、韩洋《汉语的构词法研究》,上海:华东师范大学出版社,2004,第 32 页。

```
        ┌单音词──由一个字组成     ┌单词(单音缀、单字)──树……        ┐单纯性
词 ┤           ┌双音词         ┤                    枇杷……        
    └复音词─┤三音词         └复词(复音缀、复字)┬院子(词根加词尾)┐复合性
                  └四音词                              └枇杷树(词加词)┘
```

事实上,也可以把上表看作一个简要的构词法大纲,此外该时期其他学者在论述复音词的构成时,也程度不同地注意到了单音词和复音词的关系。王力、吕叔湘等在讨论词的结构时,虽然把单音词也列进了表中,但在今天看来这样做的目的主要是为了区分字和词,而不是明确地把单音词看作构词法研究的对象。

该时期的成就是:参照印欧语词的结构方式,用内省简单枚举法列出了汉语中的几类复音词,初步确立了汉语构词法大纲,注意到后来被称为合成词的"名字骈列"、"动字骈列"等,被称为派生词的"前加"、"后附"以及被称为复音单纯词的双声、叠韵等复音词,确立了从复合词成分间的语法关系和语义关系分析复合词的构成模式,从语音构成方面分析复音单纯词的构成模式。虽然把汉语的单音词和复音词作为构词法的研究对象,但是忽略了两者之间的联系。

(二)基于语法构成的汉语构词法体系的成熟时期

从 20 世纪 50 - 60 年代开始,构词法的研究,一方面在汉语拼音化的影响下开始服务于正词法,目的是解决词儿连写的问题以服务于当时政治的需要;另一方面,由于结构主义语言学的研究方法在当时汉语学界影响很大,所以构词法研究领域也主要是运用结构主义的方法研究词的构成,例如赵元任 *A Grammar of Spoken Chinese*(1948)、陆志韦《汉语的构词法》(1957)等著作就是运用结构主义的方法描写汉语词的构成,同时这些著作的出现也标志着汉语构词法的研究进入以双音节词为主的现代汉语构词法研究时期。[①] 他们主要从语法构成方面研究构词法并建立了基于现代汉语语法体系的构词法体系,这一体系直到现在还在构词法研究领域占统治地位。从这一体系出发就得出了"汉语复合词的组成成分之间的结构关系是和句法结构关系一致的"[②]的结论。

[①]《汉语的构词法》就明确指出不把单音词作为构词法的研究对象,例如他在说到构词法选择资料的标准和手续时,说:"单音节词不收。"陆志韦《汉语的构词法》,北京:科学出版社,1957,第 11 页。

[②]朱德熙《语法讲义》,北京:商务印书馆,2004 年,第 51 页。

李荣1952年把赵元任1948年写的《国语入门》编译成中文,以《北京口语语法》为书名发表。该书首次运用结构主义的方法从语法方面描写复合词的构成。随后,陆志韦(1957)等编著的《汉语的构词法》一书运用结构主义的方法,从语法方面全面详尽地分析了汉语的构词法,该书是第一部专门研究汉语构词法的专著,建立了较完备的构词法体系,按照词内部的结构关系把词分为9个大类:"多音的根词(复音单纯词)"、"并立"、"重叠"、"向心(修饰)"、"后补"、"动宾"、"主谓"、"前置成分"、"后置成分",《汉语的构词法》的这种分类已经和今天各高校用的《现代汉语》教材相差无几了。

20世纪50~60年代,词素(语素)概念引入我国语言学界后,学界便用它作为单位探讨复合词的构成①。随着"字"、"词"的区分,词素(或语素)的定义进一步明确,与构词法研究有关的术语,如单纯词、复合词等的定义也都逐渐明确了,这样一个从语法方面反映汉语复音词构成的构词法体系就形成了。这是因为,以"语素"(或"词素")为单位分析复合词的结构,便于把复合词和其构成成分区分开,把它们看成是不同语法层面的问题,形成层级性的体系。到80年代中期,已经建立了基于语法构成的现代汉语复音词构词法体系,具体表现在:从语法构成上把合成词分为联合、偏正、动宾、动补、主谓5类,列表如下:

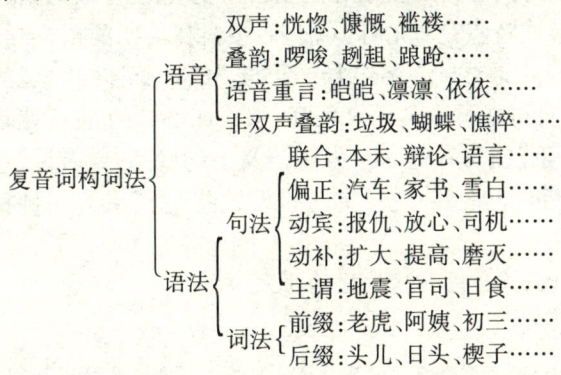

---

① 丁声树等的《现代汉语语法讲话》,北京:商务印书馆,(1961)第219页。已经不再以"字"或"词"为单位分析复合词的构成成分,而是代之以"成分"来说明,例如:他说并列式复合词就是"意义相同或相近的成分并列起来造成的一个词"或"意义相对或相反的成分并列起来造成的一个词";偏正式复合词就是"由一个修饰成分加在中心成分前面而造成的一个词"。

上文说过,从20世纪50年代开始,随着结构主义语言学的兴起,基于语法构成的语义构成研究逐渐淡出了构词法研究视野①,但从70年代末期开始,基于语法构成的语义构成研究却在专书复音词研究领域兴盛起来。专书复音词研究主要是运用现代汉语构词法理论分析专书中的复音词,从语法和语义两方面分析专书中复合词的构成,先把合成词按词素间的语法关系分为五类,然后再从词素间的语义关系描写每类复合词的语义构成,具体情况参见4.1节《专书复音词研究的回顾与展望》。

(三)汉语构词法研究的多元化时期

从20世纪90年代开始,人们开始了多角度的现代汉语构词法研究,表现在:

(1)从语义②方面对构词法的研究

徐通锵《语言论》(1997)提出语义构词法,他把"1个汉字=1个义类1个义象"作为汉语编码的基本规则,根据汉语社团"比类取象"、"援物比类"的两点论思维方式,提出了双字编码的汉语构辞规则,即向心构辞法和离心构辞法。向心构辞法就是核心字居后、前字描述核心字的语义特征而构成辞(字组)的方法,用这种方法构成的词就是向心辞。离心构辞法与向心构辞法相对,是从另一个角度考察汉语的语义构辞法。它的形式特点是核心字居前,后字衬托前字的语义功能。如果说向心辞的"心"是看核心字作为一个"类"能接受哪些"象"的描述,借以显示它本身可能具有的语义特征,那么离心辞的"心"就是看核心字作为一种"象"能与哪些"类"发生语义上的联系,或者说,这个"心"的语义功能能够统辖哪一些"类",说明这些"类"具有一种相同的语义特征。③

(2)从语音④、韵律角度对构词法的研究

---

①《汉语的构词法》第2页说道:"假若意义虽然改变了而仍然是词,那末,叫做一个词或是两个词,只是词典学的问题,不是构词学的问题。"他们明确把意义排斥在构词法研究之外。

②这里对汉语复合词语义构成的描写和本书构建的基于语法构成的语义构成描写是不同的。

③徐通锵《语言论》,长春:东北师范大学出版社,1997,第369-378页。

④这里对语音构成的描写与对复音单纯词语音构成的描写含义不一样。

尽管郭绍虞《中国语词之弹性作用》(1938)，吕叔湘《现代汉语单双音节问题初探》(1963)等早就从语音方面开始了对汉语构词问题的思考，但直到20世纪90年代后才又重新提出来，并把它和构词法明确地联系在一起，例如冯胜利《汉语的韵律、词法与句法》(1992)则提出了韵律构词法，王洪君《汉语非线性音系学——汉语的音系格局与单字音》(1999)等分别从汉语的节律、声律、重音、轻重等方面来研究汉语的构词法。

(3) 语音、语义、语法融合的趋势

作为语言单位的词是音义结合体，汉语的复合词除了音义结合外，还有词素与词素的组合问题等。词的生成与音义以及句法都有关系，作为词生成之体现的构词法必然也与上述因素有关，因此，人们在分别从语音、语义、语法角度描述了汉语词的构成以后，再把这三者结合起来，用综合的眼光看待汉语词的构成是很自然的，例如冯胜利《论汉语"词"的多维性》(2001)、叶文曦《汉语语义范畴的层级结构和构词的语义问题》(2004)就开了这样研究的先河。

0.2.1.2 构词法研究的成就与不足

(一) 构词法研究的对象方面

现代汉语构词法的研究对象集中在复音词特别是双音词研究上，把单音词排除在外。双音节词是在单音节词的基础上派生出来的，如果对单音词的结构特点把握不清楚，对双音词构成的描写及其生成的解释就会欠妥，因此，单音词也应该成为构词法的研究对象。词是语言中最小的可以独立运用的音义结合体，在以单音节为主的语言系统中，词的滋生和繁衍主要靠单音词的音变造词和义变造词来完成的[①]，这样单音词的语音构成和语义构成就应该成为构词法研究的对象；而在以双音节为主的语言系统中，单音词的音变造词和义变造词已经不是主流造词法了，代之而起的是词素和词素按照一定的结构关系生成的复合词，此时汉语造词法系统中就包含了单音词的音变造词和义变造词，复音词的音变造词和义变造词以及词素和词素按照一定的结构关系生成的复合词，以上三种方式生成的词都应作为构词法研究的对象。

[①] 在上古汉语中，还要考虑汉字的形体对造词的影响。

值得一提的是徐通锵《语言论》(1997)以汉语是语义型语言作为指导思想,提出语义构辞法,利用向心构辞法和离心构辞法把对单音词的语义构成和复音词的语义构成的描写联系在了一起,注意到了两者之间在语义构成上的传承关系。

(二)构词法研究的角度方面

目前,从语法角度对构词法的研究已经取得了一致的认识,但语音、语义方面的研究还处在初步探索阶段,特别是把语音、语义、语法结合起来的研究更是处于萌芽阶段。

(三)构词法研究的方法方面

在研究方法上过于片面,主要是运用自治的原则,用微观语言学即结构主义的方法对汉语词的构成(包括语音构成、语法构成、语义构成)进行描写,于是出现了词组的凝固、词汇化、韵律构词等说法。用定性—定量—定性循环往复法,对汉语各类构词法进行数字说明:面对汉语中纷繁复杂的复音词汇,学者们用归纳的方法首先分为复音单纯词和复合词两大类,然后对每一类再继续细分,在此基础上对每类复合词进行定量统计,得出各类复合词的比例。

(四)构词法发展概况的研究方面

构词法发展概况的研究主要体现在专书复音词研究方面:(1)专书复音词研究集中在先秦两汉魏晋南北朝时期,通过对该时期专书复音词的研究,基本可以勾勒出汉语构词法在上古、中古时期的发展史。由于唐宋元明清时期语料繁杂不好把握,很少有人对其中的复音词进行研究,不能勾画出该时期汉语构词法发展的概况,需要进一步研究;(2)对复音词、复合词的成因有了一致的认识,但对各类复音词特别是各类复合词在汉语史上的具体发展状况,缺乏进一步研究。

0.2.1.3 小结

构词法就是研究词的结构规律的科学,兴起于20世纪初。从20世纪50~60年代起构词法研究主要集中于从语法方面分析现代汉语复音词的构成。20世纪70年代末80年代初随着专书复音词研究的兴起,学者们逐渐运用已有的构词法成果从语法和语义两个方面研究专书复音词的构成。20世纪90年代开始从语法、语音、语义等方面进行多角度的研究。

0.2.2 造词法研究述评

汉语经历了以单音词为主的上古汉语时期,和以双音节为主的现代汉语时期,相应的汉语词生成问题的研究也分成两派:一派的历史可谓是源远流长,从先秦时期就开始了,他们侧重于对上古汉语单音词生成的研究;另一派是真正成系统的具有现代语言学意义的造词法研究,从1956年孙常叙的《汉语词汇》开始,侧重于对现代汉语复音词生成问题的研究。下面就是对这两派不同的研究对象、方法的简要回顾。

0.2.2.1 造词法研究小史

(一)上古汉语单音词生成问题的研究

早在先秦时期,人们就开始了对词生成问题的研究,例如先秦诸子关于"名"、"实"的论争简直就和古希腊论争词起源于"约定"还是"本质"的问题如出一辙。汉代刘熙《释名》用声训的方法解释词的得名之由,则是探讨名物起源的发轫之作,宋代的右文说,清代的因声求义等无不是在探讨词的得名之由。进入20世纪后,秉承这一传统的是一些研究汉语词族或语源的学者,例如章太炎《文始》(1910),高本汉《汉语词族》(1934),王力《同源字典》(1982),任继昉《汉语语源学》(1992),张希峰《汉语词族丛考》(1999)、《汉语词族续考》(2000)、《汉语词族三考》(2004),张博《汉语同族词的系统性与验证方法》(2003)等都是探讨词语得名之由的大作。他们考察的对象以上古汉语中的单音词为主,通过单音词之间的音义关系确定词族。

20世纪上半世纪,随着结构主义语言学理论的引进,人们的注意力逐渐集中于研究汉语复音词的构成,一定程度上忽略了复音词生成问题的研究,直到1956年孙常叙《汉语词汇》提出汉语的造词法,复音词生成问题的研究开始引起人们的注意。

(二)1956年以后现代汉语复音词生成问题的研究

造词法研究是在构词法研究基础上发展起来的,这种由构词法研究向造词法研究转变的趋势(即由对词结构的描写转向对词生成、对词为什么会有这样结构的解释),既符合语言学发展的大趋势,也符合人类对事物的认知顺序。

20世纪西方语言学发展的趋势是由对语言的描写转向对语言的

解释,表现为:上半世纪是结构主义语言学的世纪,结构主义语言学始由索绪尔首创,随后由布龙菲尔德发展壮大,他们以实证主义为哲学基础,设计出一套可以操作的分析程序对语言进行科学的描写,成果是详尽地描写了处于语言表层的语法结构,为后来的语言学研究打下坚实的基础,后来的各个语言学流派都是在此基础上对语言进行研究的;下半世纪,随着乔姆斯基转换生成语言学,弗斯、韩礼德的系统功能语言学,以及认知语言学的兴起,他们进一步强调在对语言描写的基础上进行解释。无疑,西方语言学研究的这种转向深深地影响着汉语研究的走向,并且在汉语研究的各个方面表现出来。

相应地,汉语词的研究方向,也经历了由侧重于对词构成的研究到同时重视对词构成和词生成问题的研究。当人们对词的语法、语义和语音的构成已经有了一定认识,也即人们对汉语词的构成即对词怎么样的描写已经比较清楚的情况下,对语言中的词为什么会有这种构成的回答即对词生成的解释自然就被提了出来,造词法的兴起正是在这一大背景下出现的。

0.2.2.2 汉语造词法研究的成果

1956年以后汉语造词法研究的成果主要表现在以下三个方面:

(一)明确提出了造词法不同于构词法的观点(详见1.2节《构词法和造词法的区别》)

(二)建立了基于语法构成的造词法体系——造词法体系的模仿

孙常叙《汉语词汇》(1956)、任学良《汉语造词法》(1981)探讨了汉语造词法的问题,他们主要借用构词法的体系,建立了基于语法构成的造词法体系。

孙常叙从造词的社会基础、认识基础、语言基础等三个方面开研究造词法的先河,其研究造词视野之宽广是后来学者所无法超越的[①]。孙常叙按照构成造词素材的要素在造词过程中的运用情况给造词法分类,他构建的汉语造词法体系[②],我们列举如下:

[①] 孙常叙《汉语词汇》,北京:商务印书馆,1956/2006,第72-80页。
[②] 孙常叙《汉语词汇》,北京:商务印书馆,1956/2006,第83-84页。

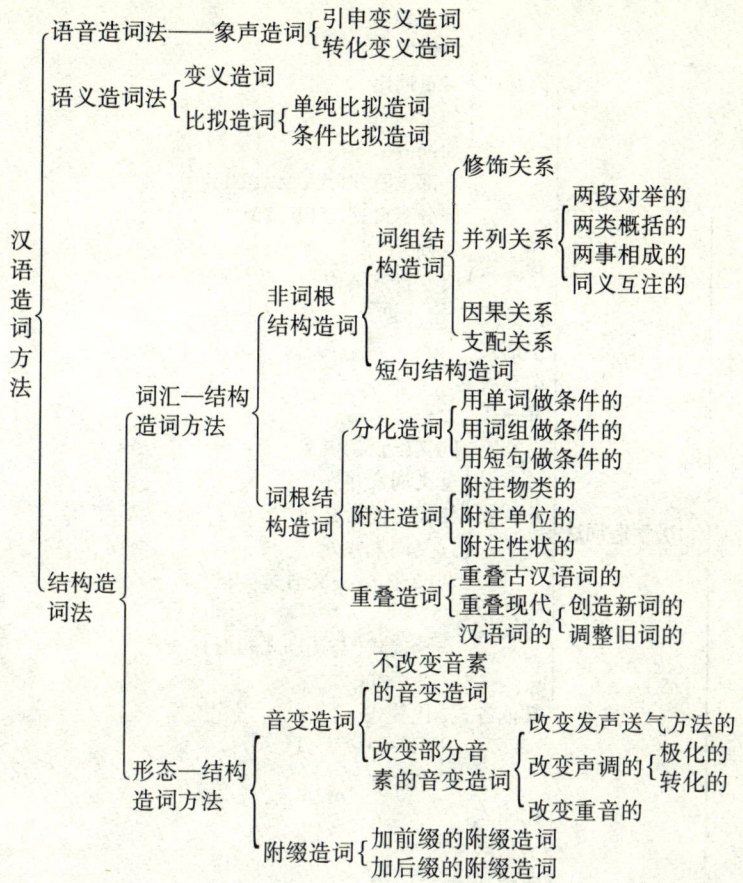

孙常叙构拟的造词法体系和已有构词法体系在总体上是一致的，例如"词组结构造词"中除了"因果关系"外"修饰关系"、"并列关系"、"支配关系"和构词法中"偏正式""联合式"、"支配式"（动宾式）构词法是一致的，"分化造词"和"偏正式"构词法一致，"重叠造词"和"重叠式"构词法相一致，"附缀造词"则简直就是构词法中"附加式构词法"的翻版，另外的"音变造词"则和构词法中复音单纯词的种类差不多，只有"语义造词方法"是已有构词法体系所不包括的。

任学良从逻辑方面，根据造词原料和造词方法的不同分成5种造词法[1]，他建立的"造词法"体系的大纲和细目如下：

---

[1] 任学良《汉语造词法》，北京：中国社会科学出版社，1981，第3-4页。

```
                          ┌ 加词头
                          │ 加词尾
                   ┌ 附加式┤ 多重词尾
                   │      │ 加量词
                   │      └ 加词嵌
        词法学造词法┤ 重叠式 ┌ 全部重叠式（AA、AABB）
                   │       └ 部分重叠式（ABB、AAB）
                   │ 音变式 ┌ 变调
                   │       └ 改变音节结构
                   └ 转类式
                   ┌ 主谓式
                   │ 谓宾式
                   │ 补充式
                   │       ┌ 同义（近义）并列
                   │       │ 反义词素并列
        句法学造词法┤ 并列式┤ 相关的词素并列
                   │       │ 远义词素并列
                   │       └ 两义并立，一义消失
                   │ 主从式
                   │        ┌ 承接式（与连动式相似）
                   │        │ 兼语式
                   └ 其他各式┤ 代替式
                            │ "以……为"式
                            └ 变序式
                   ┌ 比喻式
                   │ 借代式
                   │ 夸张式
                   │ 敬称式
        修辞学造词法┤ 谦称式
                   │ 婉言式
                   │ 对比式
                   └ 仿词式
                   ┌ 取声命名式
                   │ 取声表情式
                   │ 单纯拟声式
        语音学造词法┤ 双声式
                   │ 叠韵式
                   │ 合音式
                   └ 音译式
        综合式造词法
```

在任学良的造词法体系中,综合式造词法又分为以下几类:(1)词法内部综合式,(2)句法内部综合式,(3)词法—句法综合式,(4)语音—句法综合式,(5)修辞—句法综合式。每类下面再分次小类,显得非常纷繁复杂。

任学良建立的造词法体系除了"修辞学造词法"是已有构词法体系所不曾有的以外,其他的和已有构词法体系中所列的构词法类型基本一致。

孙常叙、任学良确立的造词法体系偏重于研究现代汉语词的生成问题,其出发点并没有超出结构主义语言学的范畴,依旧是运用结构主义方法按照词的构成给汉语中已有的词分类,表现在他们所确立的造词法体系的主干上就是拿汉语词的结构模式如联合式、偏正式、主谓式、动宾式等等来套用汉语词的生成方式,并认为这类词法结构就是造词法,讨论词的生成时只是换了术语,把"构词"说成"造词";在实际分析词的生成时,还是用了构词法的理论、方法,并没有实质性的改变,正是在这个意义上我们说他们所建立的造词法体系是基于语法构成的造词法体系。

(三)另起炉灶的造词法研究——造词法体系的创新

刘叔新《复合词结构的词汇属性——兼论语法学、词汇学同构词法的关系》(1990)率先提出词法结构不同于句法结构的观点,认为前者要比后者复杂得多,基于这种认识他另造了一套造词法体系。

刘叔新特别强调造词法的分类标准,认为造词法的分类标准要统一。他首先按照使用什么样的造词材料造新词这个标准把汉语造词法分出三大式,然后在此基础上再细分。① 刘叔新构建的造词法体系列表②如下:

---

① 刘叔新《汉语描写词汇学》,北京:商务印书馆,1998/2005,第 101–102 页。
② 刘叔新《汉语描写词汇学》,北京:商务印书馆,1998/2005,第 128 页。

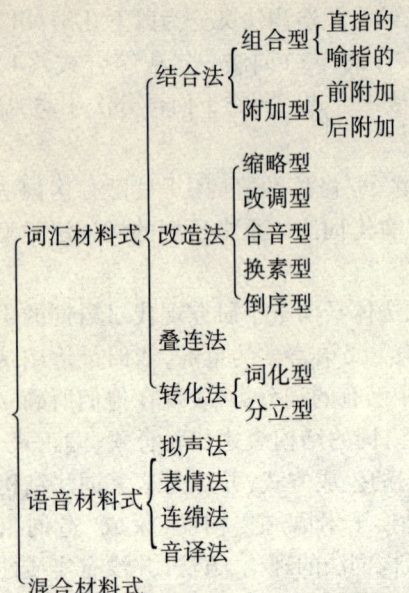

葛本仪(1986/2001)在论述了构词法和造词法的异同之后,按照人们造词时所根据的本民族的语言习惯,以及掌握和运用现有语言材料的不同方法①,采取一刀切的形式,构建了另一套造词法体系②:

(1)音义任意结合法,(2)摹声法,(3)音变法,(4)说明法,(5)比拟法,(6)引申法,(7)双音法,(8)简缩法。

葛本仪主要是从逻辑的角度构拟汉语造词法体系的。

刘中福(2003)的造词法体系:约合法、音合法、契合法、转合法、移合法等六种。

刘叔新、葛本仪、刘中福等学者构建的造词法体系虽然另造了一套术语,但仍然是从词的结构出发构拟汉语造词法体系,存在系统性不强,分类不合理的现象,不能真正反映词的生成机制。

以上学者在造词法分类上的共同特点就是从造词所用的材料的特点及所用材料的变化出发,按照词的结构形式,用归纳法给造词法分类。

---

①葛本仪《现代汉语词汇学》,山东:山东教育出版社,2001,第76页。
②葛本仪《现代汉语词汇学》,山东:山东教育出版社,2001,第76-88页。

0.2.2.3 以往研究的疏漏

如上所述,虽然已有的造词法体系在很大程度上揭示了汉语词的生成,但也存在问题,表现在:

(一)与基于语法构成的构词法体系相比,造词法体系很不统一,几乎每一家都确立了一套自己的造词法体系,各家用的术语也有不尽一致之处。

(二)对造词法的研究徘徊于对词的结构分类上,并且在造词法的分类上也存在着划分标准不统一的现象。

(三)出现了造词法和构词法脱节的现象,事实上造词法和构词法是有机联系的整体,是一个问题的两个方面。

(四)对造词的具体方法划分得过于琐细,这样做尽管能说明词的生成问题,但是,事实上造词是大众的造词,是人们生活的一部分,很多人并不懂学者们定的造词方法就能造词,因此在我们看来造词是一项简单明了的人人都可以掌握的事,所以造词法也应简单易懂。

(五)研究对象不够全面。

现代汉语造词法的研究注重复音词生成,忽略了传统字源学(即词源学)的研究,没有注意单音词造词法和复合词造词法之间的传承关系,事实上在单音词生成的基础上产生的复合词造词法是和单音词造词法有着紧密联系的。

(六)专门研究造词法的人数少。

与构词法研究人员相比,专门研究造词法的人数少,这说明对词生成问题的研究还没有引起大多数学者的注意。

(七)上述学者确立的造词法体系是针对现代汉语的,他们确立的造词法体系的出发点仍然没有超出结构主义语言学的范畴,仍用结构主义观点研究汉语词的生成,表现为他们主要在语言学的范围内讨论词的生成。例如:

简缩造词法,只不过是描写了本来是一个短语,通过选择能代表该短语意思的语素组词的一种现象,如果从语法构成的角度着眼,自然是简缩,是一种造词法,但是这种造词法没涉及造词的心理机制,并不能反映词的生成机制。

(八)从造词所用的材料的特点及所用材料的变化出发,按照词的结构形式,用归纳的方法给造词法分类,就会得出构词法和造词法关

系不密切的结论,例如:

任学良说:"(汉语的)实际情况是:大部分的词既有造词法又有构词法的问题,其余的词则只有造词法没有构词法的问题,因此应当区别对待,不能一刀切。"①

葛本仪说:"造词法相同的词,构词法却不相同,相反构词法相同的词,造词法又有区别"②。

虽然上述学者先后对造词法做过系统的研究,而且提出了各自的造词法体系,但他们有的混淆了汉语的构词法和造词法,表现为拿汉语的句法结构方式如主谓式、述宾式等套用汉语词的结构方式,并认为这类句法结构方式就是汉语词的生成方式,因此,他们构建了基于语法构成的造词法体系;有的虽然创造了新的造词法体系但是仍然拘于结构主义语言学的方法来看待汉语的造词法,这就决定了这样的造词法体系和原有的构词法体系有着直接或间接的联系,仍然停留在按结构给汉语词分类的水平上。这些情况表明,人们对汉语造词法的认识还存在很大差别,造词法体系的建立还停留在从语言或逻辑的角度进行分类,因此,如果说在早期汉语语法研究中,学界用印欧语的眼光来分析汉语的结构,那么早期造词法的研究则是用构词法的眼光来分析汉语词的生成,其表现就是模仿构词法的体系建构造词法体系,套用构词法术语作为造词法术语。

总之,目前汉语造词法的研究仍旧徘徊在造词法的分类上,具体表现在对造词法的分类过于细致,并不适合普通人掌握这种方法来造词,因此必须对之进行改造。

第三节 研究目的

0.3.1 本课题研究的初步目的:拾遗与补漏

从目前研究现状来看,学界已经较全面地对词的构成进行了详尽的描写,但对词的生成尚待进一步研究。这是因为词的生成是一种相

---

①任学良《汉语造词法》,北京:中国社会科学出版社,1981,第3页。
②葛本仪《现代汉语词汇学》,山东:山东教育出版社,2001,第96页。

当复杂的现象,它既与语言内部各要素存在着密切的关系,也与语言外部各要素之间存在着非常复杂的联系。要真正全面、深刻地说明词生成的本质问题,需要我们综合语言内外各种影响词生成的因素,借鉴心理学、哲学、社会学的已有成果,通过各种方法和途径在对词的构成进行充分描述和分析的基础上对词的生成进行解释。为此,我们拟从以下几个角度进行:

（一）扩大构词法研究的对象

在描写词的构成时,既以现代汉语中的复音词为描写对象,也以古代汉语中的单音词为描写对象,并注意描写出两者之间的传承关系。

（二）建立基于数据描写的完整的汉语构词法发展史

针对唐宋元明清因语料繁杂,专书复音词研究还没有大规模展开的情况,我们运用抽样统计的方法选取典型的语料,进行定量—定性分析,得出反映唐宋元明清汉语构词法发展概况的数据。

（三）建立造词法体系。

通过100多年的摸索,在诸多学者的努力下,已经建立了一套完整的基于语法构成的汉语构词法体系,但相对来讲,汉语造词法体系的研究还不够完善,因此我们的目标就是在已有成果的基础上建立体现以下特点的造词法体系:(1)基于语义构成并且和构词法有密切联系;(2)在对造词法分类的标准上采用认知语言学、心理学等学科的相关理论从发生学的角度来分类,力争使普通的读者掌握了我们确立的造词法体系后,能自觉运用我们确立的造词法对新出现的事物进行命名;(3)从发生学的角度运用演绎法推演汉语造词法体系,而不是采取以往那种从词的结构运用归纳法总结出汉语造词法体系的做法。

（四）对已有定论的质疑

(1)对"复音单纯词是单音词复音化的桥梁"这个观点提出质疑,同时提出自己的观点。我们认为复音单纯词是汉语造词的副产品,不是单音词复音化的桥梁;(2)《中国语文》1998年第3期发表沈怀兴的论文《汉语偏正式构词探微》认为"从先秦到现代,汉语构词复合法中始终以偏正式构词法为最能产",并说是"考察历史上较好地记录了当时口语的一些文献资料和一些涵盖范围较大的语文词典后得出的基本结论"。对此,我们用大量数据证明该观点是值得商榷的,并得出

"联合式构词法在中古时期最能产"的观点;(3)针对"同一时代语料中口语复音化程度大于书面语"的观点,我们认为复音化初始阶段是这样的,但后来却是书面语中复音化程度大于口语。

(五)用具体词族的滋生与繁衍来检验我们建立的构词法和造词法体系。

(六)勾勒汉语构词法和造词法发展史,用定量—定性相结合的方法,对汉语史上各类构词法的发展加以定量说明,用数字变化的规律说明语言变化的规律。

0.3.2 本课题研究的终极目的:开拓与创新

(一)汉语构词法和造词法相结合的研究有助于更好地描写词的构成和解释词的生成

任何一个词都经历了从无到有的生成过程,都有自己的存在形式(也就是结构),只有把这两者结合起来才能认清这个词,而现有的构词法和造词法理论一方面出现了相互混淆的现象,另一方面出现了脱节现象,这两种现象都不利于对词的认识。因此,把构词法和造词法结合起来从词的生成和构成角度对词进行多层面、多角度的研究,有助于对词乃至整个汉语词汇进行整体把握和全面分析。

(二)通过对词的构成和生成的了解有助于中文信息处理和对外汉语教学

当今,随着我国国势的日渐强盛,越来越多的外国人为了和中国打交道而学习汉语,于是出现了"对外汉语教学"这个新专业;随着计算机进一步向智能化发展,人机对话的研究显得日渐重要,因此出现了计算语言学这个新专业。总之,社会的发展向我们研究语言的学者提出两个亟待解决的问题:一与计算语言学有关,一与对外汉语教学有关。本书的写作目的就是通过研究汉语的构词法和造词法,找出能反映汉语词的结构和生成的普遍的反复出现的规律,从而更好地解决计算语言学提出的语言形式化特别是语义形式化的问题,更好地解决对外汉语教学提出的外国人怎样更快更好地掌握汉语的问题。

(三)通过对词的构成和生成的了解有助于丰富现有的语言学理论

理论来源于实践,同时理论也可以指导实践。我们在已有构词法和造词法理论指导下对汉语词的特点进行考察,然后在此基础上进一步丰富了构词法和造词法理论。

(四)通过对汉语构词法和造词法发展史的勾勒有助于建立汉语词汇史乃至汉语史。

第四节　研究方法

(一)描写与解释相结合的方法。从语法、语义、语音等角度对汉语词的构成进行充分描写,在此基础上,结合哲学、心理学、社会学、人类学等相关学科的研究成果,对汉语词的生成进行充分的解释。

(二)定量—定性研究法——用数字变化的规律说明语言现象或语言演变的规律。自从定量—定性方法被运用到汉语研究以后,许许多多的学者运用它来研究汉语现象,得出了大量宝贵的数据,而不同学者为了证明他们的观点也在反复运用这批数据。

(三)抽样统计法。面对浩如烟海的资料,我们不可能也没必要对语料进行穷尽性的统计,因此抽样统计的方法必不可少,我们主要抽样统计近代汉语中有代表性的语料。

(四)历时与共时相结合的方法。从历时与共时两个角度,力争描写出每一种构词法的起源和演变,并结合时代特点归纳出它们发展的规律。为了历时地描写出汉语构词法和造词法的发展状况,我们分成四个时期进行描写,充分收集每个时期中已有的关于专书复音词研究的成果以便能在共时的平面上描写出该时期汉语构词法和造词法的特点。

(五)归纳与演绎相结合的方法。

归纳出汉语发展史上出现的各种构词法,运用现有的语言学及其相关学科的理论推演出相应的汉语造词法。

第五节　基本术语的说明

本书的写作体系是一个开放性的理论框架,每个专题研究的模式都是在追述中进行创新,都是在充分回顾前修时彦研究的基础上,再进行创新式的论述,这决定了本书中存在着三类术语:

第一类是传统的或目前汉语学界通行的术语,例如联合式(并列式)、偏正式、支配式(动宾式)、主谓式、附加式、重叠式复合词等等。这类术语一般存在于每一专题的前半部分,主要是由于追述的原因造成的,例如0.2.1节《构词法研究述评》、0.2.2节《造词法研究述评》中回顾汉语构词法和造词法研究史时,就用了大量的不同时期的学者所用的有关术语。

第二类是我们在本书中改造或借用自外语学界的术语,如基本范畴词、下位范畴词、上位范畴词等等。2.5、3.4、4.2、5.3等有关章节就对已有的不同术语进行了整合统一。这类术语一般存在于每一专题的中间部分。

第三类是我们在本书中构拟的术语,如并立式复合词,主从式复合词等等。在1.3、1.4、2.6、3.6、4.5、5.5节中,我们为了构拟出符合汉语词构成特点的构词法体系、推演出真正反映汉语词生成特点的造词法体系而重新确立了自己的一套构词法、造词法术语。这类术语一般存在于每一专题的后半部分。

第一章　汉语的构词法和造词法

本章通过叙述普遍语法在语言学史上的传承关系,认为我们应改变传统的用印欧语眼光研究汉语(即把印欧语的结构移植到汉语并以为是汉语结构)的做法,应该从更高层次上借鉴西方语言学史上不同时代的学者对同一个语言问题总是结合自己的时代特点从不同角度进行研究使学术得以绵延的做法。以此作为指导思想,在已有研究成果的基础上,我们在本章中对汉语构词法和造词法作了进一步区别,结合汉语复合词的语义构成特点,改传统汉语复合词的七分法为二分法,改过去按汉语词的结构构建造词法体系为从发生学的角度和语义构成的角度推演出汉语造词法体系,挖掘汉语构词和造词的特点。

第一节　语言学史一瞥
——理论的探讨与启发

1.1.1　普遍语法的传承关系

人类对语言的认识是由浅入深的,因此对语言体系的描写也经历了一个由粗疏到精密的过程,但直到今天人们仍然不能说已经充分认识了语言奥秘之所在,不能说已经把语言的各种现象都描写和解释清楚了,这可以从当今形形色色的语言学流派的对立与争论中看出来。普遍语法就是其中一个从古至今令语言学家着迷的问题,20世纪下半叶随着转换生成语法的兴起,该问题更是大放光彩,吸引了众多语言学家的注意,然而,普遍语法并非无源之水、无本之木,它有很深的哲学渊源,可追溯到两千年前的古希腊。下面我们便来谈一谈各个时期的人们是怎样研究普遍语法的,以及普遍语法在不同时期[①]的表现及相互间的传承关系。

(一)古希腊—罗马时期

古希腊时期,哲学被看成是一门无所不包的学科,我们现在所熟悉的逻辑学、语言学等学科无不包含在当时的哲学研究中,因此最初的语言研究是在哲学研究中诞生的。当时的语言学领域分为两派:约定派和本质派,前者的代表人物是亚里士多德(Aristotle)以及后来的亚历山大利亚(Alexandria)学派,持类比论的观点;后者的代表是由芝诺(Zeno)(公元前315年)创立的斯多葛学派(Stoics),持不规则论的观点。本质与约定的论争出现得比较早,而后来的类比论与不规则论的论争则持续了整个古代时期。

亚历山大利亚学派认为,语言学从根本上说,就是对说本民族语的人所用语言进行精确的记录和细致的分析;而另一派即斯多葛学派则更深入地探索一种能够解释并且证明现有语法的语言理论,这种理论能说明人类习得和使用本民族语的能力,并能部分地揭示人类精神或大脑(用斯多葛学派的术语就是psyche)的本质和机制,这种本质和机制就是指人天赋的语言能力。亚历山大利亚学派研究语言的方法与以布龙菲龙德为代表的美国描写语言学流派研究语言的方法有相似之处,斯多葛学派的方法简直就是乔姆斯基关于人类普遍语言能力观点的萌芽。

希腊之后是罗马人对拉丁语的研究。罗马人所用的拉丁语与希腊语的结构比较接近,所以罗马人在继承希腊人的学术和艺术方面取得成就的同时,也把希腊人关于语言学的思想、争论和语法范畴运用到拉丁语的研究中去。古罗马时期出现的主要代表人物前期有瓦罗(Varro)、昆提利安(Quintilian),后期有多纳图斯(Donatus)和普利西安(Priscian),他们的共同点是尽力把希腊语法学家的术语和范畴用于拉丁语的描写,建立了用于描写和教学的拉丁语法。古代后期和整个中世纪的教育,以及现代的部分传统教学,都以这种语法为基础。斯多葛学派开创的研究语言天赋能力的方向,在罗马时期几乎已经完

[①] 本节对普遍语法发展阶段的分期主要参照[英]R. H. 罗宾斯《简明语言学史》,北京:中国社会科学出版社,1997。

全湮灭。

(二)中世纪

中世纪早期的语言研究继承了罗马人对拉丁语语法的研究,主要是对普利西安语法进行评论和注解,属于描写性质,研究目的是为了教学。真正与普遍语法有关的是中世纪后期经院哲学时代的思辨语法。

继斯多葛学派研究普遍语法的是经院哲学①影响下的思辨语法(speculative grammar 意思是反映现实的一面镜子,兴盛时期约 1200 - 1350 年)。思辨语法学家指责普利西安和多纳图斯只对拉丁语进行描述,局限于直接的说明和注释,并没有深入地解释他们提出的语法成分和范畴所依据的更深一层的理论。这些批评,与 20 世纪上半叶转换生成语法学家对布龙菲尔德等描写语言学家的批评几乎如出一辙,即仅重视语料记录在观察上是否恰当,忽视理论在解释上是否恰当。正是这种对拉丁语语法学家的批评导致了思辨语法的产生,使之发展成包含在当时哲学体系内的语言理论。

中世纪后期出现思辨语法的原因,主要有:(1)随着人类活动范围的扩大,除了早期语法学家研究的希腊语、拉丁语外,中世纪的人们又接触到了阿拉伯语和希伯来语,前两种语言的结构相同,完全可以用同一套语法术语和语法体系,所以古希腊——罗马时期的语法学家不需要探讨普遍语法的问题,而后两种(属于闪米特语系)语言和前两种语言在结构上的差别要大一些,不再是属于同一个语系的语言,接触到了至少不是直接源于希腊罗马传统的语法分析传统;(2)思辨语法学家是从哲学观点研究语法的,所以非常重视逻辑在语法研究中的作用。因此,面对不同语系的语言,自然就出现了普遍语法的说法,例如罗杰·培根就写了最早的思辨语法,他宣称:所有语言的语法在实质上都一样,各种语言之间的表面差别只是偶尔的差别。语法一致性在不同语言中体现为表面的差别,就好像几何学的一致性在任何实际图

---

①经院哲学是阿奎那等思想家把亚里士多德哲学融入天主教神学的结果,它把人类知识所有分支和学科都统一在他的体系里,使理性的主张与宗教信仰可以在这一体系内和谐一致。在此哲学影响下的思辨语法就是把普利西安和多纳图斯对拉丁语语法描写融入经院哲学体系的产物,是包含于哲学体系的语言理论。

形上也有形状和大小的差别一样。

思辨语法又称摩迪斯泰(Modistae)学派,像斯多葛学派一样,摩迪斯泰学派既是逻辑学派又是语言学流派。他们认为各种语言尽管在表面上不同,但进行交流的方式都相同。他们用逻辑的方法研究语言问题,这种研究被称为"语法逻辑化",表现在为了寻找语例,证明他们对某一特定语法结构的观点,几乎用程序化的形式编造自己的例句,不考虑实际的语言,也不管适用的情境是不是可能。这可看作是后来转换生成语法学家提出对语言作形式化描写的前驱。

(三)文艺复兴时期(14—16世纪)

随着民族主义的高涨,文艺复兴时期欧洲各国民族语言得到充分承认,开始了民族语言的研究;同时,人类活动范围不断增大,接触到了和希腊语、拉丁语有某些相似点的梵语,另外,还有美洲印第安语、汉语等海外语言。海外语言的发现,使欧洲语言学的视野比过去开阔了很多,语言的研究也随之复杂起来。

面对不同语言间的差异造成的交际困难,文艺复兴时期的一些经验主义者和唯理论者都提出创造世界通用语的观点。如培根(Francis Bacon)、莱布尼茨(Leibniz)、梅尔塞纳(Mersenne)、维尔金斯(John Wilkins)等经验主义者出于自信,认为人有能力改造甚至创造语言,以适应时代的需要,于是提出世界通用语的口号。

以笛卡尔(Descartes)哲学为基础的唯理论者则提出用普遍唯理语法理论来解决不同语言间的差异造成的交际困难。正如经验主义思想造就了描写语言学和不同语言语法的独立性一样,唯理论的思潮也直接影响了哲理语法著作的产生,特别是与法国波尔——罗瓦雅尔学校有关的哲理语法书的产生。从而产生了普遍唯理语法的代表学派波尔——罗瓦雅尔(Port Royal)学派,他们认为不同语言在交流思想,包括概念判断推理的过程中所隐含的语法具有同一性,强调各种语言虽然在表现形式上不同,但在本质上具有相同的普遍性特征。他们所要阐述的是语法的普遍原则,目的是揭示存在于一切语言中的语法在表达思想上的一致性。通过研究语言的普遍原则来研究思维的普遍原则,本身并没错,错就错在,他们把思维看作是人的天赋才能的一部分,是上帝赋予的。这种观点以不同的形式重复了经院派思辨语法学家更为古老的普遍主义。

(四)现代时期前夕(17世纪后期至18世纪)

在此时期内,对普遍语法理论进行探讨的是两位杰出的语法学家:詹姆士·哈里斯(Harris James)和威廉·冯·洪堡特(Wilhelm von Hombolde)。前者是18世纪英国普遍语法哲学理论的杰出代表,后者是19世纪对普通语言学问题探讨最深刻、最富创见的思想家之一。

洪堡特最大的兴趣就在于对语言创造性地探讨,他认为正是语言有了创造性,语言使用者才能运用有限的手段作无限的表达,才能满足他们作为个人和作为民族和语言集团的所有需要。从这一观点出发,洪堡特把语言定义为一种 energeia,即说话人和听话人的能力,而不是 ergon,即语法家笔下的固定、僵死的描述。进而他又提出在人脑中天生有创造语言的能力即"内部语言形式"(inner Sprachform),它指语言的语义和语法结构,包括作用于原始语言材料的要素、格局和规则,反过来这种组织原则又决定语言的音节结构、语法和词汇。他另一个重要观点是声称:"一个民族的语言就是他们的精神,一个民族的精神就是他们的语言。"洪堡特既认为语言涉及每个人的智能器官,所以是人类共有的,语言能力具有普遍性;又认为,每种语言不同的 Sprachformy 又构成该语言不同于其他语言的独特形式。

在此,我们可以看出,20世纪下半世纪出现的乔姆斯基转换—生成语言学的关于语言的创造性、语言能力、内部语言形式以及语言的普遍性和特殊性的观点与19世纪初的洪堡特的关于普遍语法的一些观点是多么相似!

(五)现代时期(19世纪-20世纪)

18世纪,一些哲学家对人类语言起源表现了无比的兴趣,出现了像孔狄亚克(Kondillac)、卢梭(Rousseau)等具有浪漫主义色彩的哲学家,他们从现存一些原始语言入手研究人类语言的起源。同时,1786年,英国威廉·琼斯(Jones William)发现印度古典语言——梵语同拉丁语、希腊语和日耳曼诸语言在历史上具有亲缘关系,上述因素促成了19世纪历史比较语言学的兴起。随着新语法学派的出现,研究活的语言又被重新提上了日程,出现了20世纪上半叶由索绪尔(de Saussure)创立的结构主义语言学。虽然上述学者不重视普遍语法的研究,但他们对历史上存在于文献中的语言和现代活的语言的细致描写,为20世纪下半叶普遍语法学家从心智方面解释语言的生成能力打下了基础。

普遍语法在20世纪后半叶的兴起,决不是偶然,而是必然的。原因之一是历史语言学研究死的语言,结构主义语言学和描写语言学分析活的语言,他们对语言结构分析细致入微的同时,又出现了一系列新问题,例如乔姆斯基(Noam Chomsky)在研究语言时发现以往的语言学研究不能回答这样的问题:人为什么会说话?人是怎样学会说话的?人的语言能力和语言知识到底是什么?从这个意义上说,乔姆斯基的普遍语法是在批评结构主义语言学的基础上建立起来的。

作为对结构主义语法反动的普遍语法,乔姆斯基称之为转换生成语法,其研究重心主要有:

(1)语言创造性的研究。从1957年乔姆斯基的《句法结构》问世一直到现在,转换生成语法已经作了几次重大修改,但一直探讨的都是:为什么任何语言的使用者,都可以利用有限的材料创造出无限多的语句。在此,我们可以看到,乔姆斯基的这一观点简直就是洪堡特语言创造性观点的翻版。

(2)语言的表层结构和深层结构关系的探讨。假定各种语言中存在着相同的深层结构即语言的习得机制,研究它是怎样在外在环境影响下生成表层结构,成为丰富多样的个别语言的。所谓语言习得机制,就是大脑具有先天遗传的生理功能,是人类的语言能力,具体地说就是普遍语法,它是一切人类语言必须具有的原则、条件和规则系统,代表了人类语言的最基本的东西。

(3)提出"内部观察者"的观点。从"内部"、从大脑初始状态去研究本族语使用者运用和理解自己语言的"能力",即语言的习得机制(普遍语法),并用一套程序化的语言把这种机制描写出来,从而揭示本族语使用者的语言能力。

(4)提出普遍语法和个别语法相统一的观点

乔姆斯基说个别语法就是儿童接触语言材料之后内化了的语言规则,他称之为语言能力。研究语言能力是为了建立一种反映语言能力的生成语法,生成语法不是说话过程的模式,而是语言能力的模式,是对语言能力做出形式化的描写,用一套公式将其内容表达出来。生成语法不局限于对个别语言的研究,而是要揭示个别语法与普遍语法的统一性。也就是它不以具体语言的描写为归宿,而是以具体语言为出发点,探索语言发展的普遍规律,最终弄清人的认知系统和人的本质属性,从而为计算机理解人类的语言提供方法论上的支持。

(5)为了达到上述目标,乔姆斯基提出了三个平面来评价语法,即观察的充分性平面、描写的充分性平面和解释的充分性平面。

1.1.2 结论

现在所说的普遍语法最早见于中世纪后期,当时又叫思辨语法,文艺复兴时期称作普遍唯理语法,到了20世纪下半世纪又叫转换生成语法。在语言学史上,普遍语法在不同的时期,有不同的含义,但他们都有共同的特点,那就是:(1)不满足于对语言做表层的描写与分析,力图从人的心智方面对人的语言能力做出解释;(2)用程序化的语言把人类的语言能力表示出来。

普遍语法传承关系的论述,可以给我们以下启示:

(一)同一个语言问题往往以不同的面貌出现在历史上各个不同的时期中,人们在解决这样的语言问题时总是结合自己所处时代的特点来分析,从而使该问题带上时代烙印。

(二)西方语言学史上,语言学家研究语言的方法大致分两类:一类以经验主义哲学为基础,用归纳法从外部根据可以观察到的言语和文字描写语言"怎么样";另一类以唯理主义哲学为基础,用演绎法从内部——人的心智方面解释语言"为什么会这样"。前者对语言描写的结果是各个民族的语言既有共性特征也有个性特征,后者对语言解释的结果是在不同语言的表层结构下面隐含着相同的深层结构(即语言能力),普遍语法的研究目标就是找到语言的这种深层结构,并用一套程序化的语言把它描述出来。上述经验主义和唯理主义的对立以不同的形式贯穿于整个语言学史,形成了两种对立的研究语言的方法,这种对立在20世纪上半叶以布龙菲尔德为代表的美国描写语言学和20世纪下半叶以乔姆斯基为代表的转换生成语法中体现得最为明显,但经验主义和唯理主义之间既对立又互补,特别是建立在唯理主义之上的普遍语法更是借鉴了大量经验主义对语言学的描写成果。总之,普遍语法和描写语法相互补充,互相吸取对方的研究成果,交错发展,共同推动着人类对语言的描写和解释。

(三)普遍语法的传承关系说明西方语言学家大都以当时占主流

地位的哲学思想作为研究语言的指导思想,并借用相关学科的最新研究成果结合他们的时代特点来研究语言,这是我们搞汉语的学者应该借鉴的。

1.1.3 我们所受的启发

我们对构词法和造词法的讨论就是建立在对普遍语法传承关系认识的基础上进行的。构词法属于描写性质的,主要是运用自治的原则,用微观语言学即结构主义语言学的方法把汉语词的构成(包括语音构成、语法构成、语义构成)描写清楚;而造词法属于解释性质的,主要是运用非自治的原则,用宏观语言学的研究方法把汉语词的生成解释清楚。二者相辅相成,互相依赖。在已有研究成果的基础上,运用当代语言学新兴的语言理论特别是认知语言学的有关理论对与汉语构词法和造词法有关的问题进行重新思考,力图在弥补以往研究不足的基础上重新探讨以下问题:

(一)汉语构词法体系和造词法体系的重建。以汉语是语义型语言作为指导思想,从语义角度对汉语构词法、造词法进行重新分类,重新构建基于语义构成的汉语构词法体系和造词法体系。这样做的目的就是希望找出能反映汉语词的结构和词的生成的普遍地反复出现的规律,从而在理论上解决计算语言学提出的语言形式化特别是语义形式化的任务和对外汉语教学提出的外国人怎样更快更好地掌握汉语的任务。

(二)用数字变化的规律重新勾勒汉语构词法发展史。如果说以往汉语构词法的发展史是概论性质的、是粗线条的勾勒,那么我们则运用具体的数据对构词法在汉语史上的具体发展情况作进一步的描写,用数字变化的规律说明语言变化的规律。

(三)对单音词复音化现象进行重新探讨。运用认知语言学中的范畴化理论对汉语史上的老课题——单音词复音化现象进行重新探索,认为范畴的形成在单音词复音化中起着很重要的作用。

(四)对影响词义演变的因素进行重新探讨。运用认知语言学的隐喻、转喻理论,探讨词义演变的心理机制。

第二节　构词法和造词法的区别

1.2.1　问题的提出

通过 0.2.1 和 0.2.2 节对构词法和造词法研究史的追述可以知道,构词法和造词法经历了一个从不区分到区分的过程,造词法研究是逐渐从构词法研究中分离出来的,这种区分有利于对汉语词的特点进行深入研究。

孙常叙(1956)首次指出造词方法和造词结构是不相同的,他认为结构是就造词的素材以及它们之间的关系来说的,是对已成的对象做静态分析研究的结果;造词方法的研究是从造词活动方面来分析词构成的,造词的素材和方法可以决定词的结构,可是词的结构却不能完全反映造词方法,因为不同的造词方法是可以产生相同的结构关系和形式的①。他指出造词法研究的目的是为了分析词的构成。

孙常叙从定义方面开了区分造词法和构词法的先河,任学良《汉语造词法》(1981)从造词法和构词法的定义、关系以及造词用的原料、方法、造词意图、研究造词学的目的等几个方面对造词法和构词法进行了详细的区分,他说"(汉语的)实际情况是:大部分的词既有造词法又有构词法的问题,其余的词则只有造词法没有构词法的问题,因此应当区别对待,不能一刀切。"②

他还指出"传统的汉语构词法研究有很大的局限性,这主要表现在:一是以构词法代替造词法,认识片面……。二是造词类型不完备。三是没有理论的说明,只有现象的罗列",并进一步指出"造词学的任务就是要揭示这个(造词法)体系,使人们了解汉语造词法和汉语各要素的联系,了解汉语造词法的内在规律,从而进一步认识汉语的丰富多彩,并自觉地运用造词规律创造新词。"③

另外,任学良还提供了两个有用的论题:(1)造词法和声训有关;

---

① 孙常叙《汉语词汇》,吉林:吉林人民出版社,1956,第 77 页。
② 任学良《汉语造词法》,北京:中国社会科学出版社,1981,第 3 页。
③ 任学良《汉语造词法》,北京:中国社会科学出版社,1981,第 7-8 页。

(2)研究造词学的目的是什么呢? 有四个目的:一是为了自觉地运用造词规律创造新词。第二个目的是为了深入了解词义,以便准确地用词。第三个目的,是为了建立词的观念,不随便拆词,使语言合乎规范。第四个目的是,研究造词法也是为了解决拼音文字问题,对汉字改革、机器翻译都能起到应有的作用。①

与孙常叙相比,任学良更细致地区分了汉语构词法和造词法的异同,指出了已有研究的局限,但同时,他也有自己的局限,例如他认为"一些词只有造词法没有构词法的问题","造词法和构词法之间是纲和目的关系",我们认为只要是词就有其构成和生成,构词法和造词法是一个问题的两个方面,是并列关系,不存在纲和目的关系。

刘叔新《汉语描写词汇学》指出:"词的结构方式,是纯就词的结构平面来观察其结构组合的项以及项与项之间的联结形式和层次;而新词的构造方法,自然只是要看造出或发展出新词都有哪些途径。两者显然不是一回事。只不过,构造新词采取某种方法的结果,会造出有某种结构方式的词来罢了。因此,词的结构方式与构造新词的方法虽然有一定的关系,却毕竟是不同平面上的现象,不同角度上的问题。为了避免在'构词法'这一术语下混淆两者,词的结构方式可称为词式,而构造新词的方法可称之为造词法。"②

刘叔新还从静态和动态的角度区分了汉语的造词法和构词法。他说:"只从静态的角度把词的结构方式描写出来,对于全面了解词的构造来说,是不够的。语言词汇经常发生变动,这变动很大的一个方面表现在新词、新语的不断产生上。因而就须要从动态的角度考察新词产生的方法或途径,即须弄清楚新词是如何构造成的。"③

葛本仪《现代汉语词汇学》指出造词和构词的区别,她说:"为事物命名创制新词的方法,就称为造词法……构词法指的是词的内部结构规律的情况。"④她认为构词法研究的问题要比造词法研究的问题狭窄得多。葛本仪关于构词法和造词法的区别论述,较之以往更加清

---

① 任学良《汉语造词法》,北京:中国社会科学出版社,1981,第10页。
② 刘叔新《汉语描写词汇学》,北京:商务印书馆,1998,第69页。
③ 刘叔新《汉语描写词汇学》,北京:商务印书馆,1998,第92页。
④ 葛本仪《现代汉语词汇学》,山东:山东教育出版社,2001,第76-89页。

楚明确。

我们认为构词法和造词法研究对象虽然相同,都是汉语的词,但研究的问题并不相同,造词法研究的问题比构词法研究的问题要宽广得多,并且也复杂得多。在吸取上述学者研究成果的基础上,我们把构词法和造词法的区别,总结如下。

1.2.2　造词法与构词法的区别

构词法和造词法是两门既密切相关又互有区别的学科,是一个问题的两个方面,它们分别从不同的角度对词进行研究,具体来讲,它们有以下区别:

(一)从概念上区分,构词法研究的是词语的结构规律,主要探讨词的内部结构要素之间的关系,归纳出词的结构模式;造词法研究的是词语的生成机制,主要是在构词法研究的基础上,解释语言内部要素是怎样在外部要素的影响下产生新词进而通过类推形成现有的构词模式,最终推演出词的生成模式。

(二)从研究对象看,两者研究的对象相同,都是汉语的词,但研究的侧重点不同:构词法研究的对象是词的结构规律,注重词的内部构成要素在语法、语音和语义层面构成规律;造词法注重词的生成规律,注重从发生学的角度揭示词生成的原因,亦即注重词的内部要素是怎样在外部因素的影响下生成词的,注重从社会交际方面的需要和从认知角度探讨词语的生成原因。

(三)从研究目的看,构词法的研究主要是解决词的结构问题;汉语造词法的研究,一方面可以总结出汉语词语的生成模式,以便更好地描写词语的构造,另一方面可以更贴切地为现实生活中新出现的事物造出名称来。通过词语生成原因的探讨可以更好地总结出词的理据,为词语规范化提供正确的理论指导。可以探讨语言和思维的关系,以及人类思维发展的规律等等。

(四)从两者的性质看,构词法是描写性质的,主要从共时的平面静态地描写词"怎么样"的问题;造词法是解释性质的,它在对词构成描写的基础上从共时平面或历时平面动态地解释词的生成,解释词"为什么这样"的问题。

(五)从两者的关系看,构词法和造词法是一个问题的两个方面,两者是并列关系,只要是词就有构成问题和生成问题。

（六）从借用的语言理论来区分,在研究汉语造词法时,我们可以借助历史语言学、心理语言学、认知语言学、文化语言学、社会语言学以及结构主义语言学等现代语言学理论来解释词是怎样生成的;而构词法主要借助结构主义语言学理论描写词语的构成。

（七）在0.2.2节中,我们交代孙常叙、任学良、刘叔新、葛本仪等学者在造词法分类上的共同特点就是从造词所用的材料的特点及所用材料的变化出发,按照词的结构形式,用归纳的方法给造词法分类。这样就会导致造词法的分类和构词法的分类几乎如出一辙,并不能很好地区分构词法和造词法,不能反映汉语词的生成特点,为此,我们提出应从发生学的角度给汉语的造词法进行分类。

总之,构词法的研究仅限于用自治的原则①从语言内部描写词语的构造;造词法的研究既从语言内部用自治的原则解释词语生成,又从语言外部用非自治的原则②解释词语的生成。

第三节　汉语的构词法体系
——基于语义构成的构词法体系

1.3.1　基于语义构成的汉语构词法体系

从不同的角度对构词法进行描写,就会形成不同的体系,相对来讲,目前从语法角度分出来的类已经得到了多数学者的认同,从语音角度③对构词法的研究也得到一些学者的认同,然而从语义角度给构

---

①自治的原则是微观语言学研究语言的一个原则。微观语言学又叫结构主义语言学、自治语言学,主要研究语言的内部结构和语言内部诸要素及其诸要素之间的关系。

②非自治的原则是与自治原则相对的,是宏观语言学研究语言的一个原则。宏观语言学主要研究语言外部与内部的关系和语言外部因素对语言的影响。

③根据一些学者的论述及语音的特点看语音作为语言要素之一既可从语音的角度分析词的构成,也可解释词的生成,也就是说语音既与构词法有关又与造词法有关。

词法的分类却存在着争议。

从语法的角度描写词的构成,其缺点正如荣晶所说"汉语词的构造有主谓式、动宾式、偏正式、动补式和联合式五种基本方式,这与短语的构造基本一致,人们通常认为这是有别于印欧语的一个特点。然而这些词的构造方式不仅对学习和了解汉语没有太大的实用价值,反而还掩盖了汉语一些有规律的东西,结果是把那些本来相关的东西拆散了,而把不相关的东西拼凑在一起。"①为此,我们应另寻出路,从词的深层结构描写其构成。

世界上的语言可分为语义型语言和语法型语言,汉语是语义型语言的典范代表,英语则是语法型语言的代表,因此,汉语构词法分析不能完全借用从西方语言中总结出来的构词法理论体系分析,为此徐通锵提出了语义构辞法。他从语义角度把构词法分为离心构辞法和向心构辞法,利用它们把单音词阶段的构词法和以双音词为主的复音词阶段的构词法统一起来,其根据是在单音词复音化的过程中"语言现象是容易发生变化的,但是它的结构原理很稳固,不会轻易变化,即语言现象的易变性和结构格局的稳固性的对立统一始终支配着语言的运转和演变"②。因此,从语义构成看单音词语义构成的结构格局和复音词语义构成的结构格局没有改变,亦即单音词阶段的编码原理和复音词阶段的编码原理是一致的,正是从这一观点出发,徐通锵得出了上述结论。

徐的划分我们是不同意的,因为他对离心构辞法和向心构辞法的分类标准是按照核心字位置在前还是在后来划分的,而对于没有核心字的并列式复合词就无法归类,另外汉语中还有一些复音单纯词也无法归类。尽管徐通锵的字本位理论学界鲜有赞同,他的语义构辞理论也少有人应和,但我们认为徐通锵提出语言现象的易变性和结构格局的稳固性的对立统一观点无疑是正确的,在此观点的指导下用二分法把单音词阶段的构词法和双音词阶段的构词法统一起来分为向心式构辞法和离心式构辞法的做法也是值得我们学习的。

徐通锵语义构辞理论来源于哪里呢? 来源于布龙菲尔德的启发。

---

①荣晶《汉语语法构词的困惑》,新疆大学学报,2000,第2期。
②徐通锵《语言论》,长春:东北师范大学出版社,1997,第330页。

布龙菲尔德把英语的句法结构分为向心结构和离心结构,布龙菲尔德认为"能把句法结构中所遇到的向心和离心结构的区别应用到复合词上去"这种分类方法"着眼于作为一个整体的复合词跟它的成员的关系"。他的举例是:blackbird 是一种 bird,而 door-knob 是一种 knob,我们就不妨说这些复合词和它们的中心成员具有同样的功能;他们是向心的。另一方面,gadabout 和 turnkey 中的首要成员是不定式动词,到复合词本身是名词;这些复合词就是离心的。拿一个并列类型为例,形容词 bittersweet(同时又苦又甜的)是向心的,因为这个复合词的成员 bitter(苦的)和 sweet(甜的)都具有形容词的功能,但植物名称 bittersweet(白英)却是离心的,因为作为一个名词来讲,它在语法功能上是跟两个形容词成员不同的。英语离心复合词的另一个类型是由形容词和名词中心词组成的:two-pound(两磅的),five-cent(五分的),half-mile(半英里的)。①

如果说基于语法构成的构词法体系是在印欧语眼光影响下产生的,那么徐通锵的脱胎于布龙菲尔德的向心结构和离心结构的语义构辞法理论,也可以说是印欧语眼光影响下产生的另一种汉语构词法体系,并不能真正反映汉语的构词特点。徐通锵从语义方面探讨汉语的构词法,无疑使建立具有汉语特色的构词法体系迈出了一大步。

与语音、语法相比,语义处于语言的深层结构,如果说前者是形式,那么后者则是内容,语义在全世界语言中是共通的,与从语法方面研究词的结构相比从语义方面研究词的结构更能揭示词的构成规律,我们相信从语义方面构拟的构词法体系更符合人类的心智机构、认知规律,在揭示人类语言词的构成方面更具有普遍一致性。因此,作为语义型语言的汉语更应从语义构成方面对构词法分类,建立基于语义构成的汉语构词法体系,但我们必须彻底摈弃西方语言学家的具体影响,真正综合考虑人类的心智特点、认知规律、社会文化、语言的各种内外要素,才能建立反映汉语特点的构词法体系。

为建立反应汉语词的构成特点的构词法体系,我们提出以下原则:

---

① 布龙菲尔德《语言论》,商务印书馆,袁家骅、赵世开、甘世福译,2002,第 294 页。

（一）标准一致原则

始终贯彻语义标准划分汉语构词法的类别。无论是一次分类还是二次分类,都贯穿语义标准,避免以往对复合词先是按照语法关系分偏正、并列、动宾、补充、主谓,然后再从语义角度对偏正式等复合词进行细分的做法。

（二）历史性原则

汉语经历了以单音词为主的上古汉语和以复合词为主的现代汉语两个不同时期,相应地每个时期构词法的体系也是不同的。决定每个时期构词法面貌的是占该时期内绝大多数的词汇。从历时发展的眼光看上古、中古、近代和现代时期中构成汉语词的素材有同有异这就决定了各个时期汉语构词法的面貌各有特点,因此,我们构拟的体系要能反映出汉语构词法孕育于上古汉语,成形于中古汉语,发展于近代汉语,成熟于现代汉语的这样一个过程。

（三）能产性原则

凡是能进入构词法体系的构词格式都应该符合"有限的格式无限的运用"这一原则,也就是说是否具有能产性是我们判断构词法格式的唯一标准。这样一些由于文化原因产生的词、某些典故产生的词等,就不在我们的考虑范围之内。

上古汉语主要是以单音词为主,单音词按照意义关系分为基本范畴词和下位范畴词,其中下位范畴词占了绝大多数,下位范畴词是在基本范畴词的基础上派生出来的,基本范畴词与下位范畴词在语义构成上具有相似或相关关系,上古汉语构词法体系的面貌与单音词的分类直接有关系。

从上古汉语发展而来的现代汉语中的词主要分为单音词和复合词两大类,现代汉语中的单音词是由前期汉语中的单音词发展而来的（有的仍以单音词的形式存在,有的以构词词素的形式存在）,绝大部分是基本范畴词,复合词就是在这些基本范畴词基础上产生的下位范畴词,基本范畴词与下位范畴词在语义构成上具有相似或相关关系。复合词在现代汉语词汇中占绝对支配地位,它们在结构上的分类是决定构词法体系面貌的最重要原因,因此现代汉语构词法体系的面貌与复合词的分类直接有关系。

在汉语史上,汉语的构词法体系古今基本一致,但是各类构词法经历了一个此消彼长的过程:从上古汉语向现代汉语过渡的过程中,复音单纯词的能产性逐渐降低;随着范畴体系的形成,属于单音词的下位范畴词的能产性逐渐降低,处于使用状态的单音的基本范畴词的数量基本稳定;以这些单音的基本范畴词作为造词材料产生的复合词的能产性逐渐升高。

基于上述考虑,我们按照单音词的语义构成,把单音词分为基本范畴词和下位范畴词。

在复合词分类方面,我们认为徐通锵借鉴西方学者的做法从语义角度出发把汉语构词法进行二分的尝试是可取的,但要找好二分的根据,为此,我们以词素承载复合词意义的均衡度作为标准,如果词素在复合词词义中的意义地位是相等或基本相当的,那么我们称之为并立式复合词;如果词素在复合词中的意义地位是不平等的,复合词的词义总是偏向于其中的某一个词素,另一个词素起修饰、限制或陪衬作用,那么我们称之为主从式复合词。基本范畴词与属于主从式复合词的下位范畴词在语义构成上具有相似或相关关系。

我们构拟的汉语复合词构词法体系如下:

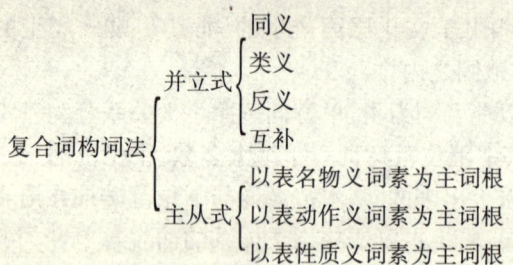

并立式复合词可再分同义、类义、反义和互补几类,同义、类义、反义相当于原有的联合式复合词,互补复合词相当于原有的动宾式、补充式和主谓式以及重叠式复合词,从语义方面看,并立式复合词的特点是两个词素的意义在复合词词义中的地位是并列或互补的;主从式复合词两个词素之间是修饰、限制的关系,偏词素分别从各个方面对主词素作说明,主词素的位置可前可后,但以靠后居多,可再分为以表名物义词素为主词根、以表动作义词素为主词根和以表性质义词素为主词根三大类,并且还可以细分,与已有的偏正式、附加式复合词相当。

1.3.2 这样划分的根据

从语义出发给汉语的构词法分类和基于语法构成的语义描写看似相同,实际上是两种不同的解决问题的方法。后者从语法到语义,贯穿着语法和语义两条不相关的标准,把本来易说明的问题搞复杂化了。而前者直接从语义到语义,贯穿着统一的意义标准,这样划分更适合汉语作为语义型语言的特点。

从语义构成给汉语构词法分类另一个优点是可以把对单音词的语义构成和复音词的语义构成的描写统一起来,看两者之间的关系,从而扩大汉语构词法的描写对象。这里主要指在单音的基本范畴词基础上产生的下位范畴词和主从式复合词的语义构成之间有密切的关系。详见2.5节《类概念的形成在单音词复音化中的作用》。

从语义构成给汉语构词法分类最符合人类的心智结构、认知规律。复合词构词法分为并立式构词法和主从式构词法,前者基于人类思维的三种联想方式:相同联想、相近联想和相反联想;后者基于人类思维发展的阶段性,人类的思维是从混沌到清晰、从具体到抽象发展的,主从式构词法的出现是与人类思维的这种发展趋势相应的,在语义构成上是承单音的下位范畴词而来的。

从语义角度研究汉语的构词法,还能把构词法和造词法统一起来,把描写和解释结合起来考察汉语的复合词。

第四节 汉语的造词法体系
——基于语义构成的造词法体系

1.4.1 基于语义构成的造词法体系

经过百余年的摸索,学界已经较全面地对词的构成进行了详尽描写,建立了一套完整的基于语法构成的汉语构词法体系,但相对来讲,汉语造词法体系的研究还不够完善,并没有在汉语词的生成机制方面达成一致的看法,具体表现为:各家确立的造词法体系不尽一致,忽略了汉语单音词生成和复音词生成之间的传承关系,造成了构词法和造词法研究的脱轨等,一句话,诸位学者的研究,还是限于就汉语论汉语,就构词法论构词法,就造词法论造词法的研究层面。事实上,词的生成是一种相当复杂的现象,它既与语言内部各要素存在着密切的联系,也与语言外部各要素之间存在着非常复杂的关系。要真正全面、深刻地说明词生成的本质问题必须综合语言内外各种影响词生成的因素,借鉴哲学、心理学、人类学、社会学、历史学等学科的研究成果,通过各种方法和途径在对词的构成进行充分描写的基础上从发生学的角度对词的生成进行解释。因此,从造词法的角度讲,词生成问题的研究是一项跨学科性很强的课题,只有在充分吸取相关学科已有研究成果的基础上,才能做好词生成问题的研究,只有从人类认识发展的角度,把词生成的分析放在研究人类思维发展的基础之上,才能最终揭示词的生成机制,建构能反映词生成机制的造词法体系。

总之,要解决造词法问题,我们需要更加开阔的学术视野,更加完善的理论和更加有效的方法。因此,我们的目标就是在已有成果的基础上建立一个分类标准一致、术语统一的造词法体系。为了达到这个目标,我们确立以下建立造词法体系的原则:

(1)针对造词法和构词法脱节的现象,建立基于语义构成并且和构词法有密切联系的造词法体系。构词法和造词法应该有两套虽然不能对等但却密切相关的术语,使造词法和构词法有机联系起来,达到运用构词法理论分析出来的每一类型的词都由相应的造词法生成。

(2)在造词法分类的问题上以发生学的观点作指导,力争使普通的读者掌握了我们确立的造词法体系后,能自觉运用我们确立的造词法对新出现的事物进行命名。

(3)语言是音义结合体,作为语言单位的词自然也是音义结合体,因此要生成词自然也就在这种基础上生成,所以我们要充分考虑语言的这一特点。

(4)汉语经历了以单音节为主的上古汉语系统到以双音节为主的现代汉语系统的转变,每个阶段产生的词都各不相同,但它们之间却有着必然的联系,因此应该用历时的观点来看待这种现象,所建立的造词法体系应把这种联系反映出来。

根据以上原则,我们拟定的基于语义构成的汉语造词法体系如下:

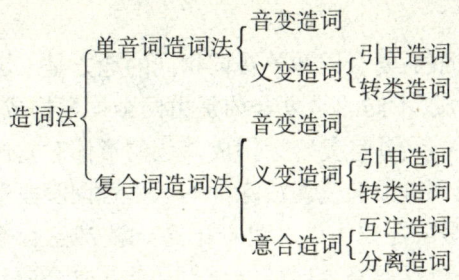

单音词阶段的汉语造词法:因为音和义是单音词的两个组成要素,所以以单音词为主的上古汉语只有通过变化这两个要素生成新词,我们分别称为音变造词和义变造词。音变造词改变词的语音形式,义变造词不改变词的语音形式,而音变造词归根到底是义变造词的结果,是为了交际的需要通过叠音、变声、变韵、变调等方式改变语音的要素达到区分词义的目的造词;义变造词,包括引申造词和转类造词:引申造词见3.5节《单音词义变造词的心理机制》、5.4节《复合词义变造词的心理机制》,转类造词就是为了交际的需要词性可以相互转换。

音变造词和义变造词的不同之处在于前者改变了词的语音形式,形成了两个不同的读音,后者不改变词的形式而是形成了一个词位①,包含几个义位,结果是多义词。

汉字在造词中的作用:作为记录语言符号系统的汉字和语言符号系统的单位词是两回事,但汉字是带有表音倾向的表意体系的文字,具有很强的表义性,与汉语密切相关,"在单音孳生造词时期,造词与孳乳造字几乎同步进行,因而积累了足够量的单音词与足够量的汉字。"②字形的变化与新词的产生有很大的关系,当义变造词形成的义项与原来词的义项相差很远时,就需要产生一个词位来记录它,于是一个新词就产生了。

一般来讲,只限于一个词位的义变造词大多是基本范畴词③,通过文字孳乳把造词的结果巩固下来形成不同词位的方式产生的词多

---

①词位是就词的形体来说的,例如《现代汉语词典》中"打"有二十几个义项,那么我们就说"打"是一个词位,而它的二十几个义项(或义位)共居于该词位中。

②王宁《训诂学与汉语双音词的结构和意义》,语言教学与研究,1997(4)。

③这里的基本范畴词、下位范畴词是认知语言学中的术语,前者相当于属于基本词汇的具有能产性的实词或泛称词,后者相当于一般的实词或特称词。

是下位范畴词。

复音词阶段的汉语造词法:复合词和单音词相同的地方是二者都由音和义两个要素结合而成,不同的是复合词是由两个词素构成,构成单位之间多了一层结构关系,并且复合词构成单位的形体对它们的组合影响并不大,因此复音词阶段的造词法除了继承单音词阶段造词法的音变造词和义变造词外,还产生了一种新的造词法即意合造词法。从复合词的语义构成看,汉语复合词可以分为并立式复合词和主从式复合词两类,对应的汉语的复合词的生成方法也可以分为两类:互注造词法和分离造词法,前者生成并立式复合词,后者生成主从式复合词,合称意合造词法。

互注造词法,就是两个或两个以上的具有相同、相近、相反或互补意义的词素通过联想合并在一起,以互相注释的方式生成并立式复合词的一种造词方法。①

分离造词法,就是偏词素从不同的角度通过修饰、限制、描写、补充、陪衬等方式对主词素进行分离,生成主从式复合词的一种造词方法。②

当一个复合词产生以后,它的音和义继续变化,这种变化继承了单音词阶段的音变造词和义变造词。复音词的音变造词主要有轻声、儿化、声母韵母脱落等;义变造词主要通过引申来发生变异。

1.4.2 传统的几种造词法的归属问题

外来词怎么办?我们把音译外来词归到音变造词,意译词是按照汉语的造词模式造出来的新词。

原有的摹声造词法怎么办?归到音变造词。

大多数学者把缩略造词法看作是造词法的一种,我们认为如果纯粹从描写的角度看这无疑是很正确的,但是如果从造词的心理机制看缩略造词法生成的词和由互注造词法、分离造词法造出来的词并无差别。简缩词的生成基础就是选择最能代表原来词组意义的词作为词

---

① 互注造词法产生的词是并立式复合词,并立式复合词相当于原有的联合式、动宾式、补充式、主谓式等几类复合词。

② 分离造词法产生的词是主从式复合词,主从式复合词相当于原有的偏正式、附加式复合词。

素组合成一个词,只不过它的出生地有着明确的语言形式罢了,因此我们把传统的简缩造词法归到意合造词法。

上述造词法体系,也只是我们的一家之言,还需要改进,但我们相信,正如基于语法构成的现代汉语构词法体系的建立经历了一个从不统一到统一的过程一样,汉语造词法体系的建立也会经历一个从不统一到统一的过程,完善的造词法体系一定会在经过一段时间的摸索后建立起来。

1.4.3 类推在汉语造词法中的作用

"类比形式就是以一个或几个其他形式为模型,按照一定的规则构成的形式。"①"类比"又叫"类推",表现于语言的各个层面,在语言现象的产生和发展过程中起着非常重要的作用。类推对汉语造词法的形成起着很重要的作用,我们从以下两个方面论述类推在造词法形成中的作用:

(一)类推在儿童学话中的作用

我的女儿两岁时,就已经会运用类推表达意思了。我家住在山东日照海滨,风很大,特别是在楼上听得很清楚,冬天尤其强烈,每当我的孩子哭闹的时候,我母亲大多时候把呼呼的风声比作"风猴子"来吓唬孩子不让她哭。有一天早晨,我们夫妻两个给她穿衣服,她哭闹着不穿,当时正好是冬天外面刮着大风,我于是说:"你再哭就把'风猴子'哭进来把你背走了,爸爸妈妈也不管,那可就再也见不到爸爸妈妈了。"往常这样一说,她就吓得不哭了,谁知这次她听了后,反倒有点高兴并且好奇地问:"有'风马'吗?"我说:"有",接下来她又说出了一大串,比如"风狗"、"风牛"、"风鸡"等等她所能接触到的东西,都冠以"风"字,这种词儿以后就常常从她的嘴里说出来了。

到了五岁半时,就已经很熟练地掌握用类推的方法造词了,例如有一次我从网上下载了一些图片让她认,她竟毫不迟疑地把以前没见过的事物说出词来,依据参照点的不同她可以随意从物体的性状、颜色、功能等角度给物体命名,例如:用萝卜做的鸡,她会说"萝卜鸡",做的鱼,她会说"萝卜鱼"等等。

这说明人在一两岁刚会学话的时候,就会用类推的方法通过自己

---

①索绪尔《普通语言学教程》,北京:商务印书馆,2001,第226页。

熟悉的事物命名自己不熟悉的事物。等到五六岁的时候,人类就已经完全掌握了造词机制,可以自由地对事物进行命名了。

(二)类推新词语的产生中所起的作用

新词语产生的主要原因就在于社会生活中的新事物、新概念、新观念层出不穷。而新事物、新概念、新观念大多是在已有事物、概念、观念的基础上产生的,因此新事物、新概念、新观念与已有事物、概念、观念之间存在着各种各样的联系,其中相似性和相关性是新旧事物之间两种最重要的联系方式,这是造成新词语与原有词语之间有联系的客观原因,这种联系决定了语言中的新词语绝大部分是在已有词语的基础上产生出来的。事物之间的这种联系表现在新旧词语之间的关系上,就是新旧词语之间也存在着相似性和相关性。

从人类认知的角度讲,造成新旧词语之间存在相似性和相关性的原因就是类推造词,类推①造词就是给事物命名时模仿已有词语的造词方法创造新词语,具体地讲类推造词有以下表现方式:

(1)产生一个新词或者进一步产生新词群

由已有词语类推出一个或几个新词语,例如:由"款爷"有钱的男人,类推出"膀爷"夏天经常光膀子的男人,类似的如由"快餐"类推出"慢餐",由"苦活"类推出"甜活",由"富翁"类推出"富婆"、"富姐"等等。

由已有词语还可以类推出一大批新词语,形成词群,例如:

虽然汉语中有"出租车"一词,但在求新求奇心理的影响下人们喜欢用"Taxi"的音译词"的士",于是由此类推出一批与之相关的词语,如有些旅游景点,为了方便游客上山,出租一种小马车,因为这种马车的功能与"的士"的功能相似,所以就由"的士"类推出"马的",其他的像"面的"、"摩的"、"驴的"、"轿的"等也是由于功能的相似而被类推出来的;另外,还类推出了"的哥"、"的姐"、"的嫂"等。

"酒吧"的"吧"是英语"bar"的音译,为了便于理解加上表类别的"酒"字。随之类推出各种各样的"吧",如卖果汁的"果汁吧",看电影的"影吧",唱歌的"歌吧",上网的"网吧",卖茶的"茶吧";还有"迪吧"、"书吧"、"氧吧"、"棋吧"、"布吧"、"沙吧"、"陶吧"、"玩具吧"、

---

①我们认为类推造词的心理机制是隐喻和转喻,隐喻和转喻的定义、关系详见 3.5 和 5.4 节。

"话吧"等。此外,还有:

由"文盲"类推出:法盲、科盲、路盲、性盲、税盲、电盲、农盲、智盲等。

由"年龄"类推出:工龄、教龄、兵龄、医龄、烟龄、球龄、国龄等。

由"文坛"类推出:影坛、歌坛、足坛、排坛、泳坛、羽坛、篮坛、乒坛、网坛等。

由"男式"类推出:女式、新式、旧式、跪式、卧式、蛙式、中式、美式、苏式等。

由"上班族"类推出:追星族、拇指族、考研族、哈日族、哈韩族等。

由"软科学"类推出:软技术、软产品、软人才、软包装、软饮料、软贷款等。

由"万元户"类推出:暴发户、特困户、关系户、钉子户、拆迁户、专业户等。

总之,通过类推产生的词或词群比比皆是。

(2)产生类词缀、词缀

在类推造词方式的推动下,如果某个语素在词群中仅是"一定程度上保留了原来的词汇意义,并且以不读轻声与词缀区别开来,以词汇意义大部分虚化,具有定位性、非独立成词性和类化性与词、词根相区别,那么在这种情况下,这个语素就具备了类词缀的特点。"①如:"性"、"化"在以下词群中就显示出它们具有了类词缀的特点:

创造性、片面性、可能性、能动性、稳定性、组织性、普遍性、大陆性、文学性等;绿化、美化、丑化、幻化、硬化、白热化、公式化、机械化、科学化、庸俗化、军事化、集体化、正规化、简单化、复杂化、城市化、地方化、国有化、私有化等。

在已有类词缀的基础上,如果"某个类词缀因频繁运用而导致该词缀的词汇意义进一步弱化,语法意义进一步增强,构词能力进一步扩大,且其位置固定并具有了标记词性的功能,那么它就成为词缀,具有更概括、更抽象、虚化程度更深、类化层面更高的特点。"②如汉语中已有的词缀"第"、"老"、"儿"、"头"等。

---

①张小平《当代汉语类词缀辨析》,宁夏大学学报,2003,(5)。
②宋培杰《浅析"亲属称谓名词"的类词缀化即构成新词的特点》,语言研究,2002特刊。

第二章 上古汉语的构词法和造词法

本章在勾勒上古汉语构词法发展概况的基础上,把数量、频率、义项、构词方式是否完备等四个方面作为判定单音词复音化在上古汉语进程中的标准;认为汉语复音化之初越是口语性强的作品的复音化程度越高,但到了春秋战国时期,却反过来越是书面语强的作品复音化程度越高;提出复音单纯词是汉语造词的副产品,不是单音词复音化的桥梁,它只是汉语单音词复音化的一种表现形式,是人们为了更好地进行表情达意而采用的一种辅助形式;对汉语中单音词复音化的现象进行了重新探讨,说明类概念的形成在单音词复音化中的作用,而后介绍了上古汉语词的构成特点和生成特点。

第一节 从复音词数据看上古汉语构词法的发展

2.1.1 引言

目前,一方面,王力《汉语史稿》(1980)、史存直《汉语词汇史纲要》(1989)、潘允中《汉语词汇史概要》(1989)、向熹《简明汉语史》(1993)等一些关于汉语史、词汇史的概论性著作,从理论上对汉语构词法发展概况做了初步勾勒,论述了汉语史上单音词复音化的现象以及各类复音词产生的大致时间、原因等一些涉及汉语构词法发展规律的问题,而郭锡良《先秦汉语构词法的发展》(1997)对早期汉语构词法的具体发展情况进行了探讨。另一方面,兴起于20世纪70年代末80年代初的专书复音词研究,则运用已有构词法研究成果从语法和语义两个方面研究了专书中复音词的构成和汉语单音词复音化现象。研究专书复音词的学者主要运用定量—定性相结合的方法,对专书中的复音词进行统计与分析,得出了对研究汉语史、词汇史有用的数据和可靠的结论,这为考察上古汉语各类复音词的具体发展提供了很好的依据。把这些数据结合起来,看构词法发展的文章还不多见,因此,本节的目的就是根据已有研究成果,通过复音词的数据看上古汉语构词法的发展,检验理论上的探讨是否符合数据的印证,为理论的探讨提供科学的数字支持,把数量变化的规律当作衡量上古时期汉语构词法发展变化规律的标尺,把定量的考察与定性的说明结合起来,在定量分析的基础上进行定性说明。模糊与精确是相伴而生的,用精确的数字对汉语构词法在上古时期的发展变化进行量化说明,是为了说明事物的变化而采用的一种表达方式。

上古汉语(从西周到战国末期共 800 多年)构词法的发展趋势主要表现在以下几方面:

2.1.2 复音词的发展趋势

表一共收集了 16 位学者对上古汉语 13 部有代表性著作的数据[①]统计,为便于比较,我们把不同学者对同一专书中复音词研究得出的数据放在一起。上古汉语专书复音词研究使用的文献可分两类:一类是史书类语料,列为表一(一);一类是子书类语料,即先秦诸子百家的诸子散文类,列为表一(二)。

表一:复音词的发展趋势表(一)史书类及其他类[②]

	尚书	尚书	毛公鼎	诗经	左传	国语	商君书	战国策
词汇总数	1924	915	248	4139	5606	3232	1873	4945
单音词	1550 80.6	697 76.2	209 84.3	2813 68.0	4234 75.5	1987 61.5	1378 73.6	2257 45.6
复音词	374 19.4	218 23.8	39 15.7	1326 32.0	1372 24.5	1245 38.5	495 26.4	2688 54.4

[①]这里的数据主要是各位学者用定量分析的方法统计出来的,各类词的数字不包括专有名词,如人名、地名、官职名等。这些数据是否可信,请参阅 4.1 节《专书复音词研究的回顾与展望》。

[②]该表的数据依次引自伍宗文(2001),高光新(2005),张正霞(2004),向熹(1989),毛远明(2000),陈长书(2005),杜丽荣(2004),李仕春(2004)。

表一：复音词的发展趋势表（二）子书类[①]

	论语	墨子	孟子	庄子	荀子	荀子	韩非子	韩非子
词汇总数	1339	3977	2134	5194	3495	4553	4220	4632
单音词	1126 84.1	2641 66.4	1543 72.3	3205 61.7	2386 68.3	2393 52.6	2182 51.7	2278 49.2
复音词	213 15.9	1336 33.6	591 27.7	1989 38.3	1109 31.7	2160 47.4	2038 48.3	2354 50.8

上表数据显示：复音词发展趋势是所占词汇总数的百分比快速升高，呈阶梯状快速递增。史书及其他类语料由从复音词占全书词汇总数百分比最低的《毛公鼎》（西周初年）15.7%到复音词由占词汇总数最高的《战国策》（战国末期）54.4%，升高了38.7个百分点，平均每百年升高4.8个百分点；子书类从《论语》（战国初期）15.9%升高到《韩非子》（战国末期）的50.8%，升高了34.9个百分点，平均每百年升高4.4个百分点。史书类比子书类单音词复音化的程度高38.6% - 34.9% = 3.7个百分点，整个上古时期复音词平均升高了36.8个百分点，平均每百年的增长率(4.8 + 4.4)/2 = 4.6个百分点，这说明复音词的数量在先秦时期增长得非常快速。从历史发展的角度看，上古前期单音词的数量占全部词汇总数的百分比远远大于复音词，但到了后期单音词的数量占全部词汇总数的百分比和复音词基本持平。

从平均百分比看，上古汉语史书类单音词占词汇总数的平均百分比是565.3%/8 = 70.7%，复音词占词汇总数的百分比是234.7%/8 = 29.3%；子书类单音词占词汇总数的百分比506.3%/8 = 63.3%，复音词占词汇总数的百分比是293.7%/8 = 36.7%，子书类单音词复音化的程度大于史书类语料。上古汉语单音词占总数的平均百分比是(70.7% + 63.3%)/2 = 67%，复音词占总数的平均百分比是(29.3% + 36.7%)/2 = 33%。因此，从共时角度看，整个上古时期单音词的数量多于复音词的数量。

[①] 该表的数据依次引自程湘清(1982)，伍宗文(2001)，郭萍(2001)，胡运飙(1995)，卢春红(2002)，鲁六(2005)，车淑娅(2004)，刘诚(1985)。

2.1.3 词类的发展趋势

有数位学者对上古汉语中单音词词类和复音词词类在不同文献中的分布情况,做了定量统计,具体情况如下表:

表二:上古汉语单音词词类的发展趋势①

	穆天子传	商君书	吕氏春秋	韩非子
单音词个数	496	1377	3405	2182
名词	244 49.2	516 37.5	1371 40.3	819 37.5
动词	212 42.7	590 42.8	1298 38.1	874 40.0
形容词	31 6.3	198 14.4	464 13.6	379 17.4
其他词类	9 1.8	73 5.3	272 8.0	110 5.0

表三:上古汉语复音词词类的发展趋势②

	左传	国语	国语	墨子	孟子	荀子	商君书	屈原赋	韩非子	战国策	睡虎地秦墓竹简	先秦汉语复音词
复音词个数	1252	1265	1048	1324	591	2160	487	994	2038	2688	930	615
名词	959 76.4	847 67.0	865 82.5	805 60.8	401 67.9	1106 52.5	387 79.5	438 44.1	973 47.7	1999 74.4	676 72.7	386 62.8
动词	154 12.3	272 21.5	112 10.7	326 24.6	97 16.4	491 22.2	66 13.6	248 25.0	714 35.0	496 18.5	182 19.7	139 22.6
形容词	111 8.9	114 9.0	66 6.3	124 9.4	73 12.4	457 21.2	29 6.0	290 29.2	305 15.0	146 5.4	58 6.2	90 14.6
其他词类	29 2.3	23 1.8	5 0.5	69 5.2	20 3.4	47 2.2	5 1.0	18 1.2	46 2.3	47 1.8	14 1.5	

---

① 该表的数据依次引自顾睟锋(2004),杜丽荣(2004),张双棣(1989),车淑娅(2004)。

② 该表的数据依次引自毛远明(2000),陈长书(2005),锺海军(2003),钱光(1992),郭萍(2001),鲁六(2005),杜丽荣(2004),辰苏文(1983),车淑娅(2004),李仕春(2004),魏德胜(1999),伍宗文(2001)。

根据表二,可得出上古汉语单音词词类的发展趋势①:上古汉语单音名词占单音词总数的平均百分比是 164.5%/4 = 41.1%,单音动词所占单音词总数的百分比是 163.7%/4 = 40.9%,两者的百分比很接近,单音形容词所占单音词总数的平均百分比是 51.7%/4 = 12.9%,其他词类②所占单音词总数的平均百分比是 21.3%/4 = 5.3%。

根据表三,可以得出上古汉语复音词词类的发展趋势:上古汉语复音词中名词占绝对优势,平均百分比是 744.2%/11③ = 67.7%;动词次之,其平均百分比是 217.1%/11 = 19.7%;形容词又次之,其百分比是 114.4%/11 = 10.4%,其他词类所占的平均百分比是 22%/11 = 2%,复音名词与复音动词、形容词以及其他词类所占复音词总数的百分比相差很大。

表二、表三显示:上古汉语三个开放性的词类中,单音名词和单音动词平行发展,单音形容词发展缓慢;在复音词中,复音名词发展最快,复音动词和复音形容词平行发展,这是因为,在上古汉语中,与新出现的需要命名的动作行为、性质、状态相比,需要命名的新兴事物名称更多,原有的依靠单音词派生的造词法已经不能满足快速增长的新生事物命名的需要,因此新兴事物名称的命名已经不再单纯依靠派生法,而是依靠复合法,所以复音名词数量增长最快,与复音动词、复音形容词的差距最明显。

---

①我们这里关于词类的发展趋势是就使用状态的词讲的,并且其使用的范围是某一部专书。就储存状态的词来说,无疑单音(或复音)名词最多,其次单音(或复音)动词,第三单音(或复音)形容词。

②其他词类是指除名词、动词、形容词以外的词类。

③由于《屈原赋》的三类词与其他专书中的三类词百分比相差太大,所以我们把它算作例外,计算出的平均百分比是 11 部专书的。

2.1.4 上古汉语中各类复音词的发展趋势

表四:上古汉语各类复音词发展趋势表①

	周易	诗经	论语	左传	国语	国语	孟子	庄子	荀子	吕氏春秋	韩非子	韩非子	战国策	楚辞	睡虎地秦墓竹简
复音词	428	1326	183	1372	1265	1048	591	1989	1109	1074	2038	2354	2688	658	930
单纯词	29 6.8	451 34.0	30 16.4	120 8.7	18 1.4	23 2.2	34 5.8	82 4.1	30 2.7	82 7.6	66 3.2	23 1.0	43 1.6	178 27.1	10 1.1
复合词	399 93.2	875 66.0	153 83.6	1252 91.3	1247 98.6	1025 97.8	557 94.2	1907 95.9	1079 97.3	992 92.4	1972 96.8	2331 99.0	2645 98.4	480 72.9	920 98.9

表四显示,除了《诗经》、《楚辞》由于文体的原因复音单纯词占复音词的百分比较高外,其他 12 部专书中复音单纯词平均占复音词总数的 62.6%/13 = 4.8%,复合词平均占复音词总数的 1237.4%/13 = 95.2%。就发展趋势来讲,复音单纯词发展的总趋势是其占复音词总数的百分比稍微降低,复合词发展的总趋势是其占复音词总数的百分比稍微升高,但是不明显。上述现象表明就复音词来讲,复合词的能产性在整个上古汉语复音词中处于绝对优势,复音单纯词的能产性很低,因此,就各类复音词的能产性来讲,上古汉语中复合手段是人们用来表情达意的主要工具,复音单纯词只是人们用来表情达意的辅助工具。

---

①该表的数据依次引自赵振兴(2001),向熹(1989),程湘清(1982),毛远明(2000),陈长书(2005),锺海军(2003),郭萍(2001),胡运飙(1995),卢春红(2002),张双棣(1989),车淑娅(2004),刘诚(1985),李仕春(2004),单宏伟(2005),魏德胜(1999)。

2.1.5 上古汉语各类复合词的发展趋势

表五：上古汉语各类复合词的发展趋势（一）史书及其他类①

	周易	毛公鼎	诗经	穆天子传	左传	国语	商君书	商君书	睡虎地秦墓竹简	楚辞	吕氏春秋	战国策
复合词	399	37	875	179	1252	1247	649	487	920	480	992	2645
联合式	53 13.3	10 27.0	209 23.9	37 20.7	302 24.1	493 39.5	228 35.1	183 37.6	289 31.4	165 34.4	448 45.2	585 22.1
偏正式	232 58.2	22 59.5	484 55.3	125 69.8	752 60.0	618 49.6	205 31.5	209 42.9	497 54.0	220 45.8	459 46.3	1913 72.3
动宾式	68 17.0		13 1.5	13 7.3	84 6.7	93 7.5	72 11.1	24 4.9	44 4.8	16 3.3	35 3.5	75 2.8
主谓式	12 3.0				13 1.0	15 1.2	26 4.0	3 0.6	10 1.1	1 0.2	5 0.5	36 1.4
附加式	34 8.5	2 5.4	169 19.3	4 2.2	27 2.1	20 1.6	38 5.9	3 0.6	18 2.0	8 1.7	35 3.5	26 1.0
补充式							2 0.3	2 0.4	6 0.7			3 0.1
重叠式					8 0.6	5 0.4		1 0.2		70 14.5	10 1.0	7 0.2
其他结构		3 8.1			66 5.3	3 0.2	78 12.0	62 12.7	56 6.1			

---

①该表的数据依次引自赵振兴(2001)，张正霞(2004)，向熹(1989)，顾晔锋(2004)，毛远明(2000)，陈长书(2005)，刘兆君(2005)，杜丽荣(2004)，魏德胜(1999)，单宏伟(2005)，张双棣(1989)，李仕春(2004)。

表五:上古汉语各类复合词的发展趋势(二)子书类①

	论语	墨子	孟子	孟子	庄子	荀子	荀子	韩非子	先秦双音词研究
复合词	153	1309	283	557	1907	1079	2076	1972	586
联合式	60 39.2	728 55.6	146 51.6	245 44.0	867 45.5	502 46.5	1070 51.5	781 39.6	307 52.4
偏正式	67 43.8	476 36.4	100 35.3	237 42.5	825 43.3	396 36.7	732 35.3	910 46.1	245 41.8
动宾式	2 1.3	34 2.6	9 3.2	15 2.7	53 2.8	19 1.8	115 5.5	133 6.7	28 4.8
主谓式	1 0.7	10 0.8	2 0.7	8 1.4	5 0.2	10 0.9	4 0.2	14 0.7	6 1.0
附加式	20 13.1	14 1.1	23 8.1	44 7.9	147 7.7	127 11.8	112 5.4	71 3.6	
补充式		21 1.6			10 0.5	7 0.6		13 0.7	
重叠式		10 0.8		7 1.3		18 1.7	42 2.0	10 0.5	
其他结构	3 2.0	16 1.2	3 1.0			1 0.1	40 2.0		

从表五可得出以下结论:在上古汉语中联合式、偏正式、动宾式、附加式复合词从西周时期的《诗经》、《周易》就开始出现了,主谓式在春秋战国之际的《论语》中出现,重叠式、补充式、综合式出现的较晚。其中联合式和偏正式是能产的,动宾式、主谓式、补充式、附加式、重叠式以及综合式是非能产的。具体地说,它们的发展又有以下特点(排除在进行复音词统计中的各种人为因素后):

(一)联合式的发展趋势

联合式的能产性逐渐增强,特别是表五(二)显示:子书类增强的最明显,像《墨子》、《孟子》、《庄子》、《荀子》中的联合式复合词明显占

---

①该表的数据依次引自程湘清(1982),钱光(1992),程湘清(1982),郭萍(2001),胡运飙(1995),卢春红(2002),鲁六(2005),车淑娅(2004),伍宗文(2001)。

了优势,即使是表五(一)史书及其他类联合式复合词能产性的增长表现得也很明显,当然也有例外的情况。从百分比看,史书类平均 354.3%/12 = 29.5%,子书类 425.9%/12 = 47.3%,后者高出前者 17.8 个百分点,两者平均(29.5% +47.3%)/2 = 38.4%。

另外,部分学者还从语法和语义两个方面对联合式复合词的内部构成进行了定量—定性分析,根据他们得出的数据,可得出如下结论:从语义构成看,同义联合最多,其次是类义联合,最少的是反义联合。从语法构成看,前期联合式复合词中名 + 名 = 名最多,其次是动 + 动 = 动,第三是形 + 形 = 形,其他的占少数,随着时间的进展动 + 动 = 动类联合式复合词的百分比逐渐接近名 + 名 = 名类[①]。

(二)偏正式的发展趋势

从上古前期到上古后期,偏正式复合词的能产性是逐渐减弱的。与其他复合词的构词方式相比,偏正式构词方式最为灵活,产词量最大。偏正式内部各小类复合词的发展趋势是:从语法构成看名 + 名 = 名最多,形 + 名 = 名次之。在能产性方面,史书类比子书类高,例如从平均百分比上看,史书类平均 645.2%/12 = 53.8%,子书类 361.2%/9 = 40.1%,前者高出后者 13.7 个百分点,两者平均(53.8% + 40.1%)/2 = 47.0%。

在上古汉语中联合式复合词平均是 38.4%,偏正式复合词是 47.0%,这说明,从总体上看偏正式的能产性大于联合式,但是用历时发展的眼光看,在上古汉语时期联合式的能产性逐渐增强,偏正式的能产性逐渐削弱。

(三)动宾式的发展趋势

动宾式能产性稍微增强,在复合词中占据第三位。在能产性方面,史书类比子书类高,例如从平均百分比上看,史书类平均 70.4%/ 12 = 5.9%,子书类 31.4%/9 = 3.5%,前者高出后者 2.4 个百分点,两者平均(5.9% +3.5%)/2 = 4.7%。

---

①联合式次小类的这种发展是与处于使用状态的单音词词类的发展趋势一致的,随着时间的向前推移,汉语中处于使用状态的动词越来越多,导致构成联合式复合动词的动词素的增多,自然联合式中联合式动词的能产性就大于联合式名词了。

从语法构成看主要有动+名=动,动+名=名两类,从语义构成看,动词素和名词素之间主要是支配与被支配的关系。

(四)主谓式的发展趋势

主谓式的能产性没有表现出明显增强的趋势,也没表现出减弱的趋势。在能产性方面,史书类比子书类稍高,例如从平均百分比上看,史书类平均 13%/12 = 1.1%,子书类 6.6%/9 = 0.7%,前者高出后者 0.4 个百分点,两者平均(1.1% + 0.7%)/2 = 0.9%。

主谓式复合词的语法构成要比动宾式复杂一些,其中名+动=动最多,名+动=名次之,其他的如:名+动=形,名+形=名,名+形=形,名+名=名等占很少一部分;从语义构成看,两个词素之间主要是说明与被说明的关系。

(五)附加式的发展趋势

附加式出现了减弱的趋势。在能产性方面,子书类比史书类稍高,例如从平均百分比上看,史书类平均 53.8%/12 = 4.5%,子书类 58.7%/9 = 6.5%,后者高出前者 2 个百分点,两者平均(4.5% + 6.5%)/2 = 5.5%。

按照位置,可分为前缀、后缀;按照语法性质,可分为形容词性前缀、动词性前缀和名词性前缀。名词前缀:有、于、勾;后缀:子(偶尔出现)。形容词前缀:尔、如、若、然、有、其、斯、思。动词前缀:言、爰、遹、聿、曰、于、博;作为后缀的"者"和"然、焉、尔、乎"等,用得比较普遍。"者"的前面可以是动词、形容词及其他谓词性词组。副词前缀:忽、焉。

在以上前缀中,形容词性前缀最多,其中"然"最能产。

(六)重叠式的发展趋势

重叠式出现的较晚。在能产性方面,子书类比史书类稍高,例如从平均百分比上看,史书类平均 16.9%/12 = 1.41%,子书类 6.3%/9 = 0.7%,后者高出前者 0.71 个百分点,两者平均百分比是(1.41% + 0.7%)/2 = 1.1%。

(七)补充式的发展趋势

表五显示在多部上古文献特别是上古前期的文献中并没有补充式复合词,只是在上古后期的文献中出现了一些补充式复合词。依据已有的古代汉语语法的研究成果,可知动补式要到中古时期才产生,按照"吉冯(1971)提出'今天的词法曾是昨天的句法',意思是说词汇

的构成是来自早期的句法结构"①的观点,我们认为上古时期没有补充式复合词。

2.1.6 小结

进行专书研究的目的就是为了更好地建立汉语史,因此,把诸位学者在专书研究中取得的成果汇总起来,进行整理、分析是很有必要的。正鉴于此,我们把与专书复音词研究有关的数据汇聚起来后,经过整理与分析,总结出了上古汉语构词法发展的规律。

第二节 口语词和书面语词复音化程度的差别

关于同一时代语料中单音词复音化程度的差别,学界主流的看法是口语性越强的作品复音化程度越高,例如:

辰苏文(1983)《关于屈原赋复音词的初步探索与分析》对上古同一时期口语性强弱程度不同的作品进行比较研究,结果表明:上古时期,口语性弱的作品中的复音词少于口语性强的作品中的复音词。这是由于书面语中的复音词少于口语中的复音词。因为在以单音词为主的上古汉语里,单音词的同音词较多,口语中容易造成同音歧义,需要多用复音词以避免同音歧义;而书面语有字形的区别性作用,一般没有同音混淆现象,上古书写条件相当困难,故书面语多尚简,多用单音词。②

朱庆之(1990)说:"我们知道,上古汉语的词汇是以单音节词为主的。汉魏以降,由于书面语同口语脱节,即使在口语词汇里单、双音节词的比重发生了根本的变化,书面语词汇仍在较长的一段时间内保持着单音节词为主的特点③。"这句话表明,朱庆之是赞同口语词里单音词复音化的比重是超过书面语词的。

唐子恒(2002)说:"在同一时代的文章中,越接近口语的语料才越

---

①转引赵艳芳《认知语言学概论》,上海外语教育出版社,2001年,第165页。
②辰苏文《关于〈屈原赋〉复音词的初步探索与分析》,承德师专学报,1983年,第3-4期。
③朱庆之《佛典与中古汉语研究》,台北市:文津出版社,1990,第11页。

代表当时语言的发展状况。也就是说,比较接近口语、比较能代表汉语发展方向的文章中往往多音词的数目大、使用频率高。"①

以上三位学者,辰苏文认为上古汉语口语性强的作品的单音词复音化程度大于书面语,朱庆之的观点是中古以来汉语口语性强的作品中单音词复音化程度高,唐子恒的观点也是如此。毫无疑问,汉语复音化之初肯定是在口语中产生的,此时越是口语性强的作品中复音化的程度越高,但随着语言的逐渐发展,情况却变得不尽如此了,2.1 节《表一·复音词的发展趋势》显示随着时间的推移,专书中复音化程度是不断提高的,就同一时期专书复音词研究得出来的数据看,可得出以下结论:

(一)从上古汉语开始,韵文类文章中复音词占全书词汇总数的百分比普遍高于其他类文章。例如《诗经》、《楚辞》中复音化程度明显高于同时代其他类专书,《诗经》中复音词占词汇总数的百分比不仅高于同时代的《尚书》,而且还高于稍后的《毛公鼎》、《论语》、《左传》、《孟子》、《商君书》等专书中复音词所占全书词汇总数的百分比。与上古汉语其他文献相比,《诗经》口语性强还是书面语性强呢?郭预衡说:"《诗经》的语言是经过提炼加工的书面语。"②向熹《〈诗经〉里的复音词》说:"跟先秦其他散文作品比起来,《诗经》里复音词所占的比例可能要大一些,这与《诗经》是一部诗歌作品,并且以四言为主是分不开的。"③

因此,我们的结论是与同时代的先秦其他散文类作品相比《诗经》的书面语性强,《诗经》的语言经过提炼加工的痕迹主要表现在它在长期流传过程中为了便于歌唱,人们对它进行了反复修改,从而形成了以下特点:(1)为了适应歌曲回环复沓的要求,《诗经》形成了以四言为主每句 2 拍的句式,只有这样才能达到韵律和谐、节奏鲜明的目的;(2)大量修辞手法的运用,首先是赋比兴的运用,其次是各种具体修辞手法的运用,例如比拟、夸张、对偶、排比、层递、拟声等。上述原因都促进了复音词的大量生长,另外据我们考察历代诗歌作品集中单音词

---

①唐子恒《汉大赋多音词研究》,山东大学博士学位论文,2002 年。
②郭预衡《中国古代文学史》,上海:上海古籍出版社,1998,第 55 页。
③向熹《〈诗经〉里的复音词》,词汇学论文汇编,北京:商务印书馆,1989。

复音化的程度大都比同时代其他文体作品的单音词复音化程度高。

我们再来看以记言为主的《尚书》,据郭预衡"唐刘知几《史通·六家》辨析古史之体,首列'《尚书》家',并说'盖《尚书》之所主,本于号令,所以选王道之正义,发话于臣下'"①。可见以记言为主的《尚书》口语性大于《诗经》,如果按照口语性越强的作品单音词复音化程度越高的观点来看《尚书》单音词复音化的程度应该大于《诗经》,可是事实却相反,出现时代和《诗经》差不多的《尚书》复音化的程度却低于《诗经》,这就说明从上古汉语前期开始复音化程度的高低就已变成越是书面语强的作品中复音化的程度越高。

(二)注重运用修辞手法的文献语言中单音词复音化程度高于不注重运用修辞手法的文献语言,例如《庄子》中复音化的程度就高于同时期的《荀子》。

浪漫主义色彩浓厚的《庄子》为了创造光怪陆离、波诡云谲的艺术世界,塑造缥缈迷离、绚烂多姿的艺术形象,而用极尽夸张渲染的词句形成汪洋恣肆的文风,常常用韵造成铿锵之辞,这一切都是造成《庄子》复音词多于《荀子》的原因。荀子为了推广自己的思想观点重在说理论辨,虽然也用了大量的诸如比喻、排比等修辞手法,但在文风上却与《庄子》相差很远,因此书中复音化程度低于《庄子》。

注重运用修辞手法的文献语言要比不注重运用修辞手法的文献语言的口语性要弱,但是注重运用修辞手法的文献语言中单音词复音化的程度却高于不注重运用修辞手法的文献语言,这从另一个方面证明了口语性越强的语料复音化的程度越高的观点是值得商榷的。

(三)个人创作为主的文献中复音化的程度高于集体性创作的文献,上古汉语时期子书类文献中复音化的程度高于史书类复音化的程度。

从平均百分比看,上古汉语史书类单音词所占词汇总数的百分比是 $565.3\%/8=70.7\%$,复音词所占词汇总数的百分比是 $234.7\%/8=29.3\%$;子书类单音词所占词汇总数的百分比是 $506.3\%/8=63.3\%$,复音词所占词汇总数的百分比是 $293.7\%/8=36.7\%$,这说明子书类文献中复音化程度高于史书类复音化程度。为什么会有这种现象呢?

---

①郭预衡《中国古代文学史》,上海:上海古籍出版社,1998,第57页。

这是因为上古时期的史书是以记言为主,史书类文献中记载了社会上各个阶层人物的语言,有的华丽,有的粗俗,各各不一,而子书类虽然也以记言为主但是相对来讲记录的却是以个人为主包括自己的弟子的言语,而这些人大多受过教育,属于某一个稳定的社会阶层,因此史书类和子书类相比史书类的口语性要强一些,子书类的口语性弱一些,所以史书类复音化的程度小于子书类。

书面语,要经过文人的反复修改,修辞手法的运用等等而变得复音词多起来,从这个意义上来说在上古汉语时期书面语中复音化的程度就已经高于口语了。

再看后代作品中的情况:根据我们的初步考察汉代汉大赋中复音化的程度高于同时期其他文献例如《论衡》,魏晋南北朝时期出现的骈体文复音化程度高于同时期的《世说新语》、《颜氏家训》以及口语性很强的汉译佛经。由此可见,在中古时期书面语中复音化的程度高于口语。

近代汉语,唐代复音化程度从高到低依次是:唐诗 > 唐传奇 > 变文,宋代:宋词、宋诗 > 宋话本 > 朱子语类,元代:诗歌 > 元曲 > 元杂剧,至于明代、清代和现代汉语也是如此。

因此,我们的结论是在同一时代的语料中汉语复音化之初越是口语性强的作品复音化程度越高,但到了春秋战国以后的各个时期,却反过来越是书面语强的作品复音化的程度越高。

第三节 从复音词数据看上古汉语单音词复音化进程

2.3.1 引言

汉语经历了以单音词为主的词汇系统向以双音词为主的词汇系统转化的过程,这种现象就是单音词复音化,是汉语发展的基本规律之一。长期以来,人们已经从单音词复音化的起始时间、单音词复音化的原因、单音词复音化的途径、单音词复音化的表现形式等多个角度对与单音词复音化有关的语言现象进行了探讨。相对来讲,在单音词复音化程度的判定标准方面却鲜有人探讨,而对该问题的探讨直接关系到单音词复音化到底是从什么时候开始加速发展的,从什么时候开始汉语以单音词为主变为以复音词为主的等一些与汉语发展规律有关的重大问题。事实上,不是人们不想探讨单音词复音化程度的判定标准而是时机不成熟。众所周知,与语音、语法相比,词汇的研究最为薄弱,而词汇史的研究更是薄弱,这是因为词汇史要建立在专书研究之上,而专书词汇研究的兴起是进入20世纪90年代才开始大量出现的事,这也就无怪乎属于词汇史范畴的单音词复音化现象的研究只能局限于概论性的推测了。要想进入科学的探讨阶段,就必须在大量的有关专书词汇研究的文章出现以后才能进行。

如2.1所述,自20世纪90年代以来,已有很多学者对汉语史上有代表性的著作进行了定量—定性式的专书词汇研究,他们统计出了一大批数字,得出了一些可靠的结论,为汉语词汇史的建立奠定了基础,也为从数字方面探讨单音词复音化现象准备了条件。在本节中,我们将充分利用各位学者统计出来的数据,分别把数量、频率、义项、构词方式是否完备等四个方面作为判定上古汉语中单音词复音化进程的标准。

2.3.2 数量标准

数量标准就是从单音词、复音词的数量对比看上古汉语中单音词复音化的进程。通过2.1.2节《表一复音词发展趋势表》,可以知道从西周到战国末期的800多年时间里,整个上古时期复音词平均升高了36.8个百分点,平均每百年的增长率4.6个百分点,根据该表还可以知道上古汉语前期①复音词占一般词汇总数的18%左右,后期占将近50%,由此可见复音词数量的增长速度在上古汉语时期是非常快速的。在如此短的时间内复音词发展如此快速,这充分表明单音词复音化在先秦时期就在数量上开始了快速的增长。

时下,很多学者认为"中古是汉语单音词复音化的加速时期",例如朱庆之认为:"从汉语本身发展的内在规律看,汉语词汇终将实现双音化,但是这个进程在魏晋以前是极其缓慢的,而进入中古以后,双音化的步伐突然加快,在短短的二三百年中汉语词汇系统(主要指文献

---

① 《诗经》作为例外处理,具体原因详见4.1节《专书复音词研究的回顾与展望》。

语言的词汇系统)以单音词为主的面貌就得到了根本的改观。"①周荐也指出:"众所周知,汉语远古到上古时代的词汇,以单字为主;复字词是中古开始为适应语言的需要才大量产生。"②朱庆之等是根据什么得出以上结论呢? 这是因为朱庆之作出该结论的时候是1992年,受科研条件的限制,当时大规模的进行定量—定性式的专书复音词研究还没有开始,我们推测朱庆之的结论是靠个人的语感得出的;而周荐呢? 看过周荐著作和文章的人都知道周荐是研究现代汉语词汇的,而该观点属于古代汉语词汇,我们认为周荐对该观点的认识大概是靠已有研究成果得出来的,这从他用的"众所周知"一词就可以看出,周荐的结论是引用他人的,其最终根源还是来源于20世纪90年代学界的看法③。

鉴于从数量上看复音词在春秋战国时期就已经开始了快速增长的事实,我们认为把春秋战国时期定为单音词复音化的第一个加速时期,把中古定为汉语单音词复音化的第二个加速时期(中古时期单音词复音化的具体增长情况,见3.1《从复音词的数据看中古汉语构词法的发展》)比较妥当。这种现象的出现,完全与当时社会的快速发展有关,春秋战国时期,社会动荡的同时思想活跃,从而导致大量新事物、新观念的出现,词汇是社会生活最敏感的反映,因此,语言为了表达新事物必然依靠词汇的大量增长。根据各位学者的统计,从词类上看,表示事物名称的复音名词的数量增长最为快速,就证明了这一点。

从整体看,一方面上古汉语单音词占一般词汇总数的平均百分比是67%,复音词占总数的平均百分比是33%,这表明从共时角度看,上古时期单音词的数量还是少于复音词的数量;另一方面复音词占一般词汇总数的百分比由从前期18%左右上升到后期接近50%,这说明从历时角度看上古汉语在数量上有了快速的增长。

---

①朱庆之《试论佛典翻译对中古汉语发展的若干影响》,中国语文,1992年,第4期。
②周荐《汉语词汇结构论》,上海:上海辞书出版社,2004,第67页。
③朱庆之先生的观点代表了20世纪90年代很多学者的观点,并且目前研究中古汉语的学者大多还是持此观点。

2.3.3 频率标准

在数量上，上古汉语专书中的复音词从初期(西周至春秋)占该书词汇总量的 18% 左右到后期(战国末年)的接近 50%，这说明从单音词和复音词所占词汇总量比重的大小看，复音词与单音词数量比在战国末期已经非常接近了，但在使用频率上呢？请看表一①：

表一：《战国策》词语使用频率表

	1	2	出现20次以上	出现100次以上	出现500次以上
出现的词汇总数	3138	938	623	167	31
单音词及其所占出现词汇总数%	489 15.58%	255 27.19%	506 81.22%	153 91.62%	30 96.77%
复音词及其所占出现词汇总数%	2649 84.38%	683 72.71%	117 18.78%	14 8.38%	1 3.23%

《战国策》大约有 15 万字，据我们判定共有 6436 个词，其中单音词 2407 个(包括 150 个专有名词)，复音词 4029 个(包括专有名词 1341 个)。除去专有名词后，书中共有 4945 个词，其中单音词 2257 个，一般复音词 2688 个，一般复音词占词汇总数的 54.36%，我们能据此判断复音词在战国后期就占一定的优势了吗？不能。表一显示《战国策》中出现一次的词有 3138 个，其中只出现一次的单音词 489 个(包括专有名词)，占出现一次词汇总数的 15.58%，且大部分是冷僻词；出现一次的复音词有 2649 个(包括专有名词)，占出现一次词汇总数的 84.38%，且大部分是新兴的复合词。出现 500 次以上的有 31 个，其中单音词有 30 个，占 96.77%，复音词只有 1 个，占 3.23%。这表明战国后期单音词在使用频率上仍占绝对优势。

另外，据廖集玲统计，《论语》共有单音词 1121 个，出现了 12769 次，平均频率是 11.39；复音词 467，出现了 1354，平均频率是 2.90，单音词的平均频率是复音词的 3.92 倍。《孟子》共有单音词 1379 个，出现了 28800 次，平均频率是 20.88；复音词 815，出现了 3070，平均频率

---

① 李仕春《〈战国策〉复音词的统计与研究》，江西科技师范学院学报，2006年，第 2 期。

是 3.77,单音词的平均频率是复音词的 5.54 倍。《韩非子》共有单音词 2356 个,出现了 83122 次,平均频率是 35.28;复音词 2233,出现了 8696,平均频率是 3.89,单音词的平均频率是复音词的 9.07 倍①。

由此可见,上古汉语中,一方面复音词在数量上有了快速增长的趋势,其标志是复音词占词汇总数的百分比不断增大;另一方面,从使用频率上看,随着所统计专书篇幅的增长,复音词的使用频率却是在降低,单音词的使用频率在升高,这说明上古汉语中单音词仍占绝对优势,复音词只是在数量上有了一定发展,常用单音词的频率远远大于复音词的使用频率。

2.3.4 义项标准

单音词复音化一个很重要的原因就是为了解决上古汉语中属于基本范畴词的单音词义项过于丰富,从而影响词义表达精确性的矛盾而产生的。因此,从单音词和复音词义项的对比看,上古汉语单音词的义项非常丰富,而复音词,特别是占复音词数量绝大多数的复合词只在文献中出现 1 次,从宽的判定复合词的标准来看可以把它们判定为复合词,从严格的标准来看,它们只能算作临时词,还处在由词组向词凝固的阶段,所以在这种情况下上古汉语中绝大多数复音词的义项只有一个,复音词是多个义项的很少,例如:张双棣(1989)统计出《吕氏春秋》共 2972 个单音词,其中表现单义的 1691 个,占单音词总数的 57%,表现为多义的 1281 个,占 43%:两个意义的 546 个,三个意义的 352 个,四个意义的 184 个,五个意义的 86 个,六个以上意义的有 93 个。1074 个复音词中,有 1032 个单义词,占复音词总数的 96%,表现为多义的共 42 个,占复音词总数的 4%:两个意义的 39 个,三个意义的 3 个②。据鲁六统计《荀子》共 2170 个单音词,其中单义词 1106 个,占 51%,多义词共 1064 个:2 个义项的 445 个,3 个义项的 263 个,4 个义项的 156 个,5 个义项的 73 个,6 个义项的 50 个,7 个义项的 27 个,8 个义项的 18 个,9 个以上义项的 32 个。而 2160 个复音词中只有 99

---

① 廖集玲《论〈韩非子〉复音词》,广西大学学报,1991 年,第 4 期。
② 张双棣《〈吕氏春秋〉词汇研究》,济南:山东教育出版社,1989,第 200 页。

个多义词①。

从词的兼类看,先秦文献中兼类词基本上是单音词,复音词很少。例如张双棣(1989:206)统计出《吕氏春秋》共有兼类词466个,其中单音词451个,复音词15个②。

这表明在上古汉语中属于基本范畴词的单音词的义项非常丰富,而在单音词复音化中产生的复音词的义项很贫乏。

2.3.5 构词方式是否完备的标准

构词方式是否完备也应被视为判定单音词复音化是否在上古汉语已经完全开始的一个标准。从已有研究来看,如2.1.5节《表五上古汉语各类复合词的发展趋势》所示,现代汉语中的各种构词方式在上古汉语末期已经基本完备,排除各种影响复音词统计的不准确性因素后,该表显示出许多有规律性的东西来,例如:表五显示联合式、偏正式、动宾式、附加式从西周时期的《诗经》、《周易》就开始出现了,主谓式在春秋战国之际的《论语》中出现,重叠式、补充式、综合式出现的较晚。从能产性的角度来讲,联合式和偏正式是能产的,动宾式、主谓式、补充式、附加式、重叠式以及综合式是非能产的,这和现代汉语中相应的构词方式的能产性是一致的。由此可见,汉语的各种构词方式在上古汉语末期就已经基本具备,它们在单音词复音化的进程中起着各自应有的作用,因此,从构词方式是否完备这个角度来看,现代汉语中的各类构词方式在上古汉语中都基本具备。

2.3.6 小结

在本节中,我们分别把数量、频率、义项、构词方式是否完备等四个方面作为判定单音词复音化在上古汉语进程中的标准,结论是:上古汉语中的复音词在数量上有了快速的增长,并且汉语的各种构词方式在上古汉语末期已经基本具备,这说明单音词复音化已经在上古汉语中开始了第一次快速的增长,但复音词在使用频率的高低和义项的丰富程度方面还是远远低于单音词,这说明单音词复音化的发展具有不平衡性。

---

①鲁六《〈荀子〉研究》,山东大学博士学位论文,2005。
②张双棣《〈吕氏春秋〉词汇研究》,济南:山东教育出版社,1989。

第四节 复音单纯词不应看作单音词复音化的桥梁

2.4.1 引言

单音词复音化是汉语发展的重要规律之一,学界主流认识一向认为复音单纯词在单音词复音化进程中起着关键的作用,是单音词复音化的桥梁。例如:

程湘清(1982)从历史发展的角度论述了不同结构形式的双音词是不同历史阶段的产物,他认为语音造词阶段产生的复音单纯词对复合词产生具有重大的意义。① 程湘清虽然没有明确说明复音单纯词是单音词复音化的桥梁,在我们看来这种说法夸大了复音单纯词的作用,具体原因见后。

徐通锵(1997)从编码的角度详细论述了单音词复音化在汉语中的表现形式,他说"'1个字·1个音节·1个字义(概念)'的一一对应的结构格局是上古时期汉语编码方式的主流。有主流,自然还会有支流,这主要就是联绵字。联绵字包括重言、双声和叠韵三类,都是两个字表示一个意义,形成'2个字·2个音节·1个字义'的结构形式,与字、音节、字义三者一一对应的格局不一致。这里的'2'实质上是'1'的一个变体,但在语言发展中它却成为突破单字结构格局、诞生字组、形成双字结构格局的过渡环节和桥梁。"他认为"从语言发展的时间顺序来说,大体的走向是:重叠——双声叠韵的同义联合——同义联合——向心和离心。……从编码机制来观察,这里重要的是音义之间的转化,即语音的编码功能转移到语义,使语音的结构形式成为语义组合的一种框架,借此以构词,使复音字在语言中的比重日益增长。这是语义型语言的一种重要的结构机理……以联绵字的结构格式为桥梁,使语音的编码机制转化为字义组合的编码,用合字成词的办法编制新码,以满足日益增长的交际需要。"他最后总结为:"联绵字的

---

①程湘清《先秦双音词研究》,先秦汉语研究,济南:山东教育出版社,1982年。

'2'是形成双音字的中介和桥梁。"①

此外,以下学者也提出了类似的观点:

赵振兴(2001)"双音节的音变构词是把单音节内部的音素变化转向两个音节之间的同音重叠和异音连绵,这是汉语由单音节向复音节发展的一个重要手段。"②

周荐在不同的著作中表述了类似的观点,他说"联绵词是汉语词汇由单字单位发展为合成性单位的桥梁和中介,合成性单位的出现则是汉语词汇由单字单位构成为主进一步发展的自然的结果。""联绵词毕竟只是单字单位到合成性单位间的桥梁和中介,是时代的产物。"③

把上述学者的看法加以归纳总结,很自然的就得出汉语单音词复音化进程中依次出现的不同的复音词的结构是:重言→双声、叠韵、双声兼叠韵、非双声叠韵→重叠、双声叠韵的同义联合→同义联合复合词→一般复合词。然而,单音词复音化的进程真是这样理想吗?在此我们提出自己的看法,以就教于方家。

2.4.2 商榷

《现代汉语词典》中"桥梁"有两个意思:①架在水面上或空中以便行人、车辆等通行的建筑物。②比喻能起沟通作用的人或事物。很显然,在"单纯复音词是单音词复音化的桥梁"这句话中,"桥梁"取的是第二个义项。顾名思义,这句话中"桥梁"的作用在于强调复音单纯词在单音词复音化进程中所起的作用是很关键的,所隐含的意思就是:如果把单音词占绝对优势的汉语时期和复音词占一定数量的汉语时期各比作一个板块,那么复音单纯词则在这两个板块之间架起了一座桥梁,也就是说汉语在由单音词向复音词转化的过程中,曾经有一个时期复音单纯词占了很大的优势,然而事实是这样的吗?看2.1.4节《上古汉语各类复音词发展趋势表》,我们可以知道:

(一)从能产性看,复音单纯词的能产性始终很低,在不同的文体中有不同的表现。

---

①徐通锵《语言论》,长春:东北师范大学出版社,1997年,第343–355页。
②赵振兴《〈周易〉的复音词考察》,古汉语研究,2001年,第4期。
③周荐《汉语词汇结构论》,上海:上海辞书出版社,第24页。

2.1.4节《上古汉语各类复音词发展趋势表》收集了15位学者对上古汉语13部专书复音词的数据统计,3.1.3节《中古汉语各类复音词发展趋势表》收集了25位学者对中古汉语共23部专书复音词的数据统计,37位学者对从上古到中古时期36部文献中复音单纯词的数量进行了穷尽性的定量统计,这些数据显示无论是上古汉语时期还是中古汉语时期专书中的复音单纯词占全部复音词的比重都很小,这表明从上古到中古这段时期里复音单纯词一直是一种非能产的构词方式,从来就没有占有优势。除了《诗经》、《楚辞》、汉大赋等文献中复音单纯词占全书复音词的比重大外,上古汉语复音单纯词平均占复音词总数的4.8%,中古时期是4.2%,并没有表现出它在某一段时期内占的比重大幅增加,这就证明在历史发展过程中复音单纯词并没有像上面说的那样在某个时期大量生成,而是表现得非常平稳,之所以在《诗经》、《楚辞》等诗歌类、辞赋类的文体中单纯复音词占的比重大,主要是受文体影响的缘故。

(二)复音单纯词表情达意的作用是有限的,不能完全代替所有单音词作为表情达意的工具。

刘勰《文心雕龙·物色》谈到字的复叠时说道:"诗人感物,联类不穷。流连万象之际,沉吟视听之区,写气图貌,既随物以宛转;属采附声,亦与心而徘徊。故'灼灼'状桃花之鲜,'依依'尽杨柳之貌,'杲杲'为日出之容,'瀌瀌'拟雨雪之状,'喈喈'逐黄鸟之声,'喓喓'学草虫之韵……并以少总多,情貌无遗矣。虽复思经千载,将何易夺?"在这里虽说的是重言在文学作品中的作用,但又何尝不是说出了复音单纯词的作用呢?即肖声和摹形。

洪堡特说:"重复一个词的起首音节,或者重复整个词……有时是为了在表达各种概念时加强意思,有时则纯粹是一种发音习惯。"[1]

向熹(1989)指出上古词汇以单音词为主,有时单音词不能满足写景或抒情的需要,就产生了重言词,重言词中一个音节的声母或韵母起了变化,就成了双声叠韵的联绵词……就重言所包含的意义来看,绝大多数属于象声和绘景两类……有时单音词的前面或后面加上

---

[1] 洪堡特《论人类语言结构的差异及其对人类精神发展的影响》,北京:商务印书馆,1999,第159页。

"有""其""斯""思"等附加成分构成复合词,或加"矣""止""今"等助词,凑足两个音节,意义跟同音的重言词是一样的。复音单纯词的这种作用决定了复音单纯词的能产性与文体密切相关的,从历时的观点看,叠音这种语言形式是随着文学和语言的发展而产生发展起来的。《诗经》、《楚辞》中复音单纯词占的比重远远大于其他诸子散文就说明了这一点。①

总结上述古今中外学者的观点,我们可以得出复音单纯词的作用主要在于肖声和摹形。语言作为人类思维和交际的重要工具,词汇作为负载语言内容的建筑材料,具有心理现实性,它的作用是多方面的,决不会仅仅局限于肖声和摹形,肖声和摹形只执行词的一小部分功能,词的其他功能要靠其他词类去完成。"复音单纯词是单音词复音化的桥梁"的观点在一定程度上犯了以偏概全的错误,把词的部分功能当作词的全部功能,这种看法是片面的。

正是复音单纯词的这种肖声和摹形的作用导致了韵文类文体中复音单纯词的能产性远远大于其他类文体。

(三)复音单纯词的词性单一,绝大多数复音单纯词是形容词性的。词性单一的复音单纯词不可能在短时间内成为一统天下的表情达意的工具。

就词性来讲,根据黄伯荣(2001)现代汉语中共有10类实词4类虚词,它们在上古汉语中都已经具备,而复音单纯词的词性仅限于形容词性,其他词性仅占一小部分,向熹(1998)"从词类上看,上古汉语中的重言词绝大多数是形容词。"②王力"联绵字也不像一般人所感觉到的似乎多数是形容词和副词;其中还有许多是名词和动词。"③

从词性的角度看,复音单纯词最多只有4类,其中形容词占了绝大多数,根本就不能代表其他10类词的作用。这从另一个侧面证明了复音单纯词的作用仅仅在于模拟事物的容状和事物的声音。

(四)从产生的时间讲,复音单纯词的产生早于复合词的产生,复音单纯词的产生是和汉语一起产生的,例如徐振邦(1998)说"在没有

---

① 向熹《〈诗经〉里的复音词》,词汇学论文汇编,北京:商务印书馆,1989。
② 向熹《简明汉语史》,北京:高等教育出版社,1998,第411页。
③ 王力《汉语史稿》,北京:中华书局,2005,第55页。

文字之前,联绵词已经存在于人们的语言中,这是不用置疑的。"①

我们同意程湘清(1982)关于复音词的语音造词阶段先于语法造词阶段的观点,但是我们认为语音造词阶段对语法造词阶段并没有什么影响,两者之间并没有因果联系,它只是单音词复音化的支流,占辅助地位。单音词复音化的具体原因见 2.5 节(《范畴(类概念)的形成在单音词复音化中的作用》)。

语言经历了独词句,双词句和多词句这样一个发展过程,汉语也不例外。独词句阶段,原始人为了肖形、肖声就要重复某个词,这样自然就产生了复音单纯词,而复合词产生的时间要到多词句产生以后,从这个意义上说复合词的产生晚于复音单纯词,并且它的重要性要大于复音单纯词,等到文字出现后复合词就被记录下来。在甲骨文、金文中都出现了复合词,向熹(1998)"由单音走向复音,这是汉语词汇发展的内部规律之一。这一规律在上古汉语词汇中已经开始表现出来……甲骨卜辞只有少数名词是复音词。周秦汉语仍然以单音词为主,但复音词已占有相当的比例。"②此时复音词的特点是人名、地名、官职名等专有名词占很大的比例,并且一般复音词的频率也远远低于单音词的使用频率,在结构上是偏正结构。

各位学者在探讨联绵词的演化规律时,大都根据《诗经》等早期文献中重言词多于双声、叠韵就认为汉语早期重言的能产性大于双声叠韵从而推测重言词先出现,例如:

刘又辛(1945)谈到联绵词的演化规律时说:"古汉语的双声词、叠韵词和调声词,可能都是从比较原始的重言词演化出来的。"他考察出《诗经》有 500 多个联绵词,重言词则有 330 个之多,其他的如双声叠韵只有 180 多个,在《诗经》以后,双声、叠韵等联绵词逐渐增多,重言逐渐减少。③

向熹(1989)说:"重言词是由两个相同的音节构成的复音词。上古汉语里,重言词相当丰富。《尔雅·释训》收集重言词 145 个。《诗

---

①徐振邦《联绵词概论》,北京:大众文艺出版社,1998,第 1 页。
②向熹《简明汉语史》,北京:高等教育出版社,1998,第 406 页。
③刘又辛《古联绵词音变规律初探》(1945),《刘又辛语言学论文集》,北京:商务印书馆,2005。

经》出现的重言词 359 个,比先秦其他典籍要多。上古汉语词汇中的重言词总数在 600 个以上。"①

马真(1981)把复音构词的途径分为语音构词和语法构词,认为语音构词由重言到双声叠韵的演变是汉语复音化的重要突破。②

可是,正如 2.1.4 节《上古汉语各类复音词发展趋势表》显示,复音单纯词除了在《诗经》、《楚辞》、《汉大赋》等特殊文体中较能产外,在其他文献中的能产性并没有多大的变化,我们认为这一根据只能证明汉语复音单纯词的发展趋势是由重言到双声、叠韵,而不能证明复音单纯词是单音词复音化的桥梁。所以,从理论和实践上看,先有重言,继之双声、叠韵是可信的,不过这只是单音词复音化的一条途径罢了。

2.4.3 小结

我们的结论是:复音单纯词是汉语造词的副产品,不是单音词复音化的桥梁,它只是汉语单音词复音化的一种表现形式,是人们为了更好地进行表情达意而采用的一种辅助形式,是和汉语一起产生的,其产生时间远远在汉语复合词产生以前。把复音单纯词看作是单音词复音化的桥梁,扩大了复音单纯词在汉语单音词复音化中所起的作用,因此这一说法并不恰当。

第五节 范畴(类概念)的形成在单音词复音化中的作用

单音词复音化是汉语发展史上最基本的规律之一,王力《汉语史稿》(1958)、董秀芳《词汇化:汉语双音词的衍生和发展》(2002)等从语法的角度探讨了词组凝固成词的单音词复音化现象,郭绍虞《中国语词之弹性作用》(1938)、吕叔湘《现代汉语单双音节问题初探》(1963)、冯胜利《汉语的韵律、词法与句法》(1992)等从语音的角度探讨了汉语双音化现象,徐通锵《语言论》(1997)从语义的角度探讨了汉语单音词复音化现象,我们在本节中借鉴认知语言学中关于类概念

---

①向熹《〈诗经〉里的复音词》,词汇学论文汇编,北京:商务印书馆,1989 年。
②马真《先秦复音词初探》,北京大学学报,1980 年第 5 期,1981 年第 1 期。

的理论从认知的角度探讨汉语单音词复音化现象。

2.5.1 范畴的形成以及人们对范畴的认识

当代认知语言学认为,范畴就是对事物进行分类,范畴化就是以某个原型为参照点对具有共同属性的事物进行分类的一种认知活动。人类哲学发展史上,东方和西方几乎同时发现了范畴现象,东方叫类,以墨子、荀子为代表,西方叫范畴,以亚里士多德为代表。

(一)中国古代的类概念

先秦时期的类概念相当于西方的范畴,并且在对"类概念"的认识方面比西方还要进一步,例如:

《墨子·经上》记载了"名,达、类、私"等概念,《墨子·经说上》解释为:"名,物,达也,有实必待文名也命之。马,类也。若实也者必以是名也命之。臧,私也,是名也止于是实也。声出口,俱有名,若姓字俪。"《墨子》把"名"分为"达"、"类"、"私"三类,"达名"是客观存在的万物之通名,墨家称之为"物";"类名"是一类事物的名称,其外延小于"达名",墨家举例是"马"认为"实也者必以是名也命之",凡具有"马"的属性的"实"都可以称之为"马";"私名"是一个事物的名称,其外延最小,并以"臧"为例说明"私名"的外延是"是名也止于是实也"。此外,墨家还反复论述了"以类行"、"以类取"、"以类予"等一些基于"类概念"的认知行为。

《荀子·正名》:"故万物虽众,有时而欲遍举之,故谓之物。物也者,大共名也。推而共之,共则有共,至于无共而后止。有时而欲遍举之,故谓之鸟兽。鸟兽也者,大别名也。推而别之,别则有别,至于无别然后止。"这里的"共名"和"别名"就说明了不同的概念处于不同的层次上,和墨子的"名,达、类、私"有相通之处。

"语言的基本单位是词,思维的基本形式是概念……作为概念的表达形式的语词也有一个相应的发展过程,当人类思维中已经产生了某种概念时,必然或迟或早地会产生某种表达这种概念的语词。换句话说,历史上一定的语词的产生标志着人类抽象概括的思维能力所达到的水平。可见,人类思维水平的发展行程表现和记载于语言史之中。我们可以从早期人类的原始语言发展史中看到逻辑范畴的胚胎发育史。"①属于思维范畴的概念在语言中以词语的形式体现出来,"达"、"类"、"私","大别名""大共名"的出现说明先秦时期的人们已经能对客观事物进行分类,并且认识到了事物名称与概念的对应关系,认识到了不同层次概念之间的差别,这与当代认知语言学依据家族相似性理论把范畴分为上位范畴、基本范畴和下位范畴有一致之处。早期出现的《尔雅》、《方言》、《说文解字》等字书记录了当时学者用通语词释古语词或方言词,说明那时的学者已经有意识地用类概念的知识编字典辞书了,以此观点看来,中国古代对"类"概念的认识要比同时期西方的经典范畴理论进步多了,但遗憾的是此后的中国哲学界再也没有沿着这条理论探索的道路走下去,并且这一认识也没有引起后代学者的继续关注。

"'范畴'常和'类',乃至'概念'混同。就现有认知语言学中'范畴'这一术语的运用情况来看,'范畴'的基本含义大致相当于'类',但并不是客观存在的事物、现象的类,而是事物、现象在人的认知中的归类,即人用思维和语言对客观事物、现象归类而得到的集合。"②西方学者对范畴的认识,经历了两个阶段:经典范畴阶段和原型范畴阶段。

(二)西方的范畴观

(1)经典范畴阶段

经典范畴又称特征范畴,以亚里士多德为代表,该理论认为:(1)范畴由范畴成员共有的一组充分必要特征来下定义;(2)特征是两分的,某一范畴具有或没有某一特征泾渭分明;(3)范畴之间有明确的边界,某一物体或因具备某一范畴的必备特性成为该范畴的一员,或因不具备某一范畴的必备特性而不是该范畴的一员,不存在既好像属于该范畴又好像不属于该范畴的情况;(4)同一范畴中各成员的地位是平等的,同一范畴内的成员由它们共有的一组充分必要特性来界定,不存在典型与非典型之分。

亚里士多德根据这些共有特征把范畴概括为十类,这就是特征范畴(feature–based category)的分类。

---

①谢庆绵《西方哲学范畴史》,南昌:江西人民出版社,1987,第44页。
②郭聿楷《范畴结构和基本范畴词》,中国俄语教学,2005年,第1期。

(2)原型范畴阶段

原型范畴阶段,以维特根斯坦为代表,"维特根斯坦(L.Wittgensein,1953)是发现古典范畴理论缺陷的第一个哲学家。"① 针对经典范畴理论的缺陷,他首先提出了基于家族相似性的原型特征理论,后来不断有学者进行补充,该理论认为:(1)范畴不一定能用一组充分必要特征来下定义。实体的范畴化是建立在好的、清楚的样本(exemplar)的基础之上的,然后将其他实例根据它们跟这些好的、清楚的样本在某些属性上的相似性而归入该范畴。这些好的、清楚的样本就是典型(即原型),它们是非典型事例范畴化的参照点。这种根据与典型事例类比而得出的范畴就是原型范畴(prototype-based category)。实体(entity)是根据它们的属性(attributes)来加以范畴化的,但这些属性并不是经典的范畴化理论中的那种两分的理论构件,而经常是个连续的标度;(2)范畴的边界是模糊的、不固定的;(3)同一范畴内的成员在说话人的心目中地位并不相等,有较好的样本与较差的样本之分,即成员资格有等级之分,较好的样本是这一范畴的典型成员,较差的样本是这一范畴的非典型成员。

范畴的以上3个特征也是当代认知语言学公认的理论,任何事物都有一个发展变化的过程,范畴也一样,因此从发展的眼光看,范畴还可以有第4个特征,即(4)范畴是一个动态系统,范畴体系的发展是稳定性和变易性的辩证统一。这可以从质变和量变两个角度考察范畴的稳定性和变异性。范畴的变异性表现在范畴成员(主要是下位范畴词)量的变易方面"历史上的范畴总是从少到多、从不完善到完善(系统化)地发展起来"②,例如"马""牛"等范畴体系的形成与消失就说明了这种情况。范畴的稳定性表现在范畴成员(主要是基本范畴词)的质的更新方面"新范畴不断产生,旧范畴有的被淘汰;有的形式保留下来,内容受到改造更新"③,例如当人类从畜牧业时期进入农业时期后,原来以"马"为核心的范畴体系随着大量马的下位范畴词的消失而萎缩最终被淘汰,但作为基本范畴词"马"却保留下来,被并入到另一

---

① 赵艳芳《认知语言学概论》,上海:上海外语教育出版社,2006,第21页。
② 谢庆绵《西方哲学范畴史》,南昌:江西人民出版社,1987,第6-7页。
③ 谢庆绵《西方哲学范畴史》,南昌:江西人民出版社,1987,第6-7页。

个新的更大范围的范畴体系"家畜"中,"马"成为"家畜"的下位范畴词。马由基本范畴词变为下位范畴词对维系社会、思维、语言的持续发展是极为重要的,当然也有基本范畴词地位不变的,例如"打、红"等自始至终和人类有密切关系的词。基本范畴词是维系社会、思维、语言持续发展的纽带。

原型范畴观没有具体确定范畴的多少,这是因为在原型范畴观看来,范畴是一个相对的概念,可大可小,大到一个范畴包括数千个成员,小到一个范畴包括三两个成员,在本文中,我们讨论的范畴是指中等的范畴,能体现人类认知能力的范畴。目前已有学者用西方原型范畴理论解决汉语研究中的有关问题,例如:袁毓林(1995)《词类范畴的家族相似性》就用基于家族相似性的原型范畴理论解决了汉语中划分词类出现的两难问题,因此,在本节中我们主要借鉴有关原型范畴理论研究汉语中的单音词复音化问题。

2.5.2 范畴结构

人类对事物的范畴化是以事物的原型(prototype)为参照点的,亦即人们是以事物的原型为参照点通过联想依靠隐喻和换喻两种认知方式对具有共同属性的事物进行范畴化的。20世纪60、70年代,一些人类学家、心理学家对此作了证明,进一步丰富了基于原型特征的范畴化理论,人类学家柏林和凯(B. Berlin&P. Kay),对颜色范畴进行研究,他们认为,颜色的范畴化并不是任意的,而是以"焦点色"(focal colours)为基础的,即人们是依赖焦点色对颜色进行范畴化的;心理学家 E. Rosch 等,对鸟、水果、交通工具等10个范畴进行研究,也得出了与此相似的"典型理论"(prototype theory)。因此,反映在人类思维和语言中的范畴成员并不是杂乱无章的,而是形成一个有序的层级性的系统,基于原型特征的范畴理论把范畴分为三个层级体系:基本层次范畴,上位范畴和下位范畴。基本层次范畴是范畴层级系统中最重要的一级,心理学、人类学和语言学的研究显示,基本层次范畴是人们对客观世界分类的开始,人类的大部分认知活动都是从认识这个范畴中的成员开始的。以此为基础,将有共同特性的事物类作进一步的抽象概括,形成上位范畴;按照相反的、具体化的方向发展,产生更低层次的下位范畴。

基本层级范畴有以下特点：

(1)基本层级范畴表示的是与人类生活最密切、最直接,人与其打交道最多的事物、现象。由此,基本层次范畴是事物的自然类,称谓这类事物的词语是一个基本类名,它最简捷、用得最多,也最容易感知。基本层次范畴是最先形成的范畴,是对与人的生活密切相关又容易识别和概括的事物的归类;(2)基本层级范畴中的成员具有相似的较为完整的可感知的外形特征(认知科学称为"完形"),如"马"、"红"都有这种特征。而其上位范畴如"动物"、"动作"、"颜色"则没有较完整的外形特征。其下位范畴如"骘"、"骁"、"骣"、"追打"、"猛打"、"大红"、"深红"等虽然也有完形特征,但在认知和语言交际上的重要性远不如基本层级范畴;(3)处在此层级的事物、现象首先被人认识,也首先被用语言命名。就范畴的三个层级出现的先后顺序看,人类最先感知的范畴是基本层级范畴,其次是下位层级范畴,最后是上位层级范畴,这是由人类认知发展的顺序决定的。

2.5.3 基本范畴词

范畴和范畴层级系统是人类在对世界的认识过程中建立起来并在语言中体现出来的,徐通锵说:"概念是思维的一种基本单位,它在语言中的对应形式就是该语言的基本结构单位,在语言社团中具有心理现实性。"①在语言中范畴以概念的形式通过词固定下来,对应于范畴的三个层级系统,语言的建筑材料词汇也可以分成三个层级性的词汇系统,即表示基本层级范畴的基本范畴词②,表示上位范畴的上位范畴词和表示下位范畴的下位范畴词,三类词之间在语义上具有相似或相关关系,上位范畴词词义由基本范畴词词义抽象概括而来,基本范畴词词义由下位范畴词词义抽象概括而来。与上位范畴词和下位范畴词相比,基本范畴词有以下特点：

(1)基本范畴词词形、音节简单,是词汇体系中的核心部分:名词性的如鸟、狗、车、马等等,动词性的如打、看等,形容词性的如红、细、

---

①徐通锵《语言论》,长春:东北师范大学出版社,1997,第41页。
②基本范畴词相当于原有的基本词汇,下位范畴词相当于一般词汇。

大等①;(2)基本范畴词使用频率最高;(3)基本范畴词构词能力最强,例如由"鸟"、"打"、"大"等构成了许许多多的复合词;(4)因为基本范畴词有上述三个特征,所以基本范畴词义项最丰富;(5)兼类词在基本范畴词中占有一定比重;(6)基本范畴词数量有限。

2.5.4 范畴的形成在汉语单音词复音化中的作用

范畴以词的形式在语言中固定下来,汉语经历了以单音词为主的上古汉语阶段和以双音词为主的现代汉语阶段,中间有一个单音词复音化的阶段,相应的范畴在这三个不同阶段也有三种不同的表现形式,下面我们分别来探讨范畴在这三个阶段中的不同表现形式。

(一)范畴和范畴化在以单音词为主的上古汉语阶段的表现

在单音词占绝大多数的上古汉语系统中,基本范畴词、下位范畴词和上位范畴词大都以单音词的形式存在,具体讲这三类词又有各自的特点:

(1)基本范畴词如"马、鸟、花、红"等,它们笔画较少,词形简单,使用频率高,多是兼类词且义项丰富,数量有限;(2)下位范畴词记录的是表示下位范畴成员的词,它们笔画繁多,词形复杂,词性、义项单一,基本没有构词能力,数量庞大——为了满足交际的需要可以随时增加,例如:"马"有115个下位范畴词;(3)上位范畴词记录的是表示上位范畴成员的词,在笔画、词形方面的特点和基本范畴词接近,词性、义项、构词能力方面的特点和下位范畴词接近,上位词最少,例如"禽、兽"等,这说明当时人类的抽象思维还处在低级阶段。

下位范畴词是在基本范畴词的基础上繁衍滋生出来的,上位范畴词是在基本范畴词的基础上,对基本范畴词的词义抽象概括而成的。在词义结构方面上下位范畴词之间具有相似或相关关系。

(二)范畴和范畴化在以双音词为主的现代汉语阶段的表现

(1)现代汉语中的基本范畴词绝大多数是从上古汉语中继承下来的单音词,像"鸟、红"等都是从上古汉语中继承下来的;双音节基本范畴词则很少,例如5.1节《毛泽东选集复音词的统计》中有"革命"、

---

①我们在这里以语言中三个开放型的词类为例,本书中如无特别说明都是以名词、动词、形容词为例。

"阶级"等少数几个,与单音节的基本范畴词相比双音节的基本范畴词音节增多,但词性单一、义项较少。这说明在汉语史上记录基本层次范畴的单音词是汉语词汇的滋生地,具有很强的构词能力;(2)双音词是在属于单音词的基本范畴词的基础上滋生繁衍起来的,所表示的概念大都具体而明确,如"大红、鲜红、橘红、肉红、血红"等双音词就比它们的基本范畴词"红"表示的概念义具体、明确;(3)现代汉语中的上位范畴词在数量上明显比上古汉语多,这些词大多是双音词,它们表示的概念与上位范畴对应的有:颜色、动物、交通工具等。上位词的大量产生标志着人类的思维特别是抽象思维已经有了很大发展。

无论在单音词占绝大多数的上古汉语阶段,还是在单音词复音化的阶段或以双音节词为主的现代汉语阶段,汉语词汇孳乳演化的基础都是处于基本层次范畴的基本范畴词。也即洪堡特说的"整个词汇建立在适当数量的语根音基础之上,这些语根音通过附加和变化,便可用于表达更加确定、复合程度更高的概念。"①

双音词阶段的基本范畴词和下位范畴词之间的关系是组合与被组合的关系,下位范畴词由两个或两个以上单音的基本范畴词或一个基本范畴词加下位范畴词组成,在词义结构方面和上古汉语一样两者具有相似或相关关系,只不过多了一个结构。"语言现象是容易发生变化的,但是它的结构原理很稳固,不会轻易变化,即语言现象的易变性和结构格局的稳固性的对立统一始终支配着语言的运转和演变。"②汉语由单音词向复音词发展可以看作是语言现象的一种变化,现象下的结构原理却没有发生变化亦即范畴的扩展方式没有变化,都是在记录基本层次范畴的单音词的基础上繁衍起来的。在汉语的发展过程中,在原先单音节词汇为主的基础上逐渐增加双音节和多音节词汇,使语言的编码能力得到增强。

(三)范畴的形成在单音词复音化中的作用

2.4节《复音单纯词不应看作单音词复音化的桥梁》中我们指出复音单纯词不应看作单音词复音化的桥梁,那么单音词复音化是怎样

---

① [德]威廉·冯·洪堡特《论人类语言结构的差异及其对人类精神发展的影响》,北京:商务印书馆,2004,第121页。
② 徐通锵《语言论》,长春:东北师范大学出版社,1997,第330页。

产生的呢？我们认为是基本范畴词(亦即类概念)的形成和发展促进了单音词复音化现象的产生,这主要表现在以下两个方面:

(1)单音节的音变造词和义变造词的一个结果是产生了新的词位,形成了范畴体系,语言中出现了数量庞大的下位范畴词。

词是由音和义两个要素构成的,在以单音节词为主的上古汉语中,汉语的单音词主要靠改变它的两个要素即音变和义变来产生新词,分别叫义变造词和音变造词,由于汉字是表意文字,所以我们在分析单音词造词法的时候又不得不考虑到汉字在单音词造词法中所起的作用。

"在奴隶时代以前的远古时期,基本词汇(相当于基本范畴词)和一般词汇(相当于下位范畴词)几乎可以说是没有差别的。在甲骨文时代,这二者之间的界限也还是不大的。"①因此在甲骨文阶段基本范畴词和下位范畴词的差别不是很大的。王宁认为:"周秦时代是汉语词汇派生的高峰,在纷繁的派生活动中,积累了大量的同源词。"②"在单音孳生造词时期,造词与孳乳造字几乎同步进行,因而积累了足够量的单音词与足够量的汉字。"③因此我们可以通过考察字的增长速度估算词的增长速度。

人类语言是从独词句阶段开始的,语言的核心是为数有限的语根,据学者们估计,这些语根的数目大约在500④个左右,它们所表示的概念在人的认知世界里是一个个具体可感的意象,在意义上具有混沌性,以名物为主⑤,与名物有关的动作、属性寄托在名物上面,除了

---

①王力《汉语史稿》,北京:中华书局,1980/2005,第561页。

②王宁《训诂学原理》,北京:中国国际广播出版社,1996,第147页。我们认为上古和中古时期是单音词大量产生的时期。

③王宁《训诂学与汉语双音词的结构和意义》,语言教学与研究,1997年,第4期。

④我们主要是根据《文始》推测出来的,这些语根后来大都发展为基本层次范畴词。

⑤初期汉语语根以名物为主是学界通行的观点,但是在我们看来初期汉语语根应该是以名物、动作为主,名物、动作本身蕴含着自己属性,并且这些语根的音和义之间的联系是任意的,后来这些语根大部分发展成为基本范畴词(具有名物属性的语根发展成为名词,具有动作性的语根发展成为动词,名物和动作属性也从它们本身分离出来形成形容词)。我们将会在另外的文章中阐述这一观点,为了论述方便本书仍采用已有的观点。

少数拟声词外其他大部分词的音和义之间的联系是任意的,后来这些语根大部分发展成为基本范畴词。在没有文字以前的人类一直就是靠这些语根进行交流的,这种现象一直持续到文字产生时期,文字产生后可以辅助人们记忆,促进词的产生,在上古汉语时期孳乳造字就是造词,字的孳乳非常快,例如:裘锡圭认为:"如果把商代后期一般使用的汉字数量估计为五千左右,大概离事实不会很远。"①到汉代许慎的《说文解字》则有 9353 个字,1163 个重文,《说文解字》是公元 100 – 121 年写成的。从商代后期(约公元前 1026 年)到汉代公元 121 年《说文解字》的出现约有 1200 年的历史,汉字从 5000 左右增长到 9353 个字,这个数量的增长大致可以反映词数量的增长②,刘又辛、方有国把金文中形声字和《说文》中形声字相比较得出金文以"玉"为声符的有 10 来个字,《说文》中 159 个,金文中从艹的形声字有 10 个,《说文》490 个……。③ 在甲骨文阶段基本词汇和一般词汇没有差别,随着语言的发展,属于下位范畴的一般词汇的成员逐渐多了起来,这样基本词汇和一般词汇的差别也就明显了。《说文解字》中基本范畴词和下位范畴词差别很大,基本范畴词和下位范畴词数量的差别说明在人类的思维体系中属于基本范畴体系的成员和属于下位范畴体系的成员的区分非常显著,范畴体系已经非常明显地形成了。

在以单音节词为主的汉语中,汉语的单音词通过义变造词产生新词,为了区别新词就要在原有词形上加新的形符或声符,也即在由基本范畴词向下位范畴词扩展的过程中汉语采取了在基本范畴词原有笔画的基础上增添笔画,这样扩展的结果是语言中充满了大量笔画繁杂的下位范畴词,造成单音的基本范畴词和下位范畴词在数量上对比

---

①裘锡圭《谈谈汉字整理工作中可以参考的某些历史经验》,语文建设,1987年,第 2 期。

②早期汉字增长和词的增长基本保持一对一的关系,后期汉字的增长伴随着古今字、异体字的增多等等。

③刘又辛、方有国《汉字发展史纲要》,北京:中国大百科全书出版社,2000,第 226 – 230 页。

明显,从而形成了范畴的层级结构。①

在以单音节词为主的汉语中,汉语的单音词通过音变造词产生新词,为了区别新词就要在原有音节的基础上改变声韵调产生新词,音节有限产生的新词也有限。

改变词位(词位"指一个词的词形和义项的总和"②)的音变造词和义变造词的结果如上所示产生了数量众多、笔画繁杂的下位范畴词,最终超过了人们的记忆能力。

(2)音变造词和义变造词的另一个结果是造成了语言中基本范畴词义项丰富,同音词过多。

单音节的音变造词和义变造词的一个结果是不产生新的词位,语言中出现了基本范畴词义项丰富、同音词过多的现象。

上文我们说过为了进一步区别音变造词和义变造词产生的新词,汉语采用增添笔画(即通过类化的方法增添形符或声符)的方法造出笔画繁杂的字来标记下位范畴词以便区别原有的词位,但是音变造词和义变造词还可以不改变词位,不改变词位的音变造词和义变造词的结果是什么呢? 音节的数量有限,词汇的扩充和发展只能利用已有的音节,并不依靠创造新的音节来满足需要,当音变造词发展到一定程度后语言中就必然会出现大量的同音词,同音词过多超出了人们分辨音节的能力,因此数量有限的音节不足以满足为了社会和生活的方方

---

①字是记录语言的书写符号系统,词是语言中最小的能够独立运用的音义结合体,两者之间是记录和被记录的关系,存在着严格的区别。但是,作为意音文字的汉字,字义和词义存在着密切的联系,特别是在单音造词阶段,造字和造词更是存在你中有我我中有你的联系,因此谈汉语单音词造词法是不可能脱离汉语中造字对造词的影响的。

②戚雨村《现代语言学的特点和发展趋势》,上海:上海教育出版社,2005,第129页。

面面的需要而源源不断地创造新词的要求;义变造词造成基本范畴词①义项过于丰富,超出了人们辨义能力,也不能满足人们的交际需要。

上述一切表明以单音节为主的造词法已经不能继续产生新词了,然而社会的发展,人类认识能力的不断提高要求语言中继续大量创造新词以满足交际的需要,"在人类历史的各个不同时期,只有过一些渐次相继的语言构造,这些语言构造的发展水平高低不等,其中每一种语言构造的发生都已先于它出现的语言构造为前提,为其所制约。"②语言在为自己的进一步发展造成障碍的同时也为自己的进一步发展准备了条件。此时的汉语已经孕育了更高一级的造词方法:社会的发展为语言中已有的下位范畴词的死亡,新的下位范畴词的产生准备了社会条件,例如人类由游牧文明过渡到农耕文明后,随着马在人们生活中的减弱,它的所有下位范畴词基本消失了,但标志基本范畴词的"马"还存在,进入新的时期后,又产生了新的需要命名的事物,为了再次表达与马有关的名称就需要用双音词或词组来表示;基本范畴词义项的丰富为双音词的出现准备了语言条件,基本范畴词的形成标志着人们的抽象思维已经发展到一定的水平:名词、动词、形容词等词类已经出现,这标志着人们在编码时已经把实体和实体有关的动作性状区分开来,不再把实体及其动作形状编为一个码,例如表示与"马"有关的动作或属性,直接把马与马有关的动作或属性结合形成复合词或用词组表示就可以了,不再以单音的下位范畴词表示;人类思维从具体到抽象的发展趋势为双音词的出现准备了心理条件。这样语言中就出现了意合造词法。

---

①在基本范畴词形成之初,它们的词义具有广义含混的特点,随着基本范畴词的频繁使用,它们的义项逐渐分化,形成丰富的义项,词性也由单到多形成兼类词,这样数量有限的单音基本范畴词就变得由于义项过多导致表意不够明确,影响交际。从认知语言学基于原型特征的范畴理论观点看,以往认为的单音词复音化是由于单音词义项过多而影响交际的说法,应该加上一个范围的限制,因为并不是所有单音词的义项都很丰富,而只是那些处于基本层级范畴的基本词汇的义项才过于丰富。

②[德]威廉·冯·洪堡特《论人类语言结构的差异及其对人类精神发展的影响》,北京:商务印书馆2004,第318页。

2.5.5 范畴(类概念)的形成在主从式复合词产生中的作用

在以单音词为主的上古汉语阶段,存在着基本范畴词,和在基本范畴词基础上产生的下位范畴词。在以双音节为主的现代汉语阶段,也存在基本范畴词,和在基本范畴词基础上产生的下位范畴词。后一阶段的基本范畴词是从前一阶段流传下来的,后一阶段中的大部分基本范畴词也是单音节词,它们的特点是音形义统一;前一阶段的下位范畴词只有一个构成单位,其特点是字词音节一一对应,它们的笔画繁杂,后一阶段是两个(或两个以上)单位构成一个复合词,一个词对应两个(或两个以上)语素,两个(或两个以上)音节。但是这两个阶段的下位范畴词在语义结构上却存在着对应之处,例如:

"马"在《说文》中有1个基本范畴词,113个与马有关的下位范畴词,它们的应用情况是使用频率很低、语域很窄,仅在特定的文献中出现。单音节阶段的下位范畴词语义构成的特点是:名物词占绝大多数,词义容量大,例如"马"的马色、年龄、产地、动作行为、属性等等都编在一个码里,作为独立的下位范畴词而存在。也就是说在上古汉语时期"汉语早期的编码以名物为基础,性状、动作等大多都寄托于名物,每一个字所表示的意义大多是细密而离散的……"①

从语义构成看,现代汉语复合词分为两类:并立式复合词和主从式复合词。并立式复合词大约占全部复合词的15%左右,并且两个词素之间的语义关系大致分为同义、类义、反义和互补等有限几种(见2.5.6节),主从式复合词占85%左右,主词素和偏词素之间的关系复杂,是我们本部分探讨的重点。主词素又叫正词素,受偏词素的修饰、限制,一般地讲正词素决定复合词的词性。正词素可分为三大类:有关人或事物的、有关动作行为的和有关性质状态的。

1. 正词素是有关人或事物的,从偏词素修饰、限制正词素的具体情况来看,可区分以下几类:(1)偏词素表身份职业,例如:工人、商人、教师、法师等。(2)偏词素表形状,例如:扁担、长廊、蛾眉。(3)偏词素表颜色,例如:红梅、红岩等。(4)偏词素表构成材料,例如:草席、柏舟等。(5)偏词素表方位,如北京、东宫、中国等。(6)偏词素表地点,

---

①徐通锵《语言论》,长春:东北师范大学出版社,1997,第373页。

如京师、骊山、江岸。(7)偏词素表单位,如马匹、车辆等。(8)偏词素表时间,如夏景、晓风、早操。(9)偏词素与正词素有种属关系,如鲤鱼、莲花、韭菜等。(10)偏词素与正词素是整体和部分的关系,如蝉翼、车轮、鹿舌、马蹄。(11)偏词素表专名,正词素表类名,如藩邸、秦城、燕国、越姬。(12)偏词素表数量,如八卦、百姓、四海。(13)偏词素表大小粗细长短,如大虫、小磨、细腰。(14)偏词素表来源,如村翁。(15)偏词素表用途(功能),如剪刀。(16)偏词素表工具,如刀客、笔圣。(17)偏词素表成因,如蝉影。(18)偏词素表气味,如苦瓜、甜面酱等。(19)偏词素表性别,如男人、公牛等。(20)偏词素表性质,如美玉、恶鬼等。(21)偏词素表状态,如鸡冠花、鸭嘴兽。(22)偏词素表行为方式,如插花。(23)偏词素表情感心理,如怨妇。

2. 正词素是有关动作行为的,包括:(1)偏词素表动作情态的,如团聚、渴望。(2)偏词素表程度的,如微笑、大赦。(3)偏词素表行为方式的,如步行、火烧。(4)偏词素表情感心理的,如哀求。

3. 正词素是有关性质状态的,包括:(1)偏词素表性质状态的,如橘黄、纯白。(2)偏词素表程度的,如笨重、火红。

通过描写,我们可以看出复音词阶段的下位范畴词即主从式复合词的语义构成和单音词阶段的下位范畴词的语义构成互相对应,因此就下位范畴词的演变来讲,虽然在语言现象上由单音词变为复音词,但现象下的语义格局没变,也就是说编码的原理没变,但编码方式变了,正是这种变化大大提高了复合词的能产性,满足了交际的需要。编码的语义格局没变,表现在单音词阶段的下位范畴词和复音词阶段的下位范畴词在语义构成上相互对应,都是对意义含混的基本范畴词的进一步说明,编码方式变了是说单音词阶段编码的方式是通过改变词的形式(语音形式或书写形式)的方法区分词,但遵循着"一个音节一个语素一个词"的编码方式,而复音词阶段虽然也通过改变词的形式(语音形式或书写形式)但却遵循着"两个(或两个以上)音节两个(或两个以上)语素一个词"的编码方式。

语言的演变有其客观原因、主观原因和语言原因,同样由单音节的下位范畴词演变为以双音节为主的下位范畴词(主从式复合词)也有其具体的客观原因、主观原因和语言原因,我们下面分别从客体世界、主体世界、语言世界来看主从式复合词的具体生成原因:

客观原因:(1)客观事物是与其属性及其动作行为作为整体存在的,受思维的限制早期人类在认识这些客观事物时也总是把客观事物及其有关的属性、动作行为联系在一起,这也是大量下位范畴词(名物词)存在的主客观原因。(2)社会发展是大量下位范畴词消失的客观原因,当社会从一个时期进入另一个时期后,相应的人类的活动中心必然会转变,例如人类从畜牧时代过渡到农业时代后,原来那些与人类密切相关的动物在一定程度上变得不那么重要了,也就不需要再继续为它们分类了,因此那些繁琐的下位范畴词自然就没有存在的必要了。此时社会的发展要求语言满足以下条件:语言既要继续表达原来用下位范畴词表达意思,又要产生新的下位范畴词,满足新时期产生新事物的需要。

主观原因:人类的思维是由混沌向精细,由具体向抽象发展的。思维的这种发展表现在早期语言中就是"汉语早期的编码以名物为基础,性状、动作等大多都寄托于名物,每一个字所表示的意义大多是细密而离散的……"[①]后来随着思维的发展,名物词与名物的属性、动作行为的最终分离,这种分离为名词性基本范畴词、动词性基本范畴词和形容词性基本范畴词的产生准备了条件,为主从式造词法所需要的构词素材——偏词素和主词素的产生提供了主观条件。

语言原因:语言是反映现实世界的一面镜子。一方面,与客体世界、主体世界相应,语言世界中出现了这样的现象:早期语言中存在大量的名物词,例如"马"在上古汉语中有100多个特称词(在这里特称词与名物词内涵相当),与"马"有关的属性、动作行为,全靠特称词(即名物词)来表示。思维的发展导致名物词与名物的属性、动作行为的最终分离,从而使语言中产生了名词、动词、形容词,当语言再次表示原来名物词所表示的意义的时候就要用"双字编码格局"代替"单字编码格局"来表示,用动词(或形容词等其他词类)修饰或限制名词的办法表达原来下位范畴词的意思,当这些词运用的频率和时间的延长从而在人们的心中认为它们是词,于是产生了主从式复合词。

例如《战国策》中只有一个"马",而与"马"有关的属性、动作行为,全靠偏正式复合词来表示,如"白马、骏马、千里马、驽马、野马、相

[①] 徐通锵《语言论》,长春:东北师范大学出版社,1997,第373页。

马、厩马、罢马、司马、车马"等。

另一方面,思维的发展所造成的名物词与名物的属性、动作行为的分离为主从复合词的产生准备了大量构词素材——偏词素和正词素,根据《战国策》复音词语料库的统计,可以看出《战国策》中基本范畴词和下位范畴词的界限很明显,并且《战国策》中的属于基本范畴词的大多是单音词,这些基本范畴词大多充当了偏正式造词法的造词素材——正词素。另外,充当修饰、限制成分的偏词素增多。从我们对《战国策》复音词结构的描写部分,可以看出充当修饰、限制成分的偏词素,不仅有名词性词素,而且形容词性词素和动词性词素也大量增加。如由形容词充当偏词素的偏正式复合词有以下几种构成方式 aaA 式 15 个,aaN 式 10 个,anN 式 445 个,avN 式 3 个,avV 式 79 个,占偏正式复合词的 33.41%。

由单字编码格局到双字编码格局的转换过程中产生了主从式复合词,这些主从式复合词代替了过去单字编码格局中产生的单音的下位范畴词,这就是单音词复音化过程在语言中的表现。

2.5.6 范畴(类概念)的形成在并立式复合词产生中的作用

上文我们从主体、客体、语言三个角度讲了主从式复合词产生的原因,但是汉语中还有一类并立式复合词,它们产生的主体、客体和语言原因是什么呢?

3.3 节《联合式构词法在中古时期最能产》一节中讲了这些原因,在此我们再从范畴的角度补充一下。并立式复合词的特点是其构成成分的意义在并立式复合词中占均衡的地位,因此必须是属于同一层次范畴的词才能组合起来构成并立式复合词,也就是说只有上位范畴词与上位范畴词,基本范畴词与基本范畴词,下位范畴词与下位范畴词相匹配才能形成并立式复合词。这一点我们可以从已有的研究成果看出来。

根据研究专书复音词学者的统计,在上古汉语时期名词素与名词素构成名词的联合式复合词最多,动词素与动词素组合成联合式动词的次之,形容词素与形容词素组合成联合式形容词的第三,但到了汉代却是"联合式合成词中,动词最多,形容词次之,名词较少;也有少量的复音副词①"。并且这种现状一直持续到了现代汉语中。这是为什么呢?这是因为上古汉语中以名物词为主的下位范畴词居多,所以在人类三种联想的作用下名词素与名词素的结合就占多数,随着时间的向前推移,汉语中处于基本范畴层次且具有使用状态的动词越来越多,例如从中古时期开始单音动词的数量就已经比单音名词多了,自然联合式复合词中联合式动词就多于联合式名词了。

2.5.7 结论

在我们看来,复合词的产生是由人类历时的认知发展规律和共时的联想规律决定的,主从式复合词的产生与人类思维发展的规律是由具体到抽象、由个别到一般相一致的,是在历时的过程中产生的;从共时的层面看,并立式复合词的产生则与人类的共时的相同、相近、相反联想相一致的。

第六节 上古汉语词的构成特点和生成特点

2.6.1 上古汉语构词法简表

(一)单音词的语义构成

词是语言中最小的能够独立运用的音义结合体,汉语中的词有单音词和复音词之分,他们都是音义结合体,但与单音词的结构相比复音词特别是复合词的结构要复杂得多,因此我们分析单音词的构成时只要分析它的语义构成和语音构成就可以了,但分析复音词的构成,我们既要分析复音词构成成分间的关系,还要分析复音词和它的构成成分间的关系。在本节中,我们主要从单音词的语义构成和语音构成两个方面分析上古汉语单音词的构成特点。

单音词分别隶属于基本词汇和一般词汇,属于基本词汇的单音词的特点是:数量相对有限,词形简单,大多是兼类词,义项较丰富,词义

---

① 祝敏彻《从〈史记〉〈汉书〉〈论衡〉看汉代复音词的构词法——汉语构词法发展史探索之一》,北京大学中文系《语言学论丛》编委会编,语言学论丛(第8辑),北京:商务印书馆,1981年。

的信息负荷量小;全民常用,具有稳定性和能产性。属于一般词汇的单音词大多从属于基本词汇的单音词派生而来,数量众多,词形繁杂,一般只有一个义项,词性单一,词义的信息负荷量大;不具备稳定性和能产性。

我们以《说文解字》为主兼及《说文解字注》所补收的有关马的特称词为研究对象,释义以《说文》为主并参照段注所补,分析上古汉语单音词的语义构成:《说文解字注》中属于基本层次范畴的,只有1个:马,怒也武也,象马头髦尾四足之形;属于下位范畴的词有115个,具体情况如下:

1. 与性别有关的有3个:1 骘,牡马也;2 骒,牝曰骒;3 骟,犗马也。

2. 与年龄有关的有4个,1 𩥇,马一岁也;2 驹,马二岁曰驹;3 駣,马八岁也;4 騑,三岁曰騑。

3. 与马的颜色有关的共有24个:1 瞷,马一目白曰瞷;2 骐,马青骊文如綦也;3 骊,马深黑色;4 駽,青骊马;5 騩,马浅黑色;6 骝,赤马黑髦尾也;7 騢,马赤白杂毛;8 駂,马苍黑杂毛;9 骆,马白色黑鬣尾也;10 駰,马阴白杂毛黑;11 骢,马青白杂毛也;12 骠,骊马白跨也;13 駹,马面颡皆白也;14 騽,黄马黑喙;15 骠,黄马发白色;16 駓,黄白杂毛也;17 骥,马赤黑色;18 骍,马头有白发色;19 駒,马白额也;20 驳,马色不纯;21 㹀,马后左足白;22 騽,骊马黄脊;23 騽,马白州(臀)也;24 駇,赤鬣缟身目若黄金名曰吉皇之乘。以上24个关于马的特称词分别从马的不同颜色、颜色的深浅以及马不同部位的颜色对各种各样的马进行说明。

4. 与马的外形有关的有10个,例如:1 騽,马豪骭也;2 𩦷,马毛长也;3 騼,马小貌;4 骄,马高六尺为骄;5 騋,马七尺为騋;6 駃,马有疾足也;7 骞,马腹垫(肚腹低陷)也;8 駥,马曲脊也;9 駣,马尾髻也;10 龙,马八尺以上为龙。

5. 表示良马的词有4个:1 骥,马逸(兔)足者也;2 骜,骏马;3 骏,马之良材者;4 骁,良马也。

6. 表示马名称的有4个:1 骊;2 骏;3 鴞;4 儔。

7. 表示马强壮的有5个:1 駇,马强也;2 駞,马鲍也;用重言的形式模拟马的属性,例如:3 騔騔,马肥盛也;4 骖骖,马盛也;5 駧駧,马

85

怒皃。

8. 表示与马有关的动作行为的有36个,例如:1 骙骙,马行威仪也;2 䮸骎,马摇头也;3 駋駋,马行皃;4 駧駧,马行徐而疾也;5 骎骎,马行疾皃;6 馭娑骀荡,马行皃;7 笃,马行顿迟也;8 冯,马行疾也;9 駜,马步疾也;10 駼,马行仡仡也;11 骤,马疾步也;12 駒,马疾走也;13 骉,马疾步也;14 驱,驱马也;15 驰,大驱也;16 骛,乱驰也;17 駕,次弟驰也;18 骋,直驰也;19 駃,马行疾来皃也;20 驤,马之低仰也;21 駻,马突也;22 駧,驰马洞(急速)去也;23 驚,马骇也;24 骇,惊也;25 駋,马奔也;26 驻,马立也;27 驯,马顺也;28 駗驙,马载重难行也;29 驚,马重皃也;30 骒,马转卧土中也;31 畾,罥(罥)绊马足也;32 駘,马衔脱也(衔脱则行迟钝,广雅曰驽骀也是也);33 騌,马和也。和当作合,孙卿曰:"六马不和,则造父难以致远。"从马皆声,户皆切,十五部。借合群之合,命名马的温和、合群貌。马对于当时的人来说,主要功能就是作为交通工具来用,所以人们对马奔跑的各种行为观察得很详细,因此记录马的行为的词比较多。人对马的动作,例如:34 䓿,上马也;35 骑,跨马也;36 骚,摩(扰)马也。

9. 与马驾车的位置或功能有关的词有6个:1 驾,马在轭中也;2 騑,骖也旁马也;3 駢,驾二马也;4 骖,驾三马也;5 駟,一乘也;6 駙,副马也。

10. 与马活动的场所有关的有7个:1 駔,壮马也,卖马之处;2 駘,廄御也;3 驿,置骑也;4 駋,(尊者之)传(车)也;5 腾,传也;6 雛,苑名也;7 駉,牧马苑也。

11. 与马类似的动物的名称有关的9个:1 驳,驳畱;2 駃騠,马父骡子也;3 骡,驴父马母者也;4 驘,驴为牡马为牝卽生骡;5 駏驉,马为牡驴为牝生駏驉;6 驴,驴畱;7 騾,驴子也;8 驒騱,野马属;9 駒騇,北野之良马也。

12. 表示马的数量的有3个:1 骉,众马也;2 骉骉,众马走皃也;3 駪駪,马众多皃。

《说文》及段注中所补充的共有115个与马有关的下位范畴词,从词性看有76个名词,25个动词,14个形容词;从结构看有16个复音词且都是联绵词,包括:9个重言词,7个非双声叠韵词。马的强弱、作用、属性、数量、年龄、颜色等等与马有关的本体、动作行为、属性都编为一个码作为"马"的下位范畴词围绕着基本范畴词"马"来说明与马本身有关的属性、动作行为或与马有关的其他事物本身以及这些事物的属性动作行为等。《说文》共收集了 115 个马的下位范畴词,1 个基本范畴词"马",也就是说马词族在《说文》中共有 116 个。

上古汉语单音词有以下特点:

从汉语词汇的整体分布看,上古汉语的基本词汇在甲骨文中就具备了,后来绝大部分的词就是在甲骨文中基本词的基础上孳乳繁衍起来的。

从词性上看,动词、名词、形容词、代词、数词、量词、副词、介词、连词、助词等词类在上古汉语中都已经具备了。在以上词类中,单音名词和单音动词在数量上基本接近,两种词类占上古汉语单音词总数的百分比大约各在 41%,形容词占 13% 左右,其他大约 5% 左右。

从功能角度看,有很多兼类词。单音名词、动词和形容词之间的兼类是很明显的。

从词族角度看,上古汉语大都以某个基本概念为核心词孳生出大量的单音节词,例如马词族。

从字形角度看,可以系联出具有同一偏旁的字族,《说文解字》就是对汉语形义关系特点的记录和描写。

从语音角度看,一方面可以系联出音义相关词族;另一方面存在着大量的同音词。《释名》就是对汉语词的这一特点的记录和描写。

从语义角度看,上古汉语中单音词的义项丰富。

(二)复音单纯词的语义构成

复音单纯词占有一定的比例,例如在 115 个有关马的特称词中,描述马作为动物本身的属性的有 4 个形容词:駓駓、駍駍、騹騹、駓駓。

描述马动作行为属性的有 7 个形容词:駉駉、駥駥、駋駋、騽騽、駸駸、駊娑駓蕩、驂驙。

表示马的名称的有 4 个:駃騠、駏驉、驒騱、駒騟。

表示马的动作的有 1 个:駿騻。

(三)复合词的语义构成

根据上古汉语复合词的语义构成特点,我们把上古汉语复合词语义构词法列为下表:

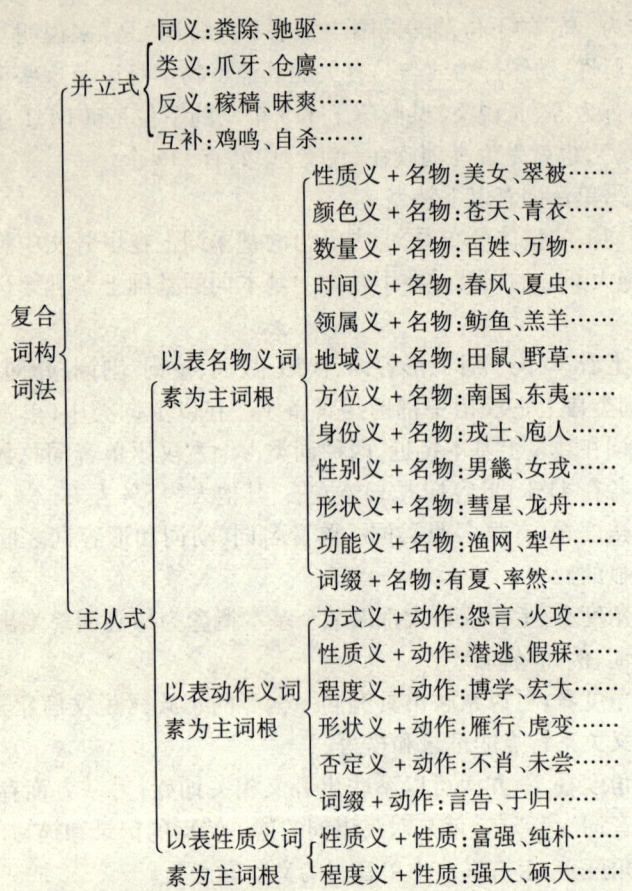

按照词素承载复合词意义的均衡度作为标准,可以分为并立式复合词和主从式复合词①。并立式复合词是指构成复合词的词素在复合词词义中的意义地位相等或基本相当;主从式复合词是指构成复合词的词素的意义在复合词词义中的地位是不平等的,复合词的词义总

---

① 并立式、动宾式、补充式和主谓式复合词相当于联合式复合词,主从式复合词相当于偏正式、附加式复合词。重叠式复合词可以视具体语义构成情况划入并立式复合词或主从式复合词。就汉语合成词来讲,联合式和偏正式、附加式合成词占全部合成词的 90% 以上,因此,从语义方面对汉语合成词的二分和从语法方面建立的汉语构词法体系同样是有周延性的,我们建立的基于语义构成的构词法体系是对已有的基于语法构成的构词法体系从语义方面的改造。

是偏向于其中的某一个词素,另一个词素起修饰、限制或陪衬作用。

按照构成并立式复合词词素意义间的关系,可以分为同义、类义、反义和互补。

同义就是由两个或两个以上具有相同义位的词素构成的并立式复合词,例如经营、征伐、谈论……

类义就是由两个或两个以上具有类似意义的义位的词素构成的并立式复合词,例如舟车、耳目、酒肉……

反义就是由两个或两个以上具有相对或相反义位的词素构成的并立式复合词,例如左右、虚实、存亡……

互补就是由两个或两个以上具有互补关系的义位的词素构成的并立式复合词,例如:地震、提高……

同义、类义、反义并立式复合词相当于基于语法构成的联合式复合词的同义、类义、反义复合词。互补相当于动宾式、补充式和主谓式复合词。

按照构成主从式复合词主词素的意义,可以分为三类:以表名物义词素为主词根、以表动作义词素为主词根和以表性质义词素为主词根。按照构成主从式复合词词素意义间的关系,以上三类又可以进一步划分次类。

在以表名物义词素为主词根的主从式复合词中主词素表名物义,偏词素从与该名物有关的性质、颜色、数量、时间、领属、地域、方位、身份、性别、形状、功能、动作等方面修饰限制主词根,一般形成名词,在上古汉语中这类词最多。

在以表动作义词素为主词根的主从式复合词中主词素表动作义,偏词素从与该动作有关的方式、程度、性质、否定等方面修饰限制主词根,一般形成动词。

在以表性质义词素为主词根的主从式复合词中主词素表性质,偏词素从与该性质有关的方式、程度等方面修饰限制主词根,一般形成形容词。

上古汉语前期的复合词中,主从式复合词占优势,且大部分是人名、地名、官职名等专有名词,从上古中期开始并立式复合词的能产性逐渐提高。

从构词素材看,充当上古汉语复合词素的单音词主要有以下三类

组合:
　　(1)基本范畴词和下位范畴词的组合最多,例如:北牖、蝗虫、瞪视……
　　(2)基本范畴词和基本范畴词的组合较多,例如:灯火、动静、调和……
　　(3)下位范畴词和下位范畴词的组合较多,例如:鳏寡、繁翳、妒忌……
　　上古汉语中,充当造词素材的单音下位范畴词最多,其次是基本范畴词和上位范畴词,所以出现(1)类组合最多,(2)、(3)类组合次之。
　　上古汉语的复合词使用频率很低,复合词的使用频率大多在1次,义项单一。
　　把上古汉语构词法简表和中古、近代、现代汉语构词法简表作对比,可以看出汉语构词法在上古汉语已初具规模。

2.6.2　上古汉语造词法简表

　　语言中为数众多的词是在少量的语根音的基础上派生而来的,洪堡特说:"词的语音联系的本质在于:整个词汇建立在适当数量的语根音的基础之上,这些语根音通过附加和变化,便可用于表达更加确定、复合程度更高的概念。"①在人类语言的初始阶段,要以为数不多的根词满足交际需要,就必须使根词"一身兼数职",才能以少胜多。王宁《训诂学原理》:"汉语词汇的积累大约经历过三个阶段,即原生阶段、派生阶段与合成阶段。这三个阶段之间没有绝然分清的时代界限,只是在不同的历史阶段,各以一种造词方式为主要方式。"②
　　没有文字阶段的原始语根到底怎样?难于判断,我们探讨的单音词生成始于派生阶段。学界的共识是:大部分原始语根遵循的原则即所谓的"约定俗成"原则,少量具有拟声词和声音象征的性质。派生阶段产生的词是以原始语根为基础产生的,具有理据可寻,汉语词汇在

---

①[德]威廉·冯·洪堡特《论人类语言结构的差异及其对人类精神发展的影响》,北京:商务印书馆 2004,第 121 页。
②王宁《训诂学原理》,北京:中国国际广播出版社,1996,第 146－148 页。

原生与派生造词阶段都是以单音节为主的;原始语根发生在远古没有文字记载的时期,只有进入文字阶段以后派生造词的大量产生才成为可能。从已有的文献看汉字的大量滋生与繁衍的时期是周秦－汉这一时期,而派生造词产生的派生词最具能产性的时期也恰好在这一时期,当时造字也就是造词,正如王宁所说"派生造词阶段正是古代汉语文献大量产生的时期,在书面汉语里,孳乳造字伴随着派生造词,成为区别同源词与同音词的一种措施。"①

两汉以后,结构(也就是王宁说的合成)造词取代了派生造词,成为汉语主要的造词方式,结构造词是汉语词汇发展的必然结果。我们探讨的造词法是从派生阶段产生的词开始的,是那些在已有词的基础上产生出来的词,具体地说就是只有派生造词产生的单音节词要和原词有一定的关系,或者合成阶段的复合词要和他们的构成成分的意义有关系,才是我们的研究对象,至于那些由于文化原因而产生的文化味很浓的词,则不是我们研究的对象。

单音词的构成要素有三:即音、形、义。在单音词孳生单音词的上古汉语时期,单音词主要通过上述三种要素的变化派生新词。音、形是形式,义是内容,其中意义的变化是新词产生的最终动因,在上古汉语中,新词的产生在形式上有四种标记:

一、字形不变,词形不变,意义变化,形成具有多个义位的多义词即义变造词法。在上古汉语中,有许多词是多义词,例如:使①使用。《诗经·大雅·卷阿》:"霭霭王多吉士,维君子使。"②听从,顺从。《诗经·小雅·雨无正》:"云不可使,得罪于天子;亦云可使,怨及朋友。"③令、叫。《诗经·大雅·烝民》:"天子是若,明命使赋。"

二、字形不变,词形不变,语音变化,包括声韵调的改变即音变造词法,形成两个词。后人总是循着声探求义的,因此出现了右文说,因声求义等现象。音随义转:刘熙在《释名》中试图"论叙指归""百姓日称而不知其所以之意"的"声训",北宋王圣美和清代乾嘉诸子所阐发的"右文说"、"因声求义"以及近人关于词族的研究无一不是遵循着音的联系探求义的联系。

---

①王宁《训诂学与汉语双音词的结构和意义》,语言教学与研究,1997年,第4期。

三、字形变,词形变,语音不变,形随义变。这主要是字形在新词产生中起的作用。许慎在《说文解字》中记录大量类似的字词。

从发生学的角度看,单音词主要有两个要素即音和义,由于汉字的特殊性,我们不得不考虑到字形的作用,我们认为汉语单音词可以寄义于"声",我们称之为"音象",也可以寄义于"形",我们称之为"义象",音象寄存于声符,义象寄存于形符,"声象"和"义象"共同组成"意象"。"意象"是反复出现于心理的图式,人们依靠它来对事物进行范畴化,是人类对事物进行范畴化的有力工具。在语音型文字中,只有音象没有义象,义象是语义型文字特有的现象。萨皮尔"类似的概念和类似的关系最易于用类似的形式做符号。"①

根据上古汉语词的生成特点,我们把上古汉语造词法列为下表:

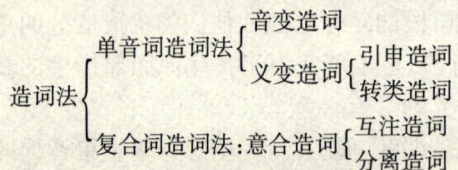

从发生学的角度看,上古汉语主要通过音变造词和义变造词产生新的单音词,音变造词通过改变词的语音形式产生新的单音词,也可能产生复音单纯词,如双声、叠韵、双声兼叠韵等词;从义变造词的结果来看,可以分为不改变词的书写形式和改变词的书写形式两种,前者主要生成单音的多义词即单音的基本范畴词,后者主要生成单音的单义词即单音的下位范畴词,通过词形固定下来。不改变词的书写形式的单音节义变造词法又分引申造词和转类造词。

意合造词产生的新词主要是以双音节为主的复合词,它们义项单一,上古前期产生的很少,后期大量出现,其能产性和单音词造词法不相上下。

---

①爱德华·萨皮尔 1985/2003《语言论——言语研究导论》,陆卓元译,北京:商务印书馆。

第三章 中古汉语的构词法和造词法

本章在描写中古汉语构词法发展概况的基础上,特别论述了汉语构词法在以汉译佛经为主的佛教类语料中的发展,认为中古汉语的构词法在佛教类语料和中土文献中是同步发展的,解释中古时期联合式构词法最能产的原因,讨论单音词词义演变的心理机制,运用现代语言文字学理论分析训诂学中的"反训"现象,同时指出"反训共词"也是词义变化的一种,但占的比重非常小。最后,总结出中古汉语词的构成特点和生成特点。

第一节 从复音词数据看中古汉语构词法的发展

3.1.1 引言

关于中古汉语的时段,学界大都采取王云路的说法:中古汉语就是指东汉魏晋南北朝隋①时期的汉语,由于西汉构词法的特点和东汉魏晋南北朝隋时期的构词情况非常接近,所以我们在谈论中古汉语构词法时,把西汉也包括进来,具体时间从西汉到隋末,共跨越800多年的时间。

目前,很多学者对汉魏晋南北朝隋即中古汉语专书中的复音词进行了定量—定性式的研究,得出了一大批对研究汉语史、词汇史有用的数据和可靠的结论,这为我们通过数字的变化考察中古汉语构词法的发展提供了很好的依据。另一方面学界普遍认为中古汉语是汉语复音化加速时期,在本节中我们主要通过已有的数据考察中古汉语构词法的具体发展情况,对这一定性的判断给予定量的说明。

---

①王云路《百年中古汉语词汇研究概述》,《训诂论稿》,北京语言文化大学出版社,2002,第217页。

与上古汉语专书复音词研究相比,着力于中古汉语专书复音词研究的学者更多一些,从我们收集的数据看,涉及笔记、小说、史书、文集、诗歌、词赋、佛经、道教、医书、农书、注释等文献,内容十分广泛。从中古语料实际情况看,中古的语料很复杂,按来源看大体可以分为两类:中土文献和佛教类语料;按口语性强弱又可以分为口语性强的和口语性弱的两类,前者如传统士大夫的传世之作《论衡》、《世说新语》、《颜氏家训》以及以汉译佛经为主的佛教类语料等等,后者如汉赋、骈体文等。以上几类语料中的复音词都有人用定量—定性的方法进行研究,得出了一大批数据,把这些数据搜集起来可以勾勒出中古汉语构词法的发展概况。

3.1.2 复音词发展趋势

表一:中古汉语复音词的发展趋势表①

	列女传	五十二病方	焦氏易林	论衡	吴越春秋	三国志	撰集百缘经	大庄严论经	世说新语	洛阳伽蓝记	根本说一切有部毗奈耶破僧事
总词数	2843	3491	5111	3362	2227	17363	3594	3503	4698	4050	5649
单音词	1631 57.4	2981 85.4	2598 50.8	1777 52.8	1169 52.5	2700 15.6	1355 37.7	1916 54.7	2250 47.9	1600 39.5	1521 26.9
复音词	1212 42.6	510 14.6	2513 49.2	1585 47.2	1058 47.5	14663 84.4	2239 62.3	1587 45.3	2448 52.1	2450 60.5	4128 73.1

复音词的数量是随着时间的进展而不断增加的,同时增加的速度也应是逐渐变化的,不可能是骤变的,因此表一中《五十二病方》和《三国志》统计出的数据与中古时期复音词总的发展趋势是不相符的,我们把它们作为例外,这一方面可能与文体或篇幅有关,另一方面也可能与作者判定复合词的标准有关。就其他 9 部专书中单音词和复音词的百分比看,在数量上,中古时期复音词所占词汇总数的百分比继上古时期以来继续提高,从最低的《列女传》占词汇总数的 42.6%到最高的《撰集百缘经》73.1%,复音词数量的百分比增长了 30.5 个

---

①该表的数据依次引自宋明慧(2003),张正霞(2003),李昊(2003),李仕春(2007),杨海峰(2005),阎玉文(2003),罗晓林(2005),漆灏(2005),李仕春(2007),化振红(2001),谭代龙(2002)。

百分点,平均每百年的增长率是 30.5%/8 = 3.8%,和上古时期平均每百年增长 4.6% 相比,低 0.8 个百分点,也就是说这两个时期复音词增长的速度基本一致,但也说明了这样一个问题,在复音词数量的增长方面中古汉语稍逊于上古时期。

从平均百分比看,中古汉语单音词占词汇总数的平均百分比是 420.2%/9 = 46.7%,比上古汉语单音词占词汇总数的平均百分比 67% 少 20.3 个百分点;复音词占词汇总数的平均百分比是 479.8%/9 = 53.3%,比上古汉语复音词占词汇总数的平均百分比 33% 多 20.3 个百分点。与上古汉语相比,中古时期单音词数量占词汇总数的平均百分比少于上古汉语单音词占词汇总数的平均百分比,复音词占词汇总数的平均百分比多于上古汉语复音词占词汇总数的平均百分比。特别值得注意的是从平均百分比看,中古后期复音词数量多于单音词,这说明复音词的数量在中古后期已经占了优势,但是在使用频率上如何呢?我们看表二:

表二:《世说新语》词语使用频率表[①]

频率	1	2	3–4	5–7	8–10	11–19	20–29	30–39	40–49	50 以上
出现的词汇总数	2443	623	516	337	170	228	110	74	36	161
单音词及其所占出现词汇总数%	641 26.2	293 47.0	337 65.3	266 78.9	145 85.3	204 89.5	104 94.5	69 93.2	33 91.7	158 98.1
复音词及其所占出现词汇总数%	1802 73.8	330 53.0	179 34.7	71 21.1	25 14.7	24 10.5	6 5.5	5 6.8	3 8.3	3 1.9

属于中古后期文献的《世说新语》大约有 79333 个字,6747 个词,其中单音词 2250 个,复音词 2448 个,专有名词 2049 个。除去专有名词后,书中共有 4698 个词,单音词占词汇总数的 47.89%,一般复音词占词汇总数的 52.10%,我们能据此判断复音词在《世说新语》中就占一定的优势了吗?不能。表二显示《世说新语》中出现一次的词有 2443 个,其中只出现一次的单音词有 641 个,占出现一次词汇总数的 26.2%,且大部分是冷僻词,出现一次的复音词有 1802 个,占出现一次词汇总数的 73.8%;出现两次的词有 623 个,其中出现两次的单音

[①] 本表的数据是我们自己统计的。

词有 293 个,占出现两次词汇总数的 47.0%,大部分也是冷僻词,出现两次的复音词有 330 个,占出现两次词汇总数的 53.0%,大部分是新兴的复合词……出现 50 次以上的有 161 个,其中单音词有 158 个,占 98.1%,复音词只有 3 个,占 1.9%。

《世说新语》2250 个单音词,单音词频率是(37638+611)/2211=17.02,单音词平均运用 17.02 次。书中有 2448 个复音词,复音词频率是(2717+646)/2446=1.37,复音词平均运用 1.37 次。单音词是复音词的 12.42 倍。

由上表可见,《世说新语》中单音词仍占绝对优势,但是与《〈战国策〉词语使用频率表》相比,《世说新语》中复音词的使用频率却高多了。

3.1.3 各类复音词发展趋势

复音词可首先分复音单纯词和复合词,本节主要通过计算两者的百分比看这两类词发展的趋势:

表三:中古汉语各类复音词发展趋势表①

	韩诗外传	列女传	五十二病方	盐铁论	说苑	焦氏易林	法言	论衡	论衡	吴越春秋	释名	释名	东汉碑刻	太平经
复音词	1408	1212	510	1001	2084	2513	534	2300	1585	1058	1069	2355	5167	2379
单纯词	85 6.0	15 1.2	15 2.9	30 3.0	71 3.4	133 5.3	71 13.3	101 4.4	36 2.3	41 3.9	53 5.0	176 7.5	60 1.2	112 4.7
复合词	1323 94.0	1197 98.8	495 97.1	971 97.0	2013 96.6	2380 94.7	463 86.7	2199 95.6	1549 97.7	1017 96.1	1016 95.0	2179 92.5	5107 98.8	2267 95.3

---

①该表的数据依次引自韩忠治(2005),宋明慧(2003),张正霞(2003),李海燕(2005),陶家骏(2003),李昊(2003),张焕新(2004),程湘清(1992),李仕春(2007),杨海峰(2005),喻华(2002),徐从权(2003),刘志生(2005),林金强(2003),唐子恒(1998),阎玉文(2003),孟晓妍(2005),程湘清(1982),周生亚(1982),邓志强(2001),陶家骏(2003),漆灏(2005),王玥雯(2004),颜洽茂(1997),颜洽茂(1997),颜洽茂(1997),化振红(2001),王萍(2004)。

续表

	三国志	三国志	方言郭璞注	世说新语	世说新语	幽明录	宋书	大庄严论经	鸠摩罗什五种译经	百喻经	杂宝藏经	贤愚经	洛阳伽蓝记	洛阳伽蓝记
复音词	2182	14663	674	2126	1541	1243	11416	1587	2331	925	2521	4086	2450	2084
单纯词	139 6.4	111 0.8	85 12.6	129 6.1	116 7.5	89 7.2	203 1.8	20 1.3	26 1.1	5 0.5	23 0.9	41 1.0	50 2.0	65 3.1
复合词	2043 93.6	14522 99.0	589 87.4	1997 93.9	1425 92.5	1154 92.8	11213 98.2	1567 98.7	2305 98.9	920 99.5	2498 99.1	4045 99.0	2400 98.0	2019 96.9

专书复音词研究要看主流,在表三中阎玉文《〈三国志〉复音词专题研究》统计出的数据显示他判定复音词的标准过宽,而唐子恒的基本符合当时发展趋势,因此我们在计算中古汉语各类复音词占复音词总数的平均百分比时把阎玉文统计的数据作为特例,不统计在内。但如表四所示,二人统计的各类复合词的比例却基本一致,因此,如果在判定复合词时,说宽都宽,说严都严,其结果并不影响他们所统计的复合词的百分比,所以,我们认为从百分比来看各类复合词在数量上显示的百分比是可信的,但在单音词和复音词的比例上却会失调,所以阎玉文统计出的数据就不能代表当时单音词复音化的程度。

中古时期:复音单纯词平均占复音词总数的 116.4%/28 = 4.2%,与上古汉语复音单纯词平均占复音词总数的 4.8% 相比,中古时期下降了 0.6 个百分点;复合词平均占复音词总数的 2683.4%/28 = 95.8%,与上古汉语复合词平均占复音词总数的 95.2% 相比,中古时期复合词的平均百分比升高了 0.6 个百分点。

与上古汉语相比,复合词在复音词中所占的比重继续沿着上古汉语的发展趋势逐渐提高,而复音单纯词在中古时期的能产性略为下降,且大部分是从上古汉语流传下来的,但是,由《诗经》、《楚辞》而来的汉赋、六朝骈体文中的复音单纯词的比重没有下降,反而有所回升。例如唐子恒《汉大赋多音词研究》中说他统计的汉大赋中有 2787 个复音词,其中复音单纯词 748 个,占复音词总数的 26.8%。因为他统计的 2787 个复音词中还包含大量的专有名词,所以如果排除专有名词,汉大赋中复音单纯词在全部复音词中所占的比例还要高些。

3.1.4 各类复合词的发展趋势

中古汉语的文献可以分为中土文献和佛教类语料,目前研究这两类文献中构词法的学者都大有人在,因此在本节中,我们把这两类文献分列为两个表,借以考察中古汉语各类复合词构词法的发展情况。

表四:中古汉语中各类复合词的发展趋势(一)中土文献①

	韩诗外传	淮南子	列女传	五十二病方	盐铁论	说苑	焦氏易林	方言	法言	论衡	论衡	吴越春秋	说文解字	释名	释名	东汉碑刻
复合词	1323	1129	1197	495	971	2013	2380	478	463	2199	1549	1017	1162	1016	2179	5107
联合式	619 46.8	666 59.0	665 55.6	51 10.3	438 45.1	1086 53.9	1460 61.3	110 23.0	150 32.4	1405 63.9	698 45.1	461 45.3	438 37.7	745 73.3	874 40.1	1971 38.6
偏正式	546 41.3	361 32.0	369 30.8	407 82.2	421 43.4	721 35.8	710 29.8	268 56.1	231 49.9	517 23.5	652 42.1	317 31.2	430 37.0	116 11.4	1085 49.8	2380 46.6
动宾式	63 4.8	5 0.4	98 8.2	13 2.6	41 4.2	47 2.3	120 5.0	67 14.0	38 8.2	52 2.4	58 3.7	89 8.7	39 3.4	8 0.8	120 5.5	308 6.0
补充式	7 0.5			3 0.6	10 1.0			7 1.5		101 4.6	1 0.1		1 0.08	43 4.2	53 2.4	100 2.0
主谓式	10 0.7	2 0.2		2 0.4	9 1.8	12 0.7	10 0.4	22 4.6	9 1.9	14 0.6		21 2.1			26 1.2	42 0.8
附加式	78 5.9	80 7.1	16 1.3	5 1.0	33 3.4	45 2.2	20 0.8		35 7.6	63 2.9	49 3.2	49 4.8	29 2.5	97 9.5	21 1.0	131 2.6
重叠式		9 0.8	11 0.9	7 1.4	21 2.2	58 2.9	51 2.2				9 0.6	19 1.9	225 19.4			129 2.5
综合式		6 0.5	3 0.3							47 2.1		12 1.2		7 0.7		46 0.9
其他结构			30 2.5			44 2.2	9 0.4					49 4.8				

---

①该表的数据依次引自韩忠治(2005),赵静莲(2005),宋明慧(2003),张正霞(2003),李海燕(2005),陶家骏(2003),李昊(2003),孟晓妍(2005),张焕新(2004),程湘清(1992),李仕春(2007),杨海峰(2005),喻遂生、郭力(1987),喻华(2002),徐从权(2003),刘志生(2005),林金强(2003),唐子恒(1998),阎玉文(2003),程湘清(1982),周生亚(1982),韩慧言(1990),邓志强(2001),孟晓妍(2005),陶家骏(2003),阎玉文(2003)。

续表

	太平经	三国志	三国志	世说新语	世说新语	世说新语	幽明录	《方言》郭璞注	宋书	齐民要术
复合词	2267	2043	14522	1997	1276	1425	1154	589	11213	2141
联合式	1261 55.6	1168 57.2	7597 52.2	926 46.4	552 43.2	714 50.1	534 46.3	309 52.5	7730 68.9	631 29.5
偏正式	733 32.3	639 31.3	4139 28.4	573 28.7	548 42.9	556 39.0	351 30.4	222 37.7	2241 20.0	958 44.7
动宾式	132 5.8	88 4.3	1558 10.7	77 3.9	59 4.7	43 3.0	65 5.6	29 4.9	583 5.2	68 3.2
补充式	45 2.0	74 3.6	212 1.5	93 4.7		15 1.1	62 5.4	5 0.8	67 0.6	208 9.7
主谓式	29 1.3	10 0.5	128 0.9	17 0.8	15 1.2	15 1.1	19 1.7	17 2.9	81 0.7	61 2.8
附加式	26 1.1	60 2.9	203 1.4	98 4.9	92 7.2	82 5.7	118 10.2	7 1.2	270 2.5	87 4.1
重叠式			35 0.2				5 0.4		49 0.4	36 1.7
综合式			650 4.5	213 10.6						92 4.3
其他结构	41 1.8	4 0.2			10 0.8				192 1.7	

表四:中古汉语中各类复合词的发展趋势(二)佛教类语料①

	高僧传	大庄严论经	鸠摩罗什五种译经复音词研究	百喻经	杂宝藏经	贤愚经	洛阳伽蓝记	洛阳伽蓝记	佛本行集经	入唐求法巡礼行记
复合词	4548	1567	2305	920	2498	4045	2400	2019	3809	3918
联合式	2165 47.6	1210 77.2	1200 52.1	520 56.5	1309 52.4	2291 56.6	909 37.9	819 40.6	2505 65.8	1296 33.1
偏正式	1750 38.5	256 16.3	618 26.8	274 29.8	774 31.0	1129 27.9	1127 47.0	873 43.2	1068 28.0	1729 44.1
动宾式	250 5.5	47 2.3	173 7.5	44 4.8	196 7.8	279 6.9	160 6.7	226 11.2	166 4.4	214 5.5
补充式	100 2.2	6 0.4	25 1.1	33 3.6	72 2.9	45 1.1	60 2.5	21 1.0	11 0.3	263 6.7
主谓式	50 1.1	6 0.4	22 1.0	13 1.4	27 1.1	48 1.2	36 1.5	18	59 1.5	23 0.6
附加式	230 5.1	42 2.7	120 5.2	10 1.1	29 1.2	107 2.7	41 1.7	62 3.1		144 3.7
重叠式			16 0.7	5 0.5	12 0.5	17 0.4				15 0.4
综合式					21 2.3	79 3.1	129 3.2			234 5.9
其他结构	3 0.06		131 5.6				67 2.8			

以上两表显示:(一)在中古时期汉语复合词的各类构词法已经齐备了,特别是上古汉语后期偶尔出现的重叠式和没有出现的补充式在此时期也出现了;(二)汉语构词法在中土文献和佛教类语料中是同步发展的,包括单音词复音化的程度,各类复音词和词汇总数的百分比等等;(三)中古汉语构词法与上古时期最大的不同之处就是,联合式构词法的能产性大于偏正式构词法,并且两者在能产性上的差异非常

---

①该表的数据依次引自王小莘(1999),王玥雯(2004),颜洽茂(1997),颜洽茂(1997),颜洽茂(1997),化振红(2001),王萍(2004),阎玉文(2003)。

显著。中古时期各类复合词构成的具体情况如下：

（一）联合式和偏正式的发展趋势

与上古汉语相比，联合式构词法在中古时期最为能产，已经超过了偏正式。中古时期联合式的平均百分比是 1753.1%/36 = 48.7%，比上古汉语的 38.4% 多 10.3 个百分点，也就是说中古汉语联合式的能产性要比上古汉语时期高 10.2%；偏正式在中古时期总的平均百分比是 1310.9%/36 = 36.4%，比上古汉语的 47.0% 少 10.6 个百分点，也就是说中古汉语偏正式的能产性要比上古汉语时期低 10.6%。联合式内部的语义构成类型基本未变，语法构成类型倾向复杂；偏正式内部的语法构成和语义构成都复杂了。

中古汉语处于使用状态的单音词词类的发展趋势是：在有的专书中单音动词占单音词总数的百分比已经大于单音名词所占单音总数的百分比，与此相应动+动=动词在有的专书中占联合式复合词总数的百分比也已大于名+名=名词的联合式名词占联合式复合词总数的百分比。①

（二）动宾式的发展趋势

与上古汉语相比，动宾式复合词的能产性在中古时期有所提高，动宾式在中古时期总的平均百分比是 194.3%/36 = 5.4%，比上古汉语的 4.7% 多 0.7 个百分点。

（三）补充式的发展趋势

补充式复合词在中古时期已经产生，其能产性不是很高，补充式的平均百分比是 68.2%/36 = 1.9%。

（四）主谓式的发展趋势

和上古汉语一样，在中古时期主谓式的能产性没有表现出明显增强的趋势，也没表现出减弱的趋势。在能产性方面，中古时期中土文献中主谓式的平均百分比是 41.1%/36 = 1.1%，比上古的 0.9% 多 0.2 个百分点。

（五）附加式的发展趋势

从词性分，中古时期名词词缀有：儿、头、子、老、伊、来；副词词缀

---

① 汉语单音词词类的发展与联合式复合词次小类的发展互相影响的现象，再次证明在语言发展的过程中，语言内部的各个要素是互相影响、互相制约的。因此，我们要全面考察语言现象而不宜片面。

有:复、当、自、应;形容词词缀有:然、如、而、于、有、如、尔;动词词缀有:为、试、取、相等。其中"然、尔、而、如"等是沿用上古汉语已有的,其他是新兴的;前缀有:第、可、阿、老、相,其他的是后缀。

与上古汉语相比,附加式复合词的能产性在中古时期持续降低,中古时期附加式的平均百分比是 124.3%/36 = 3.5%,比上古汉语的 5.5% 少 2.0 个百分点。

(六)重叠式的发展趋势

中古时期重叠式的平均百分比是 20.6%/35① = 0.6%,比上古汉语的 1.1% 少 0.5,因此,中古汉语的重叠式复合词的能产性比上古汉语稍有下降。

3.1.5 复音词词类的发展趋势

表五:中古汉语复音词词类的发展趋势②

	韩诗外传	淮南子	五十二病方	列女传	焦氏易林	方言	吴越春秋	说文解字	释名	东汉碑刻	三国志	三国志	方言郭璞注
复音词	1408	1129	510	1212	2513	659	1017	1690	2355	5167	2182	14663	674
名词	949 67.4	664 58.8	444 87.0	677 55.9	1054 41.9	431 65.4	624 61.4	916 54.2	1177 50.0	2711 52.5	1000 45.8	5904 40.3	315 46.7
动词	270 19.2	217 19.2	35 6.9	328 27.1	1006 40.0	149 22.6	230 22.6	235 13.9	835 35.5	1506 29.1	770 35.3	5714 39.0	187 27.7
形容词	189 13.4	245 21.7	23 4.5	163 13.4	438 17.4	79 12.0	124 12.2	534 31.6	337 14.3	845 16.4	360 16.5	2887 19.7	168 24.9
其他		3 0.3	8 1.6	44 3.6	15 0.7		39 3.8	5 0.3	6 0.2	105 2.0	52 2.4	158 1.0	3 0.7

---

①因为喻遂生、郭力在统计《说文解字》中的复音词时是把属于复合词的重叠式和属于单纯词的重言词统计在一起,所以我们把《说文解字》作为例外,不统计在内,计算出的数据是 25 位学者统计的平均百分比。

②该表的数据依次引自韩忠治(2005),赵静莲(2005),张正霞(2003),宋明慧(2003),李昊(2003),孟晓妍(2005),杨海峰(2005),喻遂生、郭力(1987),喻华(2002),刘志生(2005),唐子恒(1998),阎玉文(2003),孟晓妍(2005)。

中古汉语中复音名词占复音词总数的平均百分比是727.3%/13＝55.9%，比上古汉语的67.7%少11.8个百分点；复音动词占复音词总数的平均百分比是338.1%/13＝26.0%，比上古汉语的19.7%多6.3个百分点；复音形容词占复音词总数的平均百分比是218%/13＝16.8%，比上古汉语的10.4%多6.4个百分点。上古汉语中，复音名词、复音动词和复音形容词之间的比例是67.7/19.7/10.4，复音名词、复音动词和复音形容词之间的比例悬殊；中古时期复音名词、复音动词、复音形容词之间的比例是55.9/26.0/16.8，与上古时期相比它们之间的差距显然小得多，也就是说在中古时期名词的增长速度小于上古时期，动词、形容词的增长速度大于上古时期。

复音词词类的发展规律是和单音词词类的发展规律相一致的，单音词词类的发展趋势是先是名词占绝对优势，后来是动词逐渐接近名词，形容词继续发展。复音词词类的发展趋势也是先是名词占绝对优势，后来是动词逐渐接近名词，形容词继续发展。汉语词类的这种发展趋势是符合人类认知发展规律的。

研究中古汉语词汇的学者，很注重中古时期产生的新词新义，并且也得出了大批数据，这些数据也显示了中古汉语构词法发展的特点，例如：李昊统计《焦氏易林》中新产生的单音词29个，复音词322个（包括名词93，动词161，形容词87，其他10个）。罗晓林《撰集百缘经》新产生的复音词533个（包括名词123，动词283，形容词64，其他63个）。这从另一个侧面说明汉语词类发展的规律：先是名词占绝对优势，继而动词逐渐接近名词，形容词继续发展。

3.1.6 结论

与上古汉语相比，中古汉语构词法有下列特点：从复音词发展趋势看，复音词的数量继续增长，并且复音词的使用频率、义项的丰富程度都比上古汉语有所提高，构词方式基本完备；在复合词构词法中，中古时期与上古汉语时期最大的不同就是联合式构词法最为能产，这是汉语史上的一大特色。

第二节　从复音词数据看佛教类语料构词法的发展

3.2.1　引言

任继愈说:"从现有史料分析,佛教在西汉末年已经从西域传入中国内地,到东汉以后逐渐在社会上流行。"①颜洽茂认为翻译佛经从东汉桓帝(公元148年)开始到元代(公元1111年)终止,大规模的译经活动延续了将近1000年。② 很多学者从文化、思想等角度考察了近千年的佛教活动对汉民族的影响,也有学者从语言的角度考察了佛教类语料③和中土文献的相互影响,例如:朱庆之(1990,1992)、梁晓虹(1991,1992)、俞理明(1993)、颜洽茂(1997)等从专题的角度探讨了佛教语言对中土文献语言的影响,有的则从专书研究的角度以硕士、博士论文的形式探讨了佛教类语料的语言特点。从实际研究来看,目前学者的研究主要集中在中古的东汉魏晋南北朝隋时期,因此在本节中,我们主要把这段时期的佛教类语料与中土文献作对比,看汉语构词法在佛教类语料中的表现形式及其与同时代中土文献构词法的关系。

佛教自汉代传入中国,经魏晋南北朝以至唐宋最为盛行,在此过程中佛教类语料经历了不断汉化的过程,表现在多方面:(一)从译者来说,佛经的翻译人员分为三类:始由商人继而西方教徒最后是中土的专业译经者。周伯戡说:"最初的佛教东渐,不完全是僧侣或佛教徒热心传教的结果,而主要是通过在中国和中亚之间频繁往来从事国际贸易的商人来完成的。"④他们并未进行佛教经典的翻译工作,而仅限于口头传教。随后,出现了一批以西域、天竺僧徒为主的职业传教者,开始将佛经翻译为汉语。在隋唐时期的中土则出现了专门的汉人译

---

①任继愈《中国佛教史》(第一卷),中国社会科学出版社,1997,第45页。
②颜洽茂《佛教语言阐释——中古佛经研究》,杭州:杭州大学出版社,1997,第17页。
③佛教类语料既指汉译佛经,如《撰集百缘经》、《大庄严论经》等,又指与佛教有关(主要以佛教为主)的语料,如《洛阳伽蓝记》、《变文》等。
④周伯戡《佛教初传流布中国考》,文史哲学报(台湾),1997年,第47期。

经者;(二)从受众来讲,最初接受佛教教义的是一些处于社会底层的劳苦大众,后来随着佛经的普及,逐渐转移到上层统治阶级;(三)以上两点决定了佛经的语言经历了一个不断典雅化的过程,最为明显的就是在行文方面特别是句式方面佛教类语料不断向中土文献靠近。具体表现为初期的佛教类语料在句式上以杂言为主,后期由于受中土文献(主要是骈体文)的影响以四言为主。很多学者注意到了佛教类语料的这种发展趋势。周伯戡指出:从佛教类语料的表达形式看,早期从佛教当时的社会地位、受众的社会层次、译经者汉语素养等方面综合起来看,早期译经语言不可能是较为典雅的书面语,而是一种文白夹杂而偏于口语,带有浓厚外来语色彩的汉语的特殊变体。后期佛教类语料的语言刻意讲究四字一顿、追求行文节奏。四字格主导译经句式的局面当然与汉语诗歌、韵文长期以来的传统密切相关,而中古时期,四言诗、骈体文风行中国文坛,用词华丽典雅,句式以 2+2 和 2+2+2 的音节组合模式为主。安世高等人的译经中,尚难看出明显的四字一顿①。俞理明考证,在东汉安世高的译经中四言格还没有成为佛教类语料句式的主流,大量采用四言句的最初尝试应推汉灵帝时支曜译出的《成具光明定意经》,这篇经文中,成段的四言句与杂言句交替使用。在十多年后的康孟祥译经中,就通篇以四言句为主体,形成了佛教类语料的四言格文体。康孟祥以后,四言格迅速地被译师们接受,大家群起仿效,四言成为译经的常体。不仅对佛教用语,甚至对汉语本身都产生了巨大的影响②。周裕楷"四言格之所以会成为译经句式的主流,一方面是受了原典的影响,但更多是受到中原本土流行文体(即四言句)的影响与启发。"③

佛教类语料刚开始以杂言为主后来则以四言为主,这一发展趋势是和中古时期中土文献句式的发展相一致的,应该说是受中土文献影响。四言句一向是中土文献的所爱,而六朝发展起来的骈文,更是以四言和六言为主。

佛教类语料中的词汇主要分三类:一是从上古汉语中继承而来的

---

①周伯戡《佛教初传流布中国考》,文史哲学报(台湾),1997 年,第 47 期。
②俞理明《佛经文献语言》,成都:巴蜀书社,1993,第 25-30 页。
③周裕楷《中国佛教阐释学研究:佛经的汉译》,四川大学学报,2002 年,第 3 期。

词汇;二是中古时期产生的新词或具有新义位的旧词;三是外来词即佛教词。前两类词是中土文献中固有的词,后一类词是体现佛教类语料特色的词,包括音译词和意译词,绝大多数都是复音词。意译词和中土文献中的词产生的方式一样,也是按照汉语原有的造词方式、固有的词素造出来的,这就决定了在佛教类语料中三类词汇的构成方式互相影响,既具有相同的一面又具有不同的一面。可以说,佛教类语料中复合词构词法继承了传统中土文献所有构词法的同时,又对汉语构词法的发展具有重要影响。如上文所讲,目前,很多学者对汉魏晋南北朝隋唐时期佛教类语料中的词汇进行了定量—定性式的研究,得出了一大批对研究汉语构词法有用的数据和可靠的结论,这为我们通过数字的变化考察佛教类语料中的构词法提供了很好的依据。本节,我们主要通过已有的数据看佛教类语料中构词法的具体发展情况,并和同时代的中土文献作比较,看两者是怎样相互影响、共同发展的。

3.2.2　佛教类语料复音词的发展趋势

3.1.2 节《表一·中古汉语复音词的发展趋势表》共收集了 9 部专书中单音词和复音词的对比情况,表的前半部分是中土文献中单音词和复音词之间的百分比,后半部分是佛教类语料中单音词和复音词之间的百分比。从两者单音词复音化的程度看:佛教类语料中单音词所占的平均百分比是 $158.8\%/4 = 39.7\%$,复音词所占的平均百分比是 $241.2\%/4 = 60.3\%$;中土文献中单音词所占的平均百分比是 $261.4\%/5 = 52.3\%$,复音词所占的平均百分比是 $238.6\%/5 = 47.7\%$。因此,从单音词复音化的程度看佛教类语料中复音化的程度要比中土文献中高出 $60.3\% - 47.7\% = 12.6\%$,考虑到我们收集的中土文献大部分是中古前期的,例如最早的《列女传》成书于西汉(公元前 77 至公元前 6 年)、《焦氏易林》成书于西汉、《吴越春秋》成书于东汉初期、《论衡》成书于东汉前期、《世说新语》成书于南朝(公元 403 至公元 444 年);而佛教类语料则大部分是中古后期,例如《撰集百缘经》成书于三国后期、《大庄严论经》成书于南朝(公元 401 至 413 年)、《洛阳伽蓝记》成书于北魏(公元 547 年)、《根本说一切有部毗奈耶破僧事》成书于唐代,因此佛教类语料中单音词复音化的程度高于中土文献是自然的,所以保守的说佛教类语料和中土文献在单音词复音化的程度上保持着同样的步调,亦即两种文献的复音词增长速度基本一致;大胆一点可以说佛教类语料中的单音词复音化的程度比中土文献稍微高一些。

3.2.3 佛教类语料中各类复音词的发展趋势

复音词可分复音单纯词和复合词,在本节中我们主要通过比较这两类词在佛教类语料和中土文献中能产性的大小,来看佛教类语料中这两类词的发展趋势。

3.1.3 节《表三·中古汉语各类复音词的发展趋势表》收集了 18 部中土文献和 6 部佛教类语料中的有关数据,通过计算可以知道中古时期佛教类语料中复音单纯词平均占复音词总数的 9.9%/7 = 1.4%,中土文献中复音单纯词平均占复音词总数的 106.5/21 = 5.1%,与佛教类语料中复音单纯词平均占复音词总数的 1.4% 相比,中土文献多出了 3.7 个百分点,这说明佛教类语料中复音单纯词的能产性小于中土文献。中土文献复合词平均占复音词总数 1993.3/28 = 94.9%,佛教类语料平均占复音词总数 690.1%/7 = 98.6%,这说明佛教类语料中复合词的能产性大于中土文献。这与我们在 3.1.3 的结论"与上古汉语相比,复合词在复音词中所占的比重继续沿着上古汉语的发展趋势逐渐提高,而复音单纯词在中古时期的能产性略为下降,且大部分是从上古汉语中流传下来的,但是,由《诗经》、《楚辞》而来的汉赋、六朝的骈体文中的复音单纯词的比重却没有下降,反而有所回升"是一致的。因此,在中古汉语的佛教类语料中复音单纯词能产性最低,复合词的能产性最高。

3.2.4 佛教类语料中各类复合词的发展趋势

复合词可以分为联合式、偏正式、动宾式、补充式、主谓式、附加式和重叠式等结构方式,在本节中,我们把佛教类语料和中土文献中的各类复合词分列为两个表①,借以考察佛教类语料中各类复合词构词法的发展情况。具体情况如下:

(一)联合式和偏正式的发展趋势

在中土文献中,联合式的平均百分比是 1233.3%/26 = 47.4%,偏

---

①具体数据参见 3.1.4 节:表四:中古汉语中各类复合词的发展趋势(一)中土文献;表四:中古汉语中各类复合词的发展趋势(二)佛教类语料。

正式的平均百分比是 978.3%/26 = 37.6%，前者超过后者 9.8 个百分点；佛教类语料中，联合式的平均百分比是 519.8%/11 = 52.0%，偏正式的平均百分比是 3326%/10 = 33.3%，前者超过后者 18.7 个百分点。由此可见，佛教类语料和中土文献中联合式构词法的能产性都大于偏正式构词法，佛教类语料中联合式的百分比高于中土文献。

（二）动宾式的发展趋势

中古时期中土文献中动宾式的平均百分比是 131.7%/26 = 5.1%，佛教类语料是 62.6%/10 = 6.3%。佛教类语料中动宾式的能产性大于中土文献。

（三）补充式的发展趋势

中古时期中土文献中补充式的平均百分比是 46.4%/26 = 1.8%，佛教类语料是 21.8%/10 = 2.2%。佛教类语料中补充式的能产性大于中土文献。

（四）主谓式的发展趋势

中土文献中主谓式的平均百分比是 30.4%/26 = 1.2%，佛教类语料是 10.7%/10 = 1.1%，两者的能产性基本相同。

（五）附加式的发展趋势

中古时期中土文献中附加式的平均百分比是 97.7%/26 = 3.8%，佛教类语料是 26.5%/10 = 2.7%。中土文献中附加式的能产性稍高于佛教类语料。

（六）重叠式的发展趋势

中古时期中土文献中重叠式的平均百分比是 18.1%/25[①] = 0.7%，佛教类语料是 2.5%/10 = 0.3%。佛教类语料中重叠式复合词的能产性比中土文献低。

联合式、偏正式、动宾式、补充式、主谓式、附加式、重叠式等 7 类复合词在佛教类语料和中土文献中的能产性略有差异，但总体来讲差异不大，因此，我们可以这样说上述 7 类复合词能产性的发展在这两类语料中是基本一致的。

3.2.5 结论

综上所述，我们认为：（一）中古汉语的构词法在佛教类语料和中

[①]在此，我们把《说文解字》作为例外，不统计在内。

土文献中是同步发展的,佛教类语料构词法先是在中土文献的影响下发展起来的,后来则在一定程度上又影响了中土文献构词法;(二)在中古时期的三类词中,相同的一面是它们在构词法及其发展方面一致,不同的一面是它们各自的意义不同,而正是这种不同丰富了汉语的词汇,便利了人们的交际。具体来讲这种形式上的相同表现在:(1)汉语的构词法在佛教类语料和中土文献中都已经齐备;(2)汉语构词法在中土文献和佛教类语料中基本一致,包括单音词复音化的程度,各专书中各类复音词和复音词总数的百分比以及各类复合词和复合词总数的百分比等等;(3)佛教类语料和中土文献中都是联合式构词法的能产性大于偏正式构词法,并且两者在能产性上的差异非常显著,这是中古汉语构词法最为突出的特色之一。

第三节 联合式构词法在中古时期最能产的原因

3.3.1 中古时期联合式构词法最能产

《中国语文》1998 年第 3 期发表沈怀兴的论文《汉语偏正式构词探微》(以下简称《沈文》)。《沈文》认为"从先秦到现代,汉语构词复合法中始终以偏正式构词法为最能产",其依据是"考察历史上较好地记录了当时口语的一些文献数据和一些涵盖范围较大的语文词典后得出的基本结论"。《沈文》的数据我们列表一①如下:

表一:《沈文》所依据的汉语史上联合式和偏正式复合词能产性的数据比较表

	周易	诗经	论语	辞源	现汉补编
复合词总数	97	706	225	12863	18494
联合式个数及其百分比	29 29.9%	209 29.6%	68 30.2%	2674 20.8%	5029 27.2%
偏正式个数及其百分比	65 67.0%	484 68.6%	124 55.1%	7533 58.6%	8836 47.8%

---

①表一数据见沈怀兴(1998),沈文还列出了动宾式、补充式、主谓式的数量及其百分比,本文为节省篇幅略去了这一部分,只列出能说明问题的偏正式、联合式的数量及其百分比。

在我们看来《沈文》所依据的文献较少,结论过于绝对,值得商榷。我们把2.1.5节《表五·上古汉语各类复合词的发展趋势》和3.1.4节《表四·中古汉语各类复合词的发展趋势》,结合起来看,可以发现联合式和偏正式复合词的数量比有一个变化的过程,复合词产生之初偏正式复合词的能产性确实大于联合式,直到春秋战国之际的《论语》、《左传》时期还是如此。郭锡良(1997)指出甲骨文中的复音结构"几乎全是偏正结构",①董秀芳也认为复合词产生之初"偏正式双音词多于并列式双音词"。②

　　战国时期,情况却发生了变化,如2.1.5节《表五·上古汉语各类复合词的发展趋势(一)史书及其他类》所示在史书及其他类文献中联合式的能产性逐渐升高,另一方面2.1.5节《表五·上古汉语各类复合词的发展趋势(二)子书类》也显示,在子书类文献中,从战国初期的《墨子》开始联合式的能产性就大于偏正式了。因此,我们在2.1.5节总结出从平均百分比看"在上古汉语中联合式复合词平均是38.4%,偏正式复合词是47.0%,这说明,从总体上看偏正式的能产性大于联合式,但是用历时发展的眼光看,在上古汉语时期联合式的能产性逐渐增强,偏正式的能产性逐渐削弱。"

　　进入西汉后,联合式复合词的能产性突然加速,远远超过了偏正式复合词,3.1.4节《表四·中古汉语各类复合词的发展趋势》收集了31位学者对中古31部文献中的复音词进行研究所产生的数据。该表一方面显示:在整个中古时期的作品中,只有《五十二病方》、《方言》、《法言》、《东汉碑刻》、《齐民要术》、《入唐求法巡礼行记》等6部著作中的联合式复合词少于偏正式,其他26部专书中联合式复合词多于偏正式,在有的专著如《三国志》、《贤愚经》中联合式复合词的数量是偏正式的两倍多;另一方面该表也说明:无论是中土文献还是偏重于汉译佛经的佛教类语料都显示,在整个中古时期联合式构词法的能产性远远大于偏正式,例如从平均百分比看中古时期联合式平均占复音词总数的48.6%,偏正式是36.4%。沈文没有搜集到这些数据所以

---

　　①郭锡良《先秦汉语构词法的发展》,汉语史论集,北京:商务印书馆,1997。
　　②董秀芳《词汇化:汉语双音词的衍生和发展》,四川:四川民族出版社,2002,第108页。

得出了"从先秦到现代,汉语构词复合法中始终以偏正式构词法为最能产"的结论。

4.4.3节《表三·近代汉语各类复合词的发展趋势》显示:近代汉语时期联合式复合词的能产性出现了明显下降趋势,近代汉语时期联合式的平均百分比是18.5%,比中古汉语的总平均48.6%低30.1个百分点;偏正式复合词出现了快速升高的趋势,偏正式在近代汉语时期总的平均百分比是59.9%,比在中古时期总的平均百分比36.4%多23.5个百分点。

偏正式构词法重新占优势的时期当在唐宋以后,程湘清《变文复音词研究》①显示联合式构词法在唐五代时期还占绝对优势。虽然《景德传灯录》②中的联合式占优势,但由于该书中联合式和偏正式之间的百分比差别不明显,而我们统计的《唐传奇》和《朱子语类》中偏正式都占了上风,所以在这种情况下不能贸然断定唐宋时期偏正式复合词的能产性就已占了上风,只能把唐宋时期看作过渡时期。

在构词法发展方面,现代汉语延续了近代汉语的发展趋势,偏正式复合词的数量远远大于联合式,在5.1节《〈毛泽东选集〉复音词的统计》中,联合式复合词占全书复合词总数的13.7%,偏正式是69.0%。上文我们看到沈怀兴统计的《现汉补编》是27.2%和47.8%,周荐统计的《现代汉语词典》是25.7%和50.7%③,为什么他们二人的接近,而和我们统计出的数据相差那么远呢?这是因为他们两人以《词典》作为研究对象,而《词典》中的词是长期积累的结果,是处于储存状态的词,所以他们的结果就和实际运用的情况不符,而我们统计出的结果正好符合汉语构词法的发展趋势,与近代汉语构词法发展趋势一致。

至此,我们认为从历时发展来看,联合式和偏正式复合词的数量比有一个变化过程,语言是通过旧质要素的逐渐消亡,新质要素的逐

---

①程湘清《变文复音词研究》,隋唐五代汉语研究,山东:山东教育出版社,1992b。
②祖生利《〈景德传灯录〉中的联合式复音词》,古汉语研究,2002年,第3期。
③周荐《复合词词素间的意义结构关系》,语言研究论丛(第六辑),天津教育出版社,1991。

渐积累实现变化的,据此可以断定:复音化之初偏正式复合词占优势;战国初期联合式和偏正式复合词的数量比不相上下,从战国中晚期开始联合式构词法的能产性逐渐大于偏正式,汉魏晋南北朝隋(即中古时期)时期联合式构词法的能产性明显大于偏正式;大约在唐五代以后的某个时期,偏正式复合词又开始大于联合式复合词,并且这种现象一直保存到了现代汉语中。即使在当代汉语中,偏正式构词法的能产性还是在不断增长,联合式构词法的能产性在不断缩减。

3.3.2 中古时期联合式复合词占优势的原因

从语法构成看,联合式复合词主要有:由名词性词素和名词性词素构成的名词,动词性词素和动词性词素构成的动词,形容词性词素和形容词性词素构成的形容词三类,例外较少;从语义构成看,联合式复合词主要有同义联合、类义联合和反义联合三类。

联合式构词法不但是汉语中最能产的构词方式之一,而且更是中古时期最能产的构词方式。因此,我们在探讨为什么中古时期联合式复合词最能产的原因以前,应先分析一下联合式构词法能产的一般原因。

3.3.2.1 联合式复合词能产的一般原因

联合式复合词的能产性既有语言外部因素又有语言内部因素,下面我们就分别从这两方面探讨联合式复合词能产的原因,联合式复合词能产的外部原因包括客观和主观两方面。

(一)客观原因

客观事物之间存在着种种联系,这些联系自然会在语言中反映出来,词与词之间的关系就是客观事物之间的联系在语言中的表现方式之一。因此,对应于客观事物之间的相同、相关或相反关系,在以单音词为主的上古汉语中就出现了大量的具有相同、相关或相反关系的单音同义词聚、类义词聚和反义词聚,这些单音词形成了联合式构词法所需的构词素材。

(二)主观原因

从主观方面来讲,联合式复合词的能产性既与人类共同的思维有关,又与特定民族的心理有关。词在语言中是以聚合关系和组合关系存在的,它同样以聚合关系和组合关系存在于人脑的词库中。词在人脑中的这种存在方式,联想起了很大的作用。联想分相同联想、相近联想和相反联想,人们通过语言表达思想(即按语法规则把存在于聚合关系中的词组合起来表达思想)时,出于表达的需要这三种联想自然会把在语音、语法、语义和语用上可以结合的单音同义词、类义词、反义词组合起来,于是在语言中出现了同义联合、类义联合、反义联合等联合式词语。与其他语言如英语中的联合式复合词相比,汉语中的联合式复合词要多得多,为什么呢? 这一方面与汉语的特点有关;另一方面汉语联合式复合词生成过程中人为的因素最多,即使与汉语中其他构词方式相比,汉语联合式复合词生成过程中人为的因素也最明显,具体表现在:

(1)与汉民族传统的哲学观、审美观有关

汉民族注重和谐对称、追求形式美,表现在语言上就要求诗歌、赋、骈体文、散文甚至小说等讲求形式美,以达到平仄相间、韵律和谐的目的,为了达到上述目的,汉语中除了用虚词、前缀衬字足句外,最方便的就是把单音的同义词、类义词和反义词连在一起使用拼凑音节,从而体现了汉语语词的弹性作用。联合式复合词的这种特点在魏晋南北朝时期的骈体文中达到了极致。

(2)为了强调文意、增强语气

文章的作者为达到强调文意、增强语气的目的也常常把同义词连在一起使用。马建忠指出:"古籍中诸名,往往取双字同义者,或两字对待者,较单辞只字,其辞气稍觉浑厚耳。"①

(3)古代工具书的编排以及古书的注疏与联合式复合词的产生也有关系

历代学者在编纂字书、韵书或注释古书时有意用意义相同、相近的单音词互相注释,形成互训、同训、递训等训释方法,这样注释字和被注释字就很容易被连起来理解,并且还可能把它们连起来运用,时间久了就凝固成为联合式复合词,例如:崇,高也→崇高;永,远也→永远等。(《尔雅·释诂》)

人为的原因是语音、语法、语义和语用上可以结合的单音同义词、类义词、反义词连在一起使用的重要原因。

---

①马建忠《马氏文通》,北京:商务印书馆,1989,第38页。

3.3.2.2 联合式复合词能产的内部原因

语言本身作为一个动态符号系统主要为联合式构词法提供构词素材和构词方法。

（一）构词素材的产生

从诸位学者对早期汉语专书中联合式复合词的描写可知，联合式复合词的组成成分——词素之间相同义、相类义最多，相反义最少，这是因为单音同义词、类义词产生的渠道多从而造成构词素材多的缘故。单音同义词、类义词产生的渠道有以下几种：

（1）张志毅等指出："哲学中的'语言世界'着眼于它跟'客观世界'的同构性"①。在以单音节为主的上古汉语中，对应于客观世界中大量具有相同、相类关系的事物，便产生了大量单音的同义词、类义词，为联合式构词法提供了丰富的构词素材。例如古代祭祀或宴会时盛果脯的竹制的形状像高脚盘的食器叫"笾"，盛肉或熟菜的木制的形似高脚盘的食器叫"豆"，"笾"和"豆"经常组合在一起表示它们共同的意思"盛食物的器具"，《诗经》中"笾豆"连用共 8 处，用的就是这个意思，这样"笾豆"就凝固成了联合式复合词，而"笾"和"豆"也就成了"笾豆"的构词素材。

（2）词义发展可以使一些本来意义不同的单音词变成同义词、类义词，从而为联合式构词法提供构词素材。"陨"本义为"从高处落下来"，如"有陨自天"（《易·姤卦》），引申为"落下"；"落"本义为"草木凋谢"，如"金秋之月，草木黄落"（《礼记·月令》），引申为"落下"，由两者的引申义组合为联合式复合词"陨落"。

（3）通语词和方言词可以形成联合式构词法所需构词素材。例如："姣，自关而东河济之间谓之娘或谓之姣"（《方言》卷一），"好"是通语，结合在一起形成联合式复合词"姣好"。

（4）古语词和新词可以构成联合式构词法所需构词素材。例如：同是古代地方学校，商代称"庠"，周代称"序"，两者复合为"庠序"。

正是由于大量单音同义词、类义词的存在为联合式构词法提供了构词素材。

（二）联合式构词法的形成

---

①张志毅、张庆云《词汇语义学》，北京：商务印书馆，2001，第 109 页。

汉语是缺乏形态变化的孤立语,以单音节汉字作为记录语言的符号系统。汉语的这一特点在以单音词占统治地位的上古汉语中就表现为一字一词一音节的对应现象。因此,为了交际的需要,语言在从以单音词为主过渡到以双音词为主时,汉语的这种特点为语素的结合提供了极大的灵活性。一方面,语言中存在大量单音的同义词、类义词和反义词等联合式构词法需要的构词素材;另一方面,人类的三种联想为把这些构词素材联系起来提供了心理基础,这样人们在运用语言表达思想时自然就会把语法、语义或语用上能够搭配的两个(或两个以上)单音词连在一起,形成联合式短语或句子,这些联合式短语或句子由于长期频繁使用也就逐渐凝固成了词。这样的复合词产生多了,于是一种能产的构词机制——联合式构词法也就诞生了。

3.3.3 中古时期联合式复合词最能产的原因

上节我们叙述了联合式构词法能产的一般原因,该原因不仅适用于解释整个汉语史,而且也适用于解释其他民族语言中联合式构词法最能产的原因,在本节中我们详细论述的是中古时期联合式构词法能产的特殊原因。

3.3.3.1 语言内部的原因

(一)中古时期是汉语复音化的加速时期。东汉魏晋南北朝隋时期,由于社会急剧动荡、民族加速融合,从而导致政治、经济、文化等方面快速发展,其结果是大量需要命名的新兴事物出现。上古汉语原有的以单音节为主的通过单音词音变和义变产生新词的构词机制,不仅不能适应语言作为交际工具的需要,反而只能造出更多的单音同音词和多义词,影响交际。例如:义变造词的结果是单音多义词过多,使单音词的意义宽泛、模糊,与语言作为交际工具所应有的明确性原则相冲突;音变造词的结果是单音同音词过多,使听觉上产生混淆,文字上会造成大量的假借字,不利于交际。义变造词和音变造词的共同结果是造成语言中同音词急剧增长,促使语言中形成更能产的构词机制。于是出现了单音词和单音词按照一定的语法格式组合在一起,经过长期反复运用后凝固成词的语法构词,形成了有限的格式可以产生无限表达的构词机制。联合式构词法就是在这种情况下发展起来的。

(二)在中古时期,联合式构词法所需的上述各项条件都已成熟。

主要表现在:(1)联合式构词法所需构词素材——同义词、类义词数量快速增长,如:中古时期大批方言词成为通语词,这就造成了有些方言词与原有通语词成为同义词、类义词;随着词义的发展,原来意义有差别的词,在中古时期成了同义词、类义词;随着新词大量产生,原来没有相应同义词、类义词的单音词,有了同义词、类义词;(2)联合式构词法业已成熟,表现在中古时期大量联合式复合词不经过凝固,就可以直接形成复合词。

3.3.3.2 语言外部的原因

在中古时期,文学史上最具特色的是韵文占主流地位。导源于《诗经》中的赋,经先秦诸子的发展,最终成为以《楚辞》为代表的骚体赋和汉代的汉大赋、抒情小赋,魏晋南北朝时期继赋之后更是出现了骈体文一统天下的局面。文体的这种发展为大量联合式复合词的产生准备了条件,具体表现如下:

先秦诸子为了在论争中获胜,就要在辩论中讲究气势,追求骈偶、押韵的文风,这种文风越到后来表现得越明显,特别是在庄子、荀子等人的作品中表现得更突出;汉代随着汉赋的成熟,铺张扬厉的文风在汉大赋中表现得尤为突出。而联合式复合词强调文意、增强语气的特点正满足了文体的这一需要,所以在这种情况下,就产生了大量的联合式复合词。

魏晋南北朝时期,骈体文更是风靡文坛,其具体特点是:讲究对偶,追求骈四俪六的句式,追求华丽的词藻、磅礴的气势,如上所述联合式复合词强调文意、增强语气的特点顺应了骈体文追求词藻华丽、气势磅礴的要求,而联合式复合词伸缩自如的弹性特点,则正好满足了骈体文讲究对偶、追求骈四俪六句式的要求,所以在魏晋南北朝时期联合式复合词的能产性达到极致是很自然的。

中古时期联合式构词法最能产的另一个重要的原因是受佛教类语料的影响,如3.2节所述,僧侣商人在翻译佛经时不仅在句式上追求中古时期骈四俪六的骈体文文风,而且在翻译用词上为了受众易于理解而有意运用同义、类义词对译佛教外来词,造成联合式构词法的多产。

虽然我们搜集的数据显示,当代各位学者在研究专书复音词时,都把能够反映特定时期语言真实面貌的口语性很强的语料作为研究对象,但是作为中古时期文人写的作品,其口语性再强,也不可能不受当时文体的影响,在中古时期特定文体的影响下,汉语中便产生了大量联合式复合词。中古以后,特别是宋元明清时期,随着小说等新兴文学形式的出现,韵文已不再占主流地位,联合式构词法的能产性也就有所减弱,其能产性占第一的位置最终让位于偏正式构词法,但它仍然是最能产的构词方式之一。

总之,我们认为文体因素是导致联合式构词法在中古时期最能产的主要原因。

3.3.4 小结

在汉语史上,联合式和偏正式复合词的数量比确实有一个变化的过程,并非"从先秦到现代,汉语构词复合法中始终以偏正式构词法为最能产"。这一结论既有大量数据作为证明,又有一定理论作基础。如果说中古时期汉语以其鲜明的特点区别汉语史上其他时期,那么联合式构词法最能产这一特点应该算其中之一吧!

第四节 词组凝固说献疑

王力先生在《汉语史稿》(1958)首次提出"汉语新词的产生,其重要的手段之一,本来就是靠仂语的凝固化。"[1]这一观点王力先生后来又在单行本《汉语语法史》(1989)中表述为"汉语新词的产生,其主要的手段之一,本来就是靠词组的凝固化。"[2]可以说王力先生是词组凝固说的最早提倡者。

王力先生的这一观点 40 年后得到了学界的赞同,诸学者纷纷撰文对此进行论述,特别是进入 21 世纪以来,有更多的学者对这种现象进行了描述,董秀芳(2002)《词汇化:汉语双音词的衍生和发展》[3]则以专著的形式对王力先生的这一观点作了进一步的发挥,对汉语中各

---

[1] 王力《汉语史稿》1958 年修订本由科学出版社出版,本文参照的是山东教育出版社 1988 年出版的《王力文集》中的《汉语史稿》,第 448 页。

[2] 王力《汉语语法史》,北京:商务印书馆,1989,第 166 页。

[3] 董秀芳《词汇化:汉语双音词的衍生和发展》,四川:四川民族出版社,2002。

种各样的双音词是怎样由词组词汇化而来的进行了分析和描写。

我们在中国知网上搜索到的类似研究词汇化的文章共152篇,从1979年到1999年仅有8篇文章,2002年有4篇,2003年5篇,2004年5篇,2005年7篇,2006年18篇,2007年31篇,2008年34篇,2009年40篇。我们选择有代表性的文章列表如下:

1. "难怪"的词汇化,易正中,湖南人文科技学院学报2009/04。
2. 论"也好"的词汇化,潘国英,汉语学习2009/05。
3. "多少"的词汇化、虚化及其主观量,陈昌来,汉语学报2009/03。
4. 助动词"好"的语法化及相关词汇化现象,张定,语言教学与研究2009/05。
5. 助词"则已"的词汇化过程与机制,王美华,井冈山学院学报2009/05。
6. "后来"的词汇化及相关问题,陈昌来,汉语学习2009/04。
7. "则已"的词汇化和构式语法化,刘红妮,古汉语研究2009/02。
8. 论"动词+介词"的词汇化,李德鹏,齐鲁学刊2009/02。
9. "哭湿"类动结式的衍生过程及其词汇化,帅志嵩,语言教学与研究2009/03。
10. 《朱子语类》中"好看"的词汇化及使用,张海媚,石河子大学学报(哲学社会科学版)2009/01。
11. 时间格式"X+以降"的语义句法功能及其词汇化,吴德新,现代语文(语言研究版)2009/03。
12. "甚至"的词汇化历程,方一新,江南大学学报(人文社会科学版)2009/01。
13. "尤其"的词汇化及相关问题,张振羽,语言科学,2009/01。
14. 论"单音节动词+于"的词汇化,李德鹏,现代语文(语言研究版)2009/01。
15. "了不得"与"不得了"的成词与词汇化考探,徐时仪,江苏大学学报(社会科学版)2009/01。
16. 跨层结构的词汇化与词典的收词及释义,李小军,辞书研究2008/06。
17. "被V"和"被VN"及其词汇化分析,王振来,汉语学习

2008/05。

18. "然而"的词汇化过程及其动因,刘利,北京师范大学学报(社会科学版)2008/05。

19. 先秦介词"以"的悬空及其词汇化,何洪峰,语言研究2008/04。

20. 论"附近"的词汇化,刘东升,汉语学报2008/02。

21. "最近"的词汇化过程探析,丁喜霞,语言研究2008/03。

22. 现代汉语惯用语的词汇化等级分析,苏向丽,语言教学与研究2008/05。

23. 动宾结构词汇化的独立性解释,颜红菊,武汉理工大学学报(社会科学版)2008/04。

24. "一概"的词汇化、语法化以及认知阐释,刘红妮,忻州师范学院学报2008/03。

25. 定中式合成词词汇化研究综述,宋娟娟,绥化学院学报2008/02。

26. 词汇化和语法化的接口——"X们儿"的演变,李金满,当代语言学2008/01。

27. "一律"与"一概"的词汇化、语法化比较初探,刘红妮,玉林师范学院学报2008/01。

28. "一+N"的词汇化与语法化——以"一概"的个案研究为例,刘红妮,湛江师范学院学报2008/01。

29. "再来"的词汇化和语法化,殷晓杰,聊城大学学报(社会科学版)2008/01。

30. 词汇化与话语标记的形成,董秀芳,世界汉语教学2007/01。

31. 词汇化中的虚词问题,杨成虎,西安邮电学院学报2007/06。

32. "缘故"词义双重对立现象的词汇化溯因,姜有顺,东南大学学报(哲学社会科学版)2007/02。

33. 非句法结构"算了"的词汇化与语法化,刘红妮,语言科学2007/06。

34. 动宾复合词的词汇化的原因和机制分析,李进学,社会科学论坛(学术研究卷)2007/10。

35. 试论"能干"一词的词汇化过程,周甄陶,时代文学(理论学术版)2007/05。

36. 说"V 一把"中 V 的泛化与"一把"的词汇化,邵敬敏,中国语文 2007/01。

37. "因而""从而"的词汇化,李小军,殷都学刊 2007/01。

38. 因果连词"因而""从而"的词汇化,李小军,淮北煤炭师范学院学报(哲学社会科学版)2007/02。

39. "势必"的词汇化,王美华,湖南第一师范学报 2007/01。

40. "容易"的词汇化与"容"表"许可"义,晁瑞,汉语学习 2007/01。

41. "看起来"与"看上去"——兼论动趋式短语词汇化的机制与动因,张谊生,世界汉语教学 2003/03。

42. "之所以"的词汇化,肖奚强,中国语文 2003/06

43. "第二"的词汇化意义,吴长安,中国语文 2003/02。

44. "一味"的词汇化与语法化考探,徐时仪,语言教学与研究 2003/06。

45. 藏词的产生及其词汇化,郭焰坤,修辞学习 2003/06。

46. 方言词"敢说"的词汇化与话语主语的零形式,晁瑞,语言科学 2003/04。

47. "回头"的词汇化与主观性,李宗江,语言科学 2003/04。

48. 近代汉语"看来"的词汇化和主观化,方一新,周口师范学院学报 2003/03。

49. 汉语量词短语的词汇化,刘晓然,语言研究 2003/01。

50. 词汇化二例——兼谈词汇化和语法化的关系,王灿龙,当代语言学 2003/03。

51. 跨层非短语结构"的话"的词汇化,江蓝生,中国语文 2003/05。

52. "X 说"的词汇化,董秀芳,语言科学 2003/02。

53. 论定中 V_双 + N_双词汇化的制约因素,李晋霞,当代语言学 2003/04。

54. 说"X 式"——兼论汉语词汇的语法化过程,张谊生,上海师范大学学报(哲学社会科学版)2002/03。

55. 论句法结构的词汇化,董秀芳,语言研究 2002/03。

56. 论诱发汉语词汇语法化的若干因素,刘坚,中国语文 1995/03。

通过这些文章我们可以看出尽管王力先生早在 1958 就提出汉语新词的产生主要由词组凝固而来的,但是只有在时隔 40 年后这方面的研究才开始成为热点,而且如上显示目前对词汇化的研究有加速的势头。在对词汇化研究的队伍中既有一流的学者也有初学者,既有汉语学界的学者也有外语学界的学者;在发表词汇化文章的刊物中既有权威类语言学期刊也有中文核心期刊,更有一般期刊,词汇化研究俨然已经成为语言学界的一个研究热点,引起了不同层次学者的注意。

在我们看来,词组凝固说是结构主义语言学影响下的产物,结构主义语言学注重研究语言的结构,不注重从语言外的因素研究语言,因此诸位学者在运用结构主义的方法探讨词的生成时惟有借助词组凝固来说明词生成的原因。事实上,尽管有很多学者对词汇化现象进行了描写,但如上所述他们的描写仅限于一小部分词,当前对词汇化的个案研究多。

任何一位学者的学术观点是和他的学缘结构密切相关的,根据我们的调查目前国内多数学者能说出索绪尔的名著《普通语言学教程》及其内容,而少有学者能说出[德]威廉·冯·洪堡特的专著名称《论人类语言结构的差异及其对人类精神发展的影响》,更不用说其语言学观点了。词的生成既有语言方面的原因又有心理的、社会的原因,语言提供造词材料,心理提供造词机制,社会发展提出造词的需要,这就要求我们在寻求词产生的原因时,不能只单从某个方面入手,要全面考虑。①

我们认为就已有汉语复合词的构成形式来讲,像并列式以及动宾式、补充式、主谓式复合词等跨层结构是可以从词组凝固的角度来看的,而偏正式则不然。用我们创立的术语来说,从认知的角度看互注式是由词组凝固而来的,可以显示出逐渐成词的过程,而分离式是难

---

①如果上述考察词汇化的学者的学术视野宽广一些,例如通读一些诸如洪堡特、萨皮尔等学者的书后,我们相信他们在探讨词的生成时,就不会限于词汇化一说了。

以用词组凝固说来解释的。类似话语标记的"谁知道"、"别说"、我看、你看、我说、我想①顶多是固定短语,话语标记的产生应看作语法化的结果为好,不宜看做词汇化,毕竟它们不是词。

词汇化一说限制了研究汉语词生成的研究视野,往往把不同的原因生成的词牵强附会地向词汇化靠拢,这样的做法不利于人们对词真正的生成机制的研究。

第五节 单音词义变造词的心理机制

3.5.1 引言

本节的义变造词相当于传统语言学所讲的词义演变②,是指③由已有义项衍生出新的义项。就汉语学界来讲,所见最多的是从语言的角度论述词义演变的过程或演变的结果,也有从社会发展、文化背景等方面论述影响词义发展的因素。目前,从语言角度探讨影响词义演变的文章主要有:

伍铁平 1984《词义的感染》,《语文研究》第 3 期。

许嘉璐 1987《论同步引申》,《中国语文》第 1 期。

孙雍长 1985《古汉语的词义渗透》,《中国语文》第 3 期。

蒋绍愚 1989《论词的"相因生义"》,《语言文字学术论文集——庆祝王力先生学术活动五十周年》,知识出版社。

张博 1995《词的相应分化与义分同族词系列》,《古汉语研究》第 4 期。

---

①董秀芳《词汇化与话语标记的形成》,世界汉语教学 2007 年第 1 期(总第 79 期)。

②为了行文方便,我们在本节仍沿用"词义演变"来说明汉语中"义变造词"的现象。

③汉语的词包括单音词和复音词(复合词占绝大多数),相应的义变造词就包括单音词义变造词和复音词义变造词。单音词义变造词主要发生在上古到中古这段时期,复音词义变造词主要发生在近代到现代汉语这段时期。因此,本节主要以从上古到中古这段时期的单音词义演变为考察对象,探讨义变造词的心理机制。复音词义变造词的心理机制见 5.4 节。

张博 1999《组合同化:词义衍生的一种途径》,《中国语文》第 2 期。

张博《组合同化:词义衍生的一种途径》(1999)一文把上述学者关于词义变化的论述分为两类:组合同化和聚合同化,指出《词义的感染》、《组合同化:词义衍生的一种途径》是组合同化,《论同步引申》、《论词的"相因生义"》、《词的相应分化与义分同族词系列》是聚合同化。

王力从逻辑的角度探讨了汉语词义演变的结果:扩大、缩小、转移等三种方式。词义演变具体方式有链条式、辐射式、综合式等。张志毅、张庆云等在简要述评了中外语言学史上关于词义演变的 7 种模式后,把词义演变总结为 12 种语言学模式。

上述学者从已发生的事实依照可以观察到的材料描写出了词义演变的现象,而从心理角度探讨影响词义发展因素的文章还不多见,本节主要以单音词词义变化为例论述词义演变的心理机制,也即探讨影响多义词义项形成的心理因素。

语言学家历来都很重视心理在语言中的地位,洪堡特谈到语言变化的特性时说"任何一种语言都如同人类本身一样,是一个在时间中逐渐发展的无限存在。所以语言的特性在于,所有的名称是在主观上而不是在客观上,在量的方面而不是在质的方面产生变异。"[1]

索绪尔谈到语言构成要素时说"语言符号所包含的两项要素[指概念(又叫能指)和音响形象(又叫所指)],都是心理的,而且由联想的纽带联结在我们的脑子里","语言符号是一种两面的心理实体"[2]。

德国心理学家、哲学家冯特(1900)认为,"只有联想的一般规律才是语义变化的规律",他把具体联想分为"近似的联想、接近的联想及对立的联想"三种基本过程。在联想之外,他又补充一个重要的原因——统觉,它把基本联想结合成整体。[3]

---

[1] [德]威廉·冯·洪堡特:《论人类语言结构的差异及其对人类精神发展的影响》,姚小平译,北京:商务印书馆,2004,第 210 页。

[2] [瑞士]索绪尔 1999《普通语言学教程》,高名凯译,北京:商务印书馆,第 100,101 页。

[3] 转引自张志毅、张庆云 2001/2005《词汇语义学》,北京:商务印书馆,第 224 页。

时代局限性所致,在上述学者的时代对与语言有关的心理方面的探讨也只能达到这种地步了,进入21世纪后,随着与语言相关学科的快速发展特别是随着认知语言学的兴起,为我们进一步从心理方面探讨语言学的发展提供了理论依据,本节主要利用认知语言学的隐喻、换喻理论分析词义演变的心理机制。

冯特所说的三种基本联想与当代认知语言学关于隐喻和换喻的理论有相通之处,隐喻相当于近似联想,换喻相当于接近联想,对立联想则另立一类①。当代认知语言学认为隐喻和转喻(又叫换喻)都是通过已知事物认识未知事物的认知方式。从认知角度看,隐喻和转喻都是认知现象,是人们认识、理解和掌握不断出现的新事物、新概念、新观念的有力工具,表现在词义变异上就是用已有事物的名称指称与已知事物相似或相关的未知事物,从而产生词义变异形成多义词,正是在这个意义上我们说隐喻和转喻是词义变异的心理机制。

隐喻和转喻的区别在于它们产生的原因分别是事物之间的相似性和相关性,这种相似性和相关性不是物理意义上的相似或相关,而是建立在说话者和听话者的相似联想和相关联想基础上的心理感受上的相似或相关,因此,事物之间相似性或相关性的形成受制于特定文化环境中人们的经验感知,由于自然环境、社会环境和文化历史传统的区别,导致不同的民族对同一类客体观察和理解的角度往往有所不同。也就是说,隐喻和转喻既根植于客观的日常生活、人类的共同思维,又根植于各民族不同的文化,从而造成不同文化传统的民族对同一事物可能有不同的隐喻和转喻方式及其表达。

根据已有的训诂学成果并结合语言发展变化的实际情况来看,大规模的单音词词义演变的主流是从上古时期开始到中古时期基本结束的,因此我们主要以上古和中古时期的语料作为考察对象,通过描写单音词词义之间的联系分析单音词词义演变的心理机制,也即探讨单音多义词形成的心理原因。我们以《古代汉语词典》②中所收单音多义词(主要是属于基本范畴词的单音词)为考察对象,运用认知语言学中有关隐喻和换喻的理论,探讨单音词词义演变的心理机制。

---

①对立联想是汉语中反训词形成的心理机制,见3.5.4。
②《古代汉语词典编写组》编,北京:商务印书馆,1998。

3.5.2 隐喻(近似联想)和换喻(接近联想)在单音词词义演变中的作用

索绪尔在《语言是组织在声音物质中的思想》一节中说,从心理方面看,思想离开了词的表达,只是一团没有定型的模糊不清的浑然之物,声音也是一团模糊而不定形的浑然之物,语言作为思想和声音的媒介就是这两类浑然之物相结合时形成的一系列相连接的小区分。作为思想和声音相结合产物的语言是形式而不是实质的,其价值就在于使这两个模糊而不定形的领域得到清楚明晰的表达,起到形式化的作用①。把索绪尔的这一观点看成是谈语言起源的指导思想也未尝不可,这一系列相连接的小区分就是语言产生之初的词,也即独词句阶段的语根。这些语根的出生地——思想和语音的模糊性决定了语根所含意义的模糊性、含混性、广义性。后来的词就是在这些语根的基础上派生出来的,索绪尔也讲到了这一点,例如他在谈到符号的"绝对任意性和相对任意性"时说:"(符号)的任意性虽然不能取消,却有程度的差别:符号可能是相对地可以论证的。"②他认为法语的"dix"表示"十","neuf"表示"九"是不可论证的,而两者组成的"dix-neuf"却有相对的论证性。我们认为对索绪尔关于语言任意性的观点应该这样理解:他说的语言任意性是指语言中最初生成的语根的音和义的结合是任意的,至于在语根的基础上产生的词是有理据可循的。

索绪尔的这一观点也在汉语发展过程中得到了印证,初始汉语的语根主要以单音词的形式存在,具有语根功能的单音词词义的发展有两种方式,一是分化,二是引申。词义由综合向分析的发展就是词义的分化,具有语根功能的单音词无所谓名词、动词、形容词之分,但随着频繁应用,这些单音词如果出现的语境偏重于指物性语境,那么该单音词就可能形成名词性义项进而该单音词成为名词(或形成以名词为主要词性的兼类词),如果出现的语境偏重于动作性语境,那么该单音词就可能形成动词性义项进而该单音词成为动词(或形成以动词为

---

①[瑞士]索绪尔1999《普通语言学教程》,高名凯译,北京:商务印书馆,第157-158页。

②[瑞士]索绪尔1999《普通语言学教程》,高名凯译,北京:商务印书馆,第181-182页。

主要词性的兼类词),如果出现的语境偏重于指示事物、动作的属性,那么该单音词就可能形成形容词性义项进而该单音词成为形容词(或形成以形容词为主要词性的兼类词)。词义分化的结果一般分化为名词性义项、动词性义项和形容词性义项,并且上述 3 类义项都可以相互转化,这些义项之间有的是由隐喻形成的具有相似关系,有的是由转喻形成的具有相关关系。

王力(1941/1946)、蒋绍愚(1982)、苏新春(1992)、徐通锵(1997)等学者都注意到汉语词义发展由综合走向分析的特点。处于独词句阶段的语言是混沌一片的,仅以为数不多的语根作为交际工具,实体及实体的动作、行为,性质、状态等特征都编在一个码里,这与原始思维重整体重直觉的思维特征有直接的关系,这时语言中编的码是立体的,词义是含混模糊的,与此相应语言的结构也是粗疏的。随着语言的发展,人类思维能力的提高,语言不断向精密化发展,这样发展的结果是语言的线性特征加强,语言的线性特征逐渐迫使词的义项分化,这样人们就可以根据不同语境归纳出不同的义项,从而出现了名词性义项、动词性义项、形容词性义项等多个义项共居一词的现象,这就是多义词,多义词的出现是符合语言线性特征发展的。词义由混沌走向精细即由不分义项走向划分义项的发展趋势就是词义由综合向分析的发展,这种趋势也是和人类思维由具体到抽象的发展趋势一致的①。

最初的语根是由音和义两个要素任意结合而成,因此,词的繁衍是通过这两个要素的变化实现的,变化的结果有两个:一是通过词义的发展形成不同的义位共居一个词位②,也即形成多义词;二是通过字的孳乳实现词的分化,形成不同的词位,也即词族。单音多义词的形成除了上文说的词义的分化外,还有词义的引申。词义的分化和词义的引申是不可分割的,是同一个问题的两个方面,之所以把它们在理论上分开,是为了探讨的方便,事实上词义的分化和词义的引申是你中有我我中有你,互相影响的,但总的看来词义的分化发生在词义

---

① 人类思维由具体到抽象的发展导致名词性义项、动词性义项、形容词性义项从语根中分化出来,从而导致语言中名词、动词、形容词等词类的出现。
② 为了行文的方便,本书有时用义位有时用义项,义位和义项的含义基本一样。

的引申之前。

词义的引申就是在词义分化的基础上,进行再度变化,是指在不改变词位的情况下,在词的已有义项的基础上派生出与原有义项相关或相似的义项,例如:

红①《说文·纟部》"红,帛赤白色"。从这个义项可以分化出义项②赤白色(即浅红色)。由指事物义的名词性义项"赤白色的帛"转指这种帛的属性形成形容词性义项"赤白色"。这就是转喻在词义分化中起的作用。

原始思维重整体重直觉的特征决定了语言在编码时实体及实体的动作、行为,性质、状态等特征都编在一个码里,作为原始语根的"红"是不分义项的,它既可以指"帛赤白色"也可以指"赤白色",随着语言的发展,表示"红,帛赤白色"的义项逐渐出现在名词性的语法结构中,表示"赤白色"的义项逐渐出现在形容词性语境中,于是人们在概括"红"的义项时自然就把这两个义项分离出来。

义项②"赤白色"又可以通过转喻,发生词义泛化形成义项③泛指"红色",如白居易《忆江南》:"日出江花红胜火,春来江水绿如蓝。"再通过转喻形成动词性义项④"变红",如《汉书·贾捐之传》:"太仓之粟红腐而不可食。"

在中国传统的历史文化中,"红"又有象征"喜庆吉祥"的意义,这一特有的文化义和"红"已有义项结合形成义项⑤,又可象征"革命或政治觉悟高"形成义项⑥。由义项⑤到义项⑥就是隐喻在词义的演变中起作用,这是感情上的相似。

"红"由义项①到义项②是词义的分化,由义项②到义项③④⑤⑥是词义的引申,词义分化发生在前,词义引申发生在后。

下面,我们主要以汉语名词、动词、形容词等开放性词类所包含的个体来考察词义发展的心理机制——隐喻和换喻,看隐喻和换喻在单音词词义分化和引申中的作用。

(一)隐喻(相似联想)和换喻(接近联想)在以名词性义项为主的单音词词义演变中的作用

1. 表①名:上衣。②名:泛指外衣。③名:外。名:外面。④名:仪表。⑤名:威仪。⑥名:标准。⑦名:日晷,测日影的仪表。⑧动:显示,表彰。⑨名:表率。⑩动:表述,阐明。⑪名:古代的一种文体。

义项①《说文·衣部》:"衣,上衣也。"通过转喻由部分到整体形成义项②指外面的衣服,如《书·尧典》:"光被四表"。穿在外面的衣服和里面的衣服是相对的,由此通过隐喻形成义项③泛指一切物体的"外"、"外面",如《文选·马融〈长笛赋〉》:"程表朱里"。

人要有"仪表"就要穿华丽的"外衣",义项②"外衣"通过隐喻滋生出义项④"仪表",如《文选·班固〈西都赋〉》"表以太华终南之山。"这是通过功能上的相似产生的义项引申。义项④"仪表"的作用在于增添人的"威仪","仪表"通过转喻形成义项⑤威仪,如《文选·杨雄〈剧秦美新〉》:"真天子之表也。"这是名词性义项通过转喻由表示名物义向表示名物的属性义的转移。

义项④"仪表"通过转喻形成义项⑥标准,这是事物义向表示该事物所具有的功能义的转移。由于表有"标准"义又可以通过立木为表,进而滋生出义项⑦"日晷,测日影的仪表",这是由事物所具有的功能义通过转喻生成具有该功能的事物的事物义。

义项④"仪表"通过转喻形成义项⑧显示,表彰,这是义项由表示事物的事物义向该事物主体所发出的动作的动作义转化,在义项的形成上就是由名词性义项派生出动词性义项。义项⑧显示,表彰,又通过隐喻产生相似的动作,形成义项⑨"表率"。表示"显示,表彰"的动作性义项⑧又可通过隐喻转指言语的"表述,阐明"形成义项⑩,"表述,阐明"的内容又可成为一种文体,形成义项⑪"古代的一种文体",这是表动作的动词性义项通过转喻形成表该动作的结果的事物性义项。

2. 金①名:五色金,泛指金属的统称;五行之一。②名:特指金银铜铁锡中的任一种。③名:金银铜铁锡等金属的制成品。④名:黄金,泛指"钱"。⑤名:金黄色。⑥形:贵重。⑦形:坚刚。⑧名:坚刚之物。⑨名:朝代名。⑩名:西方。⑪名:秋,杀气之始也。

义项①《说文·金部》:"五色金也。"通过转喻由整体到部分产生义项②"特指金银铜铁锡中的任一种",如《周礼·秋官·职金》"掌凡金玉锡石丹青之戒令。"指金;《广雅·释器》"金,铁也。"等等。义项②再通过转喻由材料到材料的制成品形成义项③,如《吕氏春秋·怀宠》"分府库之金。"指田器(高诱注);《孟子·万章下》"金声而玉振之也"指钟(朱熹集注)。

金又可以转指"黄金",通过隐喻形成义项④,泛指"钱",如《文选·王融永明九年策秀才文》"充都内至金"(刘良注),这是依靠功能的相似产生的隐喻。义项④"黄金"又通过转喻指黄金的颜色"金黄色",如《汉书·食货志上》"及金刀龟贝"(颜师古注)。

名词性义项④黄金通过转喻转指黄金的属性之一"贵重"形成形容词义项⑥"贵重",如《晋书·夏侯湛传》"今乃金口玉音,漠然沉默。";又通过转喻转指黄金(金属)的属性之一坚固形成形容词义项⑦"坚刚",⑦再通过转喻转指具有这种属性的物质,形成义项⑧坚刚之物,如《后汉书·桓帝纪》"勉同断金"(李贤注)。

另外,作为:"五行之一"的金,受传统文化的影响,又滋生出了义项⑩西方,⑪秋,杀气之始也。

单音名词通过隐喻和转喻可以转指与单音名词有关的实体形成名词性义项,也可以转指该单音词所代表事物的属性形成形容词性义项,也可以转指与该单音词所代表事物的动作形成动词性义项,从而产生词义分化。词义引申就是在词义分化的基础上通过隐喻和转喻进行的。

(二)隐喻(近似联想)和换喻(接近联想)在以动词性义项为主的单音词词义演变中的作用

1. 言:①动:说话,说。谈问题,对某事表示意见。《论语·乡党》:"食不语,寝不言。"②名:话,言论。《论语·公冶长》:"听其言而观其行。"③名:一句话为一言。《论语·为政》:"诗三百,一言以蔽之,曰'思无邪'。"④名:一个字为一言。如"五言诗","七言诗"。

①②是"言"这个动作和"言"的内容相关,动词性义项通过转喻成为名词性义项,即"言"的词义由说话这个动作行为转指说话的内容。

②→③④是整体和部分相关,名词性义项通过转喻成为名词性义项,言的词义由指说话的内容转为内容中的一句话形成义项③或一个字形成义项④。

2. 语①动:谈话。《论语·乡党》:"食不语,寝不言。"②名:言论,话。《论语·季氏》:"吾闻其语矣,未见其人也。"③名:谚语。《谷梁传·僖公二年》:"语曰:'唇亡则齿寒'。"

①②是动作和动作的内容相关,动词性义项通过转喻成为名词性

义项,即"语"的词义由说话这个动作行为转指说话的内容。

②→③是整体和部分相关,名词性义项通过转喻成为名词性义项,"语"的词义由指说话的内容转为内容中的一句话或一个字。

3. 谓①动:对某人说。②动:叫,叫做,认为。③动:评论人物。

①②③之间是相似关系。

4. 访①动:咨询。②动:拜访。③动:查访,侦查。

动作和动作的属性相关,因为向他人咨询问题时常带着尊敬的神态,所以义项①通过转喻产生了义项②拜访,拜访含有查找的意思,所以又由褒义转为中性色彩的意义③探寻、查访。

5. 召①动:上对下的召唤。②招致,导致。

①②通过隐喻形成词义泛化。

6. 降①动:从高处走下来。②动:降落。③动:降临。④动:降给。⑤动:降生。⑥动:地位下降。⑦动:降职或降级。⑧动:降低,减损。⑨动:下传。⑩动:抑制。

①指具体的动作"从高处降落下来",例如《论语·乡党》:"出,降一等,逞颜色,怡怡如也。"(等:级,台阶。)由从高一级的台阶走到低一级的台阶泛指物体"从高处降落下来"形成词义②,例如:《老子》三十二章"天地相合,以降甘露","降"的义项①②通过隐喻形成词义泛化,词义由指具体的动作泛指物体"从高处降落下来"。

义项②泛指物体"从高处降落下来"。又通过隐喻进一步泛化,形成义项⑥动:地位下降。⑦动:降职或降级。⑧动:降低,减损。⑨动:下传。"从高处降落下来"又可以着眼于高处居高临下的样子,因此可以通过转喻,形成义项⑩动:抑制,由具体的动作进一步抽象概括为心理方面的行为转指(情绪)的意志等等。

义项②通过转喻,由指物体"从高处降落下来"的过程转指物体接近降落的目的地形成义项③"降临",例如《国语·周语上》:"十五年,有神临于莘。"又可以转指给予义,形成义项④降给,例如《孟子·告子下》:"故天将降大任于是人也,必先苦其心志,劳其筋骨。"

义项③"降临"又通过隐喻转指婴儿出生形成义项⑤"降生",例如:《楚辞·离骚》:"摄提贞于孟陬兮,惟庚寅吾以降。"

单音动词可以通过隐喻和转喻由具体动词性义项进一步抽象概括,形成词义的泛化,由指具体的动作泛指一切相似或相关的动作(有的会进一步虚化形成虚词),也可以指与该动作行为相关的动作行为形成动词性义项、动作行为的施动者和受动者形成名词性义项、动作的属性形成形容词性义项等。

(三)隐喻(近似联想)和换喻(接近联想)在以形容词性义项为主的单音词词义演变中的作用

1. 茂①形:指草丰盛。《说文·艹部》:"艹,丰盛。"通过隐喻形成义项②形:泛指草木丰盛,例如:《孟子·滕文公上》:"草牧畅茂,禽兽繁殖。"《玉篇·草部》:"茂,草木盛。"

再次通过隐喻、转喻并结合所搭配的词,通过词义沾染、语境运用等因素形成下列形容词性义项③④⑤⑥⑦,例如:

义项③盛也。《大戴礼记·千乘》:"此国家之所以茂也。"

义项④美也。《诗·齐风·还》:"子之茂兮。"

义项⑤丰也。《战国策·东周策》:"公独修虚为茂行。"

义项⑥众多谓之茂。《汉书·宣帝纪》:"功德茂盛,不能尽宣。"

义项⑦善也。《汉书·朱邑传》:"广延茂士。"

2. 富①形容词义项:完备,多而全。《说文·宀部》:"富,备也。"《周易·系辞上》:"富有之谓大业。"通过转喻,转指拥有的财物,形成名词性义项②财富,财物。《礼记·大学》:"富润屋,德润身。"再通过转喻,转指拥有的财物的属性之一财物多,形成形容词性义项③财物多。《论语·学而》:"富而无骄。"

形容词义项①或③再次通过隐喻并结合所搭配的词,通过词义沾染、语境运用等因素形成下列形容词性义项④⑤⑥,例如:

义项④多也。《文选·马融〈长笛赋〉》:"何其富也。"

义项⑤厚也。《大戴礼记·洁志》:"地作富。"

义项⑥盛也。《逸周书·文酌》:"勇之精富。"

受中国特有历史文化的影响,"富"的词义演变戴上了浓厚的历史文化色彩,通过隐喻形成下列形容词义项:

义项⑦言年幼也,特指年岁小。枚乘《七发》:"太子方富于年。"

义项⑧谓禄位常盛也。《易·家人》:"富家大吉。"孔颖达疏。

3. 香①形容词义项:谷物熟后的气味。《说文·香部》:"香,芳也。"王筠《说文句读·香部》:"甘者谷之物,香者谷之臭。"朱骏声《说文通训定声·香部》:"谷与酒之臭曰香。"由指谷香、酒香通过转喻,转指香味,形成名词性义项②香味。杜甫《入衡州》:"华表云鸟碑,名园花草香。"再通过转喻,转指拥有这种香味的事物,形成名词性义项③香料或香料的制成品。《后汉书·西域传》:"合会诸香,煎其汁以为苏合。"杜甫《冬到金华山观园得故拾遗陈公学堂》:"焚香玉女跪,雾里仙人来。"

形容词义项①再次通过隐喻并结合所搭配的词,通过词义沾染、语境运用等因素形成下列形容词性义项④甘美,例如《吕氏春秋·仲冬》:"湛饎必洁,水泉必香。"

与以名词性义项为主的单音词和以动词性义项为主的单音词相比,以形容词性义项为主的单音词较少,大部分形容词性义项附着于名词性义项为主的单音词和以动词性义项为主的单音词上面。单音形容词通过隐喻和转喻可以转指与单音形容词有关的属性形成形容词性义项,也可以与单音形容词有关的事物形成名词性义项,还可以转指该单音词有关动作形成动词性义项。

3.5.3 小结

目前汉语学界从已发生的事实依照可以观察到的材料对词义演变模式的描写呈越来越精细化的趋势,例如张志毅、张庆云等在《词汇语义学》中把词义演变的模式总结为12种,如果从认知即从词义演变的心理机制——隐喻和转喻的角度看这12种词义演变的模式都是由人类的这两种认知方式——隐喻和转喻造成的。我们的研究表明隐喻和转喻在单音词词义演变中起的作用同样大,它们或是单独或是交替地推动着单音词词义的演变。

总之,我们的分析表明隐喻和转喻是影响词义演变的两种重要的心理机制,是影响词义变异的最重要的心理因素。这种现象的形成与人类的认知规律密切相关:人类在认识新事物时,总是遵循着由熟悉的事物到不熟悉的事物,由已知事物到未知事物的规律,该规律发生的前提条件是已知事物与未知事物之间存在的相似或相关关系,而事物与事物之间的这种相似或相关关系是在人类的相似联想和相近联想的作用下在心理感受上形成相似或相关关系,这就是人类的两种认知方式——隐喻和转喻在认知上的具体表现。

认识隐喻和转喻是影响词义演变的两种重要的心理机制的意义

在于,我们在编辞典时,要注意义项的排列,把义项相似和相关的排列在一起,更能使人明了,增加词典编纂的系统性。

3.5.4 对立联想在单音词词义演变中的作用

就多义词的多个义项来讲,相邻近的两个义项之间的关系大致可以概括为相似和相关,但也有相反或对立的关系,不过这一类词很少,相反或对立的两个义项共居一词(或字)的现象在语言学史上一直聚讼纷纭,很多学者对这种现象作了论述,在古代训诂学家那里叫"反训",现代学者称之为"反义共词",本节中,我们抓住关键性的术语对反训现象进行了述评,剔出了一些不是反义共词的现象后,论述了汉语中少量的反义共词的语言现象,并进行了分类。"打郭璞开始,被举出来又真正够格的,连100个例子也不到,就这几十个例子,还多半有争议。所以,我们只能说反义共词是一种确乎存在的现象,而不是词义发展的普遍规律。"①

3.5.4.1 反训研究述评

(一)古代学者对反训的初步整理

东晋郭璞率先在《尔雅·释诂下》中先后提到"肆既为故,又为今。今亦为故,故亦为今,此义相反而兼通者","以徂为存,犹以乱为治,以曩为向,以故为今。此皆诂训义有反复旁通,美恶不嫌同名"现象,这就是后人所说的"反训"。此后,又有许多学者注意到这种现象,据王宁《训诂学原理》②介绍宋代洪迈、贾昌朝,元代李治,明代杨慎、焦竑,清代段玉裁、邓廷桢、朱骏声、王念孙、俞樾、钱大昕、陈玉澍,近代吴曾祺等在注释古书时都先后注意过反训现象,他们的观点可以分为两类:承认反训存在和否认反训存在。承认反训存在的观点又分两种:一认为反训是一字兼有正反两义,如:邓廷桢《双砚斋笔记·卷四》"一字兼两义",王念孙《广雅疏证》卷三下"一字两训而反复旁通""义有相反而实相因者";二认为反训是一种训诂原则,如钱大昕《潜研堂答问》"窒本塞反训为空",陈玉树《尔雅释例》"相反为训"。

---

①王宁《训诂学原理》,北京:中国国际广播出版社,1996,第122页。
②王宁《训诂学原理》,北京:中国国际广播出版社,1996,第110-125页介绍了这几位学者的观点,请参照。

否认反训存在的如贾昌朝《群经音辩》卷七说:"经典大体以乱为不理,亦或为理。理乱之义,善恶相反,而以理训乱,可惑矣。"朱骏声《说文通训定声》说:"祾祥字犹祸福善恶,岂宜通称?必是假借……非本字而有两谊相反也。"尽管他们怀疑反训的存在,但还是在具体训诂实践中列出反训现象,举出了文献实例,例如朱骏声《小学识余》卷五在"两谊相反之字"下举出乱为治,苦为快,废为治……等 37 对两谊相反之字。

古代学者在训释文献数据时注意到了反训现象,但没有对它进行系统的整理,也没有给这种现象一个统一的术语,更不要说有什么理论支持了。

(二)现代学者对反训的系统整理与总结

现代,这种一字兼正反两义的现象,引起了更多学者的进一步注意。主要有章太炎、黄侃、陈独秀、刘师培、黎锦熙、钱钟书、郭沫若①、董璠、徐世荣等。董璠在 1937 年第 22 期《燕京学报》上发表了一篇用骈体文写的题为《反训纂例》的文章,文章以"字"为单位,首次把"一字兼有正反两义"的现象称作"反训",并全面介绍了反训的分类、成因。他把反训分为十类:一曰同字同声反训;二曰同字异读反训;三曰从声反训;四曰异形反训;五曰表德反训;六曰彰用反训;七曰省语反训;八曰增字反训;九曰谲讳反训;十曰迭词反训。后来徐世荣在专著《古汉语反训集释》中,再一次以"字"为单位系统地总结了反训的分类、成因,并收集了五百多个反训字。书中把反训分为十三类:(一)内含,(二)读破,(三)互换,(四)引申,(五)适应,(六)省语,(七)隐讳,(八)混同,(九)否定,(十)殊方,(十一)异俗,(十二)假借,(十三)讹误②。两位学者主要从文字学角度对一字兼有正反两义的现象作了全面而系统的总结。

(三)当代学者利用已有的语言学理论对反训进行研究

当代,郭锡良、王宁、伍铁平等学者也都撰文讨论反训,特别是 20 世纪 80 年代以后,有更多的学者对其进行探讨。当代学者充分利用

---

①郭沫若等 7 位学者对反训的观点请参照:杨荣祥《"反训"研究综述》,中国语文天地,1988 年,第 5 期。

②徐世荣《古汉语反训集释》,安徽教育出版社,1989。

自己掌握的语言学理论对"反训"进行分析,他们的观点仍分:否认反训存在和承认反训存在。

(1)否认反训存在的观点主要有:

a. 一个词同时同地具有正反两个意思是不可能的

郭沫若说:"古书上也每每有训乱为治的,其实这已经就是件怪事体,治乱音既不同,义又正反,那里会有相反的东西来相训呢? 假使乱可以训治训理,那么理和治不也可以训乱吗?"①;郭锡良认为在说话时"需要明确,如果对立的概念用同一个词来表示,就容易产生歧义,影响交际",所以"一般来说,在同时的语言词汇系统中,具有正反两个对立意义的词是不可能存在的"。② 这里涉及词义的聚合和组合问题,反训词是一个词具有正反两义项,属于词义的聚合,当我们运用反训词时,该反训词就和其他词组合在一起,在组合中反训词显示的只是一个义项,并不产生歧义,影响交际,因此,这种观点不成立。

b. 反训这个名词根本就不能成立

齐佩瑢说:"严格地讲'反训'这个名词根本就不能成立,训诂是解释古字古音的,基于相反的原则而去训释古语,才可以叫反训,现在既知这些例子不过是语义演变的现象中的少部分,那么就不应再名为反训而认为是训诂原则了。"③在这里涉及反训这个术语的名称和反训的古今问题。从字面意思讲"反训"就是"基于相反的原则而去训释古语",是一种训诂原则,但"反训"作为一个术语来说由来已久,并且目前学界已经默认它的含义是"一个词具有正反两义",属于词义的聚合问题,并不像上面说的是"基于相反的原则而去训释古语"的意义,因此,"反训"作为一个术语是可以成立的。至于由语义演变而使一个词在不同时代具有正反两义,像这样的词在古人那里可能认为是"一字具有正反两义",但现在学界一般不认为它们是反训,例如"爪牙"在古汉语中的意思是"勇猛的武士",现代汉语中的意思是"坏人的帮凶",它在非共时语言系统中具有正反两个义项,不能看作是反训词,真正的反训词是指那些存在于共时语言系统中的,具有正反两个

---

①转引自杨荣祥《"反训"研究综述》,中国语文天地,1988 年,第 5 期。
②郭锡良《反训不可信》,汉语史论集,北京:商务印书馆,1997。
③齐佩瑢《训诂学概论》,北京:中华书局,1984,第 155 页。

义项的词,例如"借"《现代汉语词典》中的释义是①暂时使用别人的物品或金钱;借进:向图书馆借书。②把物品或金钱暂时供别人使用;借出:借书给他。

(2)承认反训存在的有以下几种观点:

a. 反训是一种词汇现象

蒋绍愚认为反训就是"一个词具有两种相反的意义",是一种"特殊的词汇现象"①。郭在贻说:"反训是古汉语中一种特殊的字义(即词义)训诂现象"②。

b. 认为反训是一种训诂原则

林仲湘认为"'反训'是传统训诂学上进行语义注释的一种手段③"。郗政民指出"反训既是训诂的基本原理,又是训诂的一种方法④。"对此,王宁作出中肯的批评:"训释的总规律是利用词际和义际的相同关系,使训释词语和被训释词语在意义上达到尽可能严密地对当和统一……因此'反训'若定义为'训释词与被训释词具有反义',则是完全违背科学的训释原理的。"⑤

c. 有的学者认为"反训"这个术语不恰当

王宁说:"把'反'和'训'搭配起来是不妥当的。'反训'这个词最好不要用作术语,把'相反为训'说成是训释方法或训释原则就更不妥当⑥。"并且她认为把反训称为"反义同词"或"反义共词"比较妥当。认为应"把问题的讨论中心集中在正反两个意义能否共词、如何共词的问题上⑦";马启俊也说:"'反训'这个术语不能成立",主张"用'反义同词'代替'反训',来指称古汉语词汇中一词同时兼有正反两义的现象。"⑧

随着对反训研究的逐步深入,人们渐渐地对它有了科学的认识,

---

① 蒋绍愚《从"反训"看古汉语的研究》(上),语文导报,1985年,第7期。
② 郭在贻《唐诗中的反训词》,浙江师范金华分校学报,1982年,第1期。
③ 林仲湘《反训研究的意义及反训的成因》,广西大学学报,1983年,第7期。
④ 郗政民《反训浅说》,西北大学学报,1984年,第4期。
⑤ 王宁《训诂学原理》,北京:中国国际广播出版社,1996,第110页。
⑥ 王宁《训诂学原理》,北京:中国国际广播出版社,1996,第116页。
⑦ 王宁《训诂学原理》,北京:中国国际广播出版社,1996,第117-118页。
⑧ 马启俊《"反训"这个术语不能成立》,古汉语研究,1995年,第2期。

认为反训就是一词具有正反两个义项,客观地存在于共时的语言系统中。近来,一些学者①论述了反训不仅存在于汉语中,而且还存在于世界上许多语言中,拿英语来讲,就有许多一词兼有正反两个义项的例子,如:resent 既有"憎恶"之义,又有"欣赏、感激"之义,comprise 有"包含"与"组成"的正反两义,peer 有"贵族"与"平民"的正反两义,resign 有"退出"与"参与"两义等等。另外,通晓英、俄、德、法等数国语言的伍铁平,也列举了西方语言中存在着大量一词兼有正反两义的例子,并且,他还指出,西方语言学家也注意到了类似的现象,在哈特曼和斯托克著的《语言与语言学词典》(上海辞书出版社,1981 年,第 17 页)中收了 ambivalent word 一条,其中文意思与反训词差不多;在俄语的多部词典中都有 энантиосемия 一词,其中文意思也和反训词差不多。由此可见,反训不仅客观存在于汉语中,而且也存在于世界上的许多语言中,"是一个普通语言学问题"。②

3.5.4.2 反训成因的进一步研究

我们认为古代学者主要从训诂学角度注释语言中的"反训"现象,把它与字义联系起来,认为反训就是一字具有正反两义③;现代学者主要从词的角度来研究反训,主要是把反训与词义联系在一起,认为反训就是一词具有正反两个义项,它客观的存在于共时的语言系统中④。之所以出现众说纷纭的局面,原因在于研究反训的角度不同导致得出的结论也就不一样,"反训"研究就自然出现分歧,这一切正说明了反训成因的复杂性。

下面,是我们对反训成因总的归类:

(一)文字原因

由文字方面的原因形成的反训我们称之为反训字,指的是一字记录了具有正反两义的词。可细分为:

1. 由造字原因产生的反训字

---

①请参照马启俊《"反训"这个术语不能成立》,古汉语研究,1995 年,第 2 期。
②伍铁平《模糊语言学》,上海:上海外语出版社,1999,第 222 – 224 页。
③古代学者字词不分,在古代学者那里字包含词,反训的范围比现代学者所谓的反训词包含的范围大。
④现代学者在讨论反训时,只局限于一词具有正反两个义项的现象。

文字是用来标词的,因而语言中字与词的关系是承载与被承载的关系。我们知道,世界上的文字在其产生之初大都是表意文字如汉字的象形字、指事字、会意字,这些字或是直观整体地记录客观世界中的事物及其属性,或是直观整体地记录事物的动作、行为。客观世界中某些事物、动作、行为本身就包含着对立与统一的现象,这种对立统一的现象自然在造字时被摹写下来,于是一些文字具有了正反两义,成了反训字。正如董璠说的"详文字之兴,义不孤起也,观象察法,实肇源绘画,随体比类,含义孔多,寄以一声,隐括而已。不能赅举全义也。故或取方事之顷,而略前后之迹,或举毕事之际而生本末之序。"①

在甲骨文、金文中就存在"一字兼有正反两义"的现象,如"乱"在诅楚文中是个会意字,写作"𤔔",从字形上看上从爪,下从又(手),中间是丝和收丝之器,整个字形象人一手抓丝,一手持器在整理乱丝,因此后人在理解"𤔔"时,如果着眼于动作的对象——乱丝,则把"𤔔"理解为"混乱",如果着眼于动作——整理乱丝,则又把"𤔔"理解为"治理"义,如《说文·乙部》云:"𤔔,治也,一曰'理'也。"这样"𤔔"字有了正反两义,成为反训字。

可以这样说,在书写符号系统最初形成的时候,有些汉字本身就蕴涵着正反两义,而这些汉字正是客观事物本身所具有的对立统一的现象和当时人类思维的特征在汉语的书写符号系统中的反映。

2. 由假借产生的反训字

由假借产生的反训字,又叫"假借反训"。朱骏声在《说文通训定声》中给"祥"字作注时说:"祾祥字犹祸福善恶,岂宜通称? 必是假借。"事实上,"祥"是一个反训词,而不是由于假借形成的反训字(下文我们将会解释)。虽然他举错了例子,但他却指出假借是形成反训的原因之一。如"离"《说文·隹部》"离黄,仓庚也。"是一种鸟名。后假借为"丽"具有"附着"义,又借为"离开"之"离"。从而形成了反训字"离"。"离"实际上代表的是两个具有相反意义的词,它们的意义相反只是偶合。《尔雅·释诂》释"繇,喜也"又"繇,忧也。"根据《说文·系部》"繇"的本义是"随从",喜和忧与"繇"的本义没有关系,它们都是"繇"的假借义:表示喜义的"繇"是"䍃"的假借字,《说文·口部》"䍃,喜也";表示忧

---

①董璠《反训纂例》,燕京学报,1937年,第22期。

义的"繇"是"愮"的假借字,《方言·卷十》"愮,忧也。"

3. 由误用产生的反训字

由误用产生的反训字相当于"混同反训"和"讹误反训"。"混同反训"是指字形相近字义相反的两字在使用中混为一字,如《说文》:"苟,草也。"孔广居《说文献疑》:"苟,草也,借为苟且草率之义也。"《论语·子路》:"苟合矣。"的"苟"就是"苟且"的意思。但是《广雅·释诂一》:"苟,诚也。"《易·系辞下传》:"苟非其人"虞注"苟,诚也。"经传解"苟"为"诚"的极多。这样"苟"就有了"轻率"和"诚敬"正反两个义项。事实上,这是由"苟、茍"字形近而误造成的反训,《说文·茍部》明确指出"茍"为"诚敬"之义。许楷《读说文记》:"茍与草部苟字音义俱别。《礼仪》:'宾为茍敬。'《诗》:'无曰茍矣。'《大学》:'茍日新'。皆是此字。"由于"茍"与"苟"形近,人们便误认为"苟"有了"茍"的意思,这样"苟"就成了反训字。

"讹误反训"是指不同的学者在训释出现于不同的上下文中的字时造成的反训,如《尔雅·释诂》"治、肆、古,故也;肆、故,今也。"郭璞在《〈尔雅·释诂〉注》中说:"肆既为故又为今,今亦为故,故亦为今。此义相反而兼通者。"蒋绍愚对此作了很好的评论:"'故'这个汉字记录了两个词;[故1]形容词,故久之故。[故2],连词,略等于后来的'所以'。'今'这个汉字也记录了两个词:[今1]名词,如今。[今2],连词,也略等于'所以'。《尔雅》的意思应该是:'肆,[故2]也。''肆、[故2],[今2]也。'""[故1]和[今1]是反义的,[故2]、[今2]和'肆'是同义的。所以[肆]训[故2]又训[今2],以及[故2]和[今2]互训,并不是'反训'。把它们看成反训,是因为混淆了字和词的错觉。"蒋绍愚从词的角度认为"肆"不是反训词,但从字的角度看,它是反训字,是一个字记录了具有正反两义的两个词,即[故1]和[今1]。

4. 由方言原因产生的反训字

方言原因形成的是反训字,相当于"殊方反训"。

扬雄《方言·卷三》:"逞、晓、恔、苦,快也。自关而东或曰晓,或曰逞,宋郑周洛韩魏之间曰苦,东齐海岱之间曰恔,自关而西曰快。"郭璞在给这条作注时说"逞、苦、了,快也。苦而为快者,犹以臭为香、乱为治、徂为存,此训义之反复用之也。""苦"有"痛苦"和"急速"两个义项,"快"有"快乐"和"迅速"两个义项,扬雄的意思是在不同的方言中"苦"和"快"通过义项"急速"成为同义词,而郭璞却把这两个字的另一对义项"痛苦"和"快乐"误认为是反训词,造成了后代从"字"的角度研究反训的学者认为它是反训,从"词"的角度研究反训的学者认为它不是的说法。事实上,"苦"是反训字,而不是反训词。

现代汉语方言中的"侬",在上海话中"侬"是第二人称代词"你"的意思,而苏州话的"侬"是第一人称"我",于是"侬"因音近字同成为反训字。

在以上四个原因中,由第一个原因造成的反训字是客观存在的,后三个原因造成的反训字是偶然的,仅巧合而已。从词的角度来讲,反训字是两个具有相反意义的词共享一个汉字,也就是说一个汉字记录了两个具有相反意义的词。

(二)语言原因

语言方面的原因形成的反训可分语言反训词(简称反训词)和言语反训词,前者长久地存在于共时语言系统中,属于词义聚合现象,后者是临时的,只存在于具体上下文中。主要包括词汇、语法、语用等原因。

1. 词汇原因

在新词产生、词义演变过程中形成的反训词占绝大多数,当代学者大都从词汇方面研究反训,他们把反训定义为"反义同词"、"反义共词"等,从词汇角度看"反训"就是一个词具有正反两个义项。由词汇原因形成的反训词主要有两类:

(1)造词之初产生的反训,相当于"内含反训"、"整体反训"

客观世界中的某些事物及其与之有关的动作、行为或性质本身就具有对立统一的现象,因而人们创造新词指称这些事物的同时,自然就包含了正反、美恶等互相对立的两方面,于是就出现了一词含有正反两个义项的现象。正如董璠说的"故美恶不嫌同辞,贵贱不嫌同号,因果不嫌同寓,凡矛盾之律,相对之格,本出于泰初浑涵笼统思想之残留""是相反俱存之观念,自占先民原始思想之一重要部分,由来久已。"[1]

反训词产生之初,可能先以一个笼统的义项体现出来,受当时条件的限制人们刚开始也许注意不到这一点。后来,随着认识能力的提

---

[1]董璠《反训纂例》,燕京学报,1937年,第22期。

高,思维的日益缜密,进而对客观世界的切分也越来越精细,当人们的思维发展到能用辩证的眼光分析事物时,自然就发现了这种含有正反两个义项的词,即反训词。像"借"、"贷"、"受"、"乞"等包含正反两个义项的词,最初它们的正反两个义项隐括在一起,通过与不同的词组合,在不同语境显现出不同的义项,是一种蕴涵在组合中的关系,后来,人们发现了语言中的这种现象,并把它有意识地总结出来,形成一种聚合关系,这样它的正反两个义项也就被收进了词典中。

这样的反训词又分两类:

a. 由动作行为的对立统一形成的反训词。又分:

a_1. 具有施受关系的反训词

如果某些动作同时涉及施事和受事两个方面,那么该动作对发出方来说是施动者,是施事,对接受方来讲是受动者,是受事,这样标志该动作的词就成为反训词,如"内"、"受"、"被"等。

a_2. 具有买卖关系的反训词

同一个交易行为在买方是买入,在卖方是卖出,这样标志该动作的词就易形成反训词,如"贾"、"市"等。

a_3. 具有借贷关系的反训词

同一个动作由借入方和借出方共同完成,这样该词就有了表示借入和借出的正反两个义项,如"借"、"贷"、"租"等。

a_4. 具有乞求给予关系的反训词

同一个词表示的动作由乞求方和给予方共同完成,这样该词既可以表示乞求,又可以表示给予,如"乞"、"赋"等。

b. 由于事物内部性质、特征的对立统一形成的反训词,即所谓的"美恶同词"。

仇,《说文》段注:"仇为怨匹,亦为嘉偶。"意思是"仇"有"伴侣"和"仇敌"两义。例如:

《诗经·周南·兔罝》"赳赳武夫,公侯好仇"中"仇"训为"伴侣";《诗经·秦风·无衣》"王于兴师,修我长矛,与子同仇"中"仇"训为"仇敌"。类似这样的反训词还有"祥"、"臭"等等。

(2)由词义发展变化产生的反训,又叫"引申反训"

某个词起初只表示客观世界中相互对立的动作行为或事物现象的一个方面,后来随着词义的不断发展,这个词又被用来表示与之对立的另一面,从而成为反训词,如:"落",刚产生时表示事物的结束、终止;而对与之联系的新事物来说,则是开始,于是"落"有了开始之义。这样"落"就既有"开始"之义又有"结束"之义。《说文》:"巧,技也。"从这一本义引申出美好、灵巧和虚伪、欺诈等正反两个义项。《诗·卫风·硕人》:"巧笑倩兮,美目盼兮。""巧"的意义是"美好",《吕氏春秋·爱类》:"公输般,天下之巧士也。""巧"的意义是"灵巧";《书·皋陶谟》:"何谓乎巧言令色孔壬。""巧"训为"虚伪",《淮南子·本经》:"饰智以惊愚,设诈以巧上。""巧"训"欺诈"。在此"巧"的褒贬义是根据其所指称的事物和形容的对象不同而逐渐凝固成义的。

由词汇方面的原因形成的反训词,大部分还保留在现代汉语中,并被收进词典中,如《现代汉语词典》就收了若干个含有正反两个义项的词,现当代学者大多把这类词作为研究一词具有正反两义的对象。

2. 语法原因

主要是古汉语中词类活用即使动用法造成的言语反训词。使动用法在古代汉语中用的非常普遍,如果某个词的词义与它的由于词类活用(即使动用法)临时产生的词义相反,那么这个词就成了言语反训词。如:"降"本义是"投降",《史记·项羽本纪》:"涉间不降楚"中"降"的意思就是"投降",含有主动的意味;"降"的使动义为"使投降",《汉书·苏武传》:"武曰:'自分已死久矣!王必欲降武,请毕今日之欢,效死于前。'"此义即为"使投降",含有被动的意味,这样"降"就成为言语反训词,具有主动和被动两个相反的意思。这种言语反训词只是临时出现在具体上下文中,而古代学者在注释时大都是随文释义性质的,于是由使动用法形成的言语反训词自然就出现在他们的训诂中。

3. 语用原因

主要是修辞方面的原因,如由反语、双关造成的反训大部分是临时性的言语反训词,只有小部分由于经常使用成了反训词。如"荡荡"在《孟子·滕文公上》"荡荡乎民无能名焉"中意思是"广大",是它的常用义,而在《晋书·总论》"又况惠帝以荡荡之德临之哉!"中是临时用法,意思是"愚蠢",因此"荡荡"是言语中的反训词。而"冤家"由于经常使用"仇人"和"昵称"正反两个义项,成了反训词,《现代汉语词典》中"冤家"的意思是①仇人:冤家对头。②称似恨而实爱、给自己带来苦恼而又舍不得的人。

此外,"省语反训""增字反训"等也是语言运用时造成的言语反训词,如"敢"字,因"语急而省"而成了言语反训词,具有"敢于作为"和"怯于作为"的正反两义。《左传·庄二十二年》"敢辱高位!以速官谤"中的"敢"即"怯于作为"。顾炎武在《日知录》卷三十二"语急"条中便注本句中的"敢"为"不敢也"。由"省语"而造成的言语反训词只存在于具体的语境中。

4. 其他原因

《公羊传·隐公七年》载"《春秋》贵贱不嫌同号,美恶不嫌同名"说明了当时这样一种社会现象,齐为大邦,滕是小国,可君主同称为"侯";桓公为继弑君,成公是继体君,上台同称"即位"。这样"侯"、"即位"就有了正反两义。另外,谦称、避讳也是造成反训的原因,在古代一些地位高的人常用具有卑微义的词来称呼自己,如皇帝自称"寡人"、"不谷",于是"寡人"、"不谷"就有了正反两义。这相当于"表德反训",用今天的语言学观点来看,这里涉及词与事物关系的问题,正如我们说"牛"可以指称"大牛"和"小牛"一样,这类词不能看作是反训词或言语反训词,但在古人那里却是反训。

我们把由语言原因造成的反训分为语言反训词(简称反训词)和言语反训词。反训词是长期存在于语言中的,在现代汉语中保存下来,形成了一个词包含正反两个义项的现象。由语法、语用等原因形成的主要是言语反训词,它们是临时的,只出现在具体的语境中。

3.5.4.3 结语

我们把形成反训的原因分为两类,每类又细分4小类,共8种原因,其中只有由词汇原因形成的反训才被现代学者认为是具有正反两个义项的反训词,其他原因形成的反训都被排除在外。

总之,古代学者所说的反训是一种非常复杂的现象,只有经过全面分析才能认识反训的本质。为了把反训的成因讲清楚,在已有术语"反训"的基础上,我们给出了反训字和反训词两个术语:反训字是两个具有相反意义的词共享一个汉字,也就是说一个汉字记录了两个具有相反意义的词;反训词又分为语言反训词和言语反训词,前者是一个词包含正反两个义项的语言现象,后者只是临时用法,存在于具体的语境中。我们在研究反训时应该全面来把握它,不宜只从一个方面来考察,导致片面的看法。

现代学者所说的反义共词相当于我们在本节中谈到的由语言原因形成的语言反训词,大约有 70 - 80 个左右,如果说前修时贤对反训现象的论述多是从语言或社会的原因论述的,那么我们认为语言中反训现象的存在则是由于对立联想的存在使人们注意到了在单音词词义演变中出现的相反义项。

第六节　中古汉语词的构成特点和生成特点

3.6.1　中古汉语构词法简表

中古汉语构词法在构词法发展史上具有承前启后的作用,一方面是上古汉语构词法的继续发展,另一方面,中古汉语构词法在对上古汉语构词法的进一步巩固发展的同时孕育了近代汉语构词法。之所以这样说,是因为中古时期的语料按照口语性强弱的不同,可以分为口语性强的如《颜氏家训》等士大夫写的作品以及佛教类语料等,再一类是书面语强的语料,像汉大赋、魏晋时期的骈体文等,后者是对上古汉语构词法的发展与巩固,前者则是孕育近代汉语构词法的土壤。汉语的构词法在中古时期基本完备,中古时期汉语单音词构成与上古汉语基本一样,中古汉语前期(两汉时期)在基本范畴词的基础上继续大量派生下位范畴词[①],后期(魏晋南北朝隋时期)下位范畴词的能产性明显减弱。该时期属于单音词的基本范畴词和下位范畴词对比更加明显,单音词阶段的范畴体系已经形成。

中古汉语单音词构成的特点是:属于单音词的基本范畴词义项进一步增多;属于单音词的下位范畴词数量众多,词形繁杂,义项单一。单音的基本范畴词和下位范畴词都是构成复合词的素材。

复音单纯词在口语性强的语料中能产性下降,在书面语性强的汉赋、魏晋南北朝的骈体文中能产性进一步增强。

根据中古汉语复合词的语义构成特点,我们把中古汉语复合词语义构词法列为下表:

[①]主要存在于书面语性强的语料像汉大赋、魏晋时期的骈体文中。

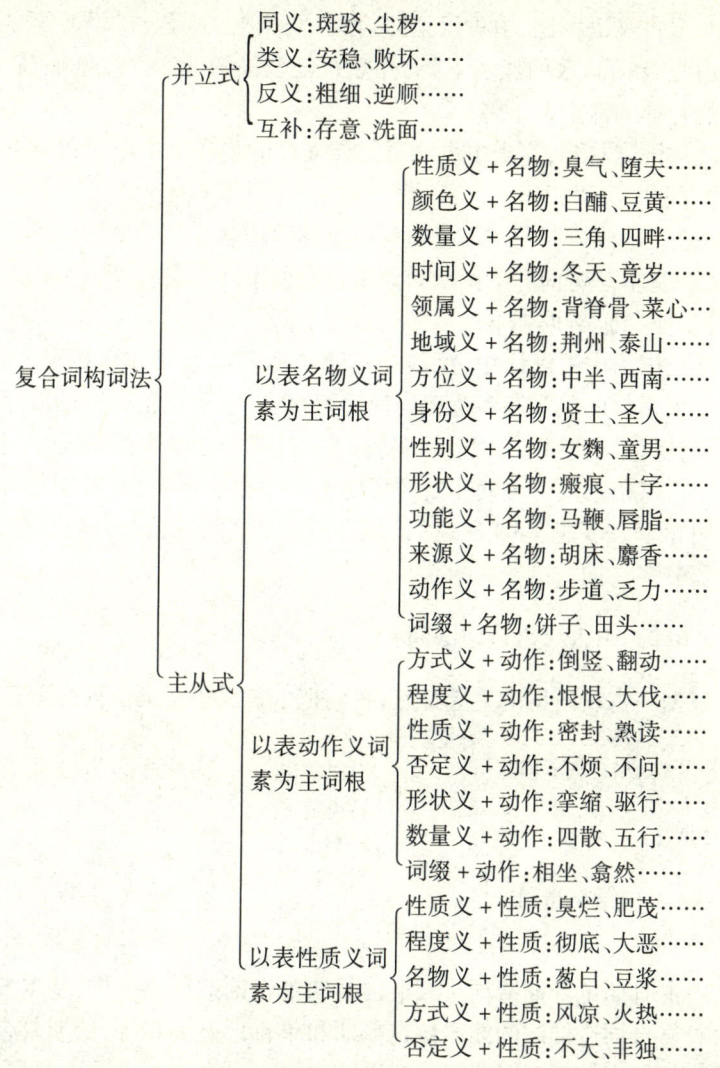

中古时期，并立式复合词的语义构成和上古时期一样，主从式复合词在"以表名物义词素为主词根"的名词性主从式复合词的语义构成和上古基本一样，而动词性和形容词性主从式复合词的语义构成变复杂了①。

---

①构词法表中加点的是中古时期新兴的构词法。

与上古汉语相比,中古汉语复合词中,人名、地名、官职名等专有名词占复音词总数的比例下降,并立式复合词的能产性逐渐提高,主从式复合词的能产性下降。

从构词素材看,充当中古汉语复合词素的单音词主要有以下三类组合,与上古汉语相比:

(1)基本范畴词和基本范畴词组合继续增多。
(2)基本范畴词和下位范畴词组合有所下降。
(3)下位范畴词和下位范畴词组合下降。

这是因为中古汉语中,汉语的范畴体系基本形成并且稳定下来,作为造词素材的单音基本范畴词使用频率上升,下位范畴词的使用频率下降,所以出现(1)类组合增多,(2)、(3)类组合减少的情况。

中古汉语的复合词使用的频率比上古汉语有所提高,常用复合词的使用频率大多在3-4次之间,复合词词素之间的结合日趋紧密,出现了部分多义词。

3.6.2 中古汉语造词法简表

根据中古汉语词的生成特点,我们把中古汉语造词法列为下表:

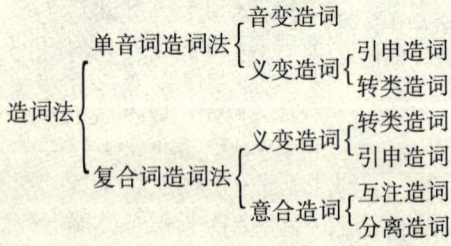

中古时期单音词造词法和上古时期单音词造词法一样,基本没有变化。复合词造词法的能产性在前期和单音词基本相等,后期复合词造词法的能产性超过了单音词造词法。

意合造词产生的新词主要是以双音节为主的下位范畴词,其能产性超过了单音词造词法。意合造词法中互注造词最为兴盛,分离造词占有一定优势。在复合词造词法中出现了一定数目的义变造词。

第四章　近代汉语的构词法和造词法

就专书复音词研究的情况来讲,目前学界的研究主要集中在上古、中古时期,对近代汉语文献中专书复音词的研究比较少,不能反映近代汉语构词法发展的概况。针对这种情况,我们在本章中通过对近代汉语几部有代表性文献的统计来看近代汉语构词法发展概况。在此基础上,探讨近代汉语词的构成特点和生成特点。

近代汉语的时间跨度是从公元618年到公元1911年,共1293年。蒋绍愚(1989)《古汉语词汇纲要·前言》中指出唐代变文、宋儒语录、元代杂剧、明清白话小说是代表汉语词汇在各个时段基本"面貌"的语料[1]。为此,我们以《唐传奇》、《朱子语类》、《元杂剧》、《水浒传》、《红楼梦》作为代表性文献,考察近代汉语构词法发展概况。

第一节　专书复音词研究的回顾与展望

4.1.1　专书复音词研究概况的回顾

专书研究的价值就在于用定量—定性的方法通过对专书中各种语言现象进行穷尽式统计后,利用统计出来的数据说明汉语发展史上出现的各种现象,或用来支持已有的观点,或以科学的数据修正已有的观点,即用数量变化的规律说明语言变化的规律。专书复音词研究作为专书研究的一个重要方面兴起于70年代末80年代初,根据其在不同时期的不同研究特点,可分为4个阶段:

(一)萌芽阶段

1978年陈克炯《左传复音词初探》首开专书复音词研究风气,此

---

[1]蒋绍愚《古汉语词汇纲要》,北京:北京大学出版社,1989。

后出现了一系列类似的论文,如:马真《先秦复音词初探》(1980),程湘清《先秦双音词研究》(1982),周生亚《〈世说新语〉中的复音词问题》(1982),他们初步运用定量—定性的方法探讨了专书中复音词的构成以及单音词复音化等问题。

(二)理论探讨阶段

20世纪80年代末90年代初,学者们对专书研究的理论逐渐完善起来,表现在:

(1)对专书研究的重要性,有了进一步认识

很多学者强调专书词汇研究的重要性,他们把专书研究比作构建整个汉语史框架必不可少的基石,例如:王力说"要写好一部汉语史,必须首先作专书的研究,这是基础,然后才有可能作断代的研究"①。

蒋绍愚(1989)在《古汉语词汇纲要》中说:"要把一个时代平面的词汇系统描写出来不是那么容易的,这个工作可以,也只能一步一步的做。比如,以一部有代表性的著作为对象,对其中反映口语的词汇作全面的系统的描写,运用这种方法,就为全面描写一个时代的词汇系统打下了基础。"②此外,他还在多处为他人作的序中强调了专书研究的重要性。

(2)对专书研究的方法有了明确的说明

程湘清(1991)对专书研究的方法有了明确的说法:一、选好专书,做穷尽式解剖。二、分门别类,进行系统的静态描写。三、探源溯流,做纵向历史比较。四、采用数学方法,把定性分析同定量分析结合起来。他的一系列关于汉语史专书复音词研究的文章正是这一方法的体现。

(3)对选择以怎样的专书作为研究对象有了进一步的界定

程湘清(1991)认为选什么样的专书作为研究对象应符合以下三个条件:"第一,要看口述或著作某部专书的作者是否属于该断代。第二,要看专书的语言是否接近或反映该断代的口语,这是最重要的一条标准。第三,要看专书的篇幅大小是否具备相当的语言容量。"

---

①见张双棣《〈吕氏春秋〉词汇研究·序》,济南:山东教育出版社,1989。
②蒋绍愚《古汉语词汇纲要》,北京:北京大学出版社,1989,第269页。

(三)兴盛阶段

上述一切,对专书复音词研究的进一步兴起,起了推波助澜的作用,研究的人逐步多了起来。根据我们的统计,到目前为止,大约有上百名学者分别对上古或中古汉语有代表性的上百部著作中的复音词进行了定量—定性研究,得出了大批有关这些著作中复音词的各种数据,特别是进入21世纪后,更是有大批学者,主要是高校的一些硕士生、博士生正把专书复音词研究作为毕业论文的题目。因此,在这种情况下总结出以往的经验为正在进行或将要进行的专书复音词研究者指明方向无疑是十分必要的。

(四)专书复音词统计方法的新阶段

以李仕春《〈战国策〉复音词统计与研究》(2006)、《专书复音词统计方法新论——以〈唐传奇〉复音词统计作说明》(2006)为代表的一系列关于专书复音词统计的文章,充分利用丰富的网络资源和计算机强大的计算功能相结合建立数据库的方法统计专书中的复音词,既快又准确,大大提高了专书复音词研究的效率。

4.1.2 专书复音词研究的成就

(一)确立了古代汉语复音词特别是复合词的判定标准

关于复音词的判定标准,马真(1980)、程湘清(1982)、伍宗文(2001)等学者大都探讨过,且取得了比较一致的看法,现简述如下:按汉语语素数目的不同,词可以分为单纯词和复合词,单纯词包括单音节词和复音单纯词,根据单纯词的结构特点和生成特点,我们认为只要是由一个语素构成的复音形式,不管该复音形式有几种写法,我们都把它定为单纯词。复合词的判定最重要的是区分复合词和词组,一般以意义是否变化作为主要标准,并结合见次频率、语法形式等等来判定复合词。

(二)用定量—定性的方法从语音、语法、语义几个方面描写复音词的构成

就研究方法来看,大部分学者对书中各类词进行了穷尽性的定量统计,得出了对汉语史、词汇史有用的数据,为后来的研究奠定了基础,只有小部分学者举例性地从考释词语的角度对专书中的各类词进行研究,从贡献看前者大于后者,因为他们研究的成果——得出的数

据,可为后来研究者运用,使得后来者可以在他们研究的基础上进一步向纵深研究。

语音构成方面主要从语音角度把复音单纯词分为:重言、双声、叠韵和非双声叠韵;语法构成方面主要是从语法角度把复合词分为合成词和附加式,前者分联合式、偏正式、动宾式、补充式、主谓式;后者分为前附加、后附加;语义构成方面,主要是把按照语法构成分出来的大类再按语义划分,例如联合式分为同义、类义、反义联合三类;偏正式复合词按中心词素的性质分为表示人或事物名称的正词素即以名词性词素为中心的偏正式复合词、表示有关动作或行为的正词素即以动词性词素为中心的偏正式复合词和表示有关性质或状态的正词素即以形容词性词素为中心的偏正式复合词,每类偏正式复合词下又可分次类:第一类:偏词素以身份、职业、形状、颜色、性质、材料、工具、用途、功能、领属、类属、数量、大小、地域、方位、时间等作为条件修饰限定表示人或事物的正词素;第二类偏词素以动作情态、动作程度、行为方式等作为条件修饰限定有关动作或行为的正词素;第三类偏词素以性质和状态等作为条件修饰限定有关性质和状态的正词素;相对来讲,动宾式、补充式、主谓式复合词词素之间语法构成和语义构成比较简单。

统计出以上各类复合词后,再计算各类复合词占词汇总数的百分比,占复音词总数的百分比,占复合词总数的百分比等等,用来看汉语构词法发展的概况。

(三)探讨了单音词复音化的原因、表现形式等等

王力(1958)认为:"汉语复音化有两个主要因素:第一是语音的简化;第二是外语的吸收。"①,程湘清(1982)《先秦双音词研究》对语音简化说提出了质疑,因为从上古到中古汉语语音的发展趋势不是简化而是繁化,他的这一看法获得了大家的认同。关于单音词复音化的原因,学界认同的说法是:为了适应社会发展、人类认识发展带来的交际需要,在以单音节为主的上古汉语中产生了大量的多义词和同音词从而影响交际,为了避免这种情况,于是出现了复音词;单音词复音化的表现形式主要是复音单纯词、合成词、附加式等。

---

①王力《汉语史稿》,北京:中华书局,1958/2001,第340页。

(四)探讨了单音词复音化的程度以及汉语构词法的发展状况等问题

几乎所有研究专书复音词的学者都运用历时共时相结合的方法研究专书中的复音词:在共时平面,或以解剖麻雀的方法把所研究专书中的复音词视为该专书所处时代的代表,探讨该时代复音词的分布情况,或通过比较的形式以自己所研究专书中的复音词作为代表与同时代专书中有关的数据作比较看该专书所处时代的单音词复音化的程度以及当时汉语构词法的状况;从历时角度以发展的眼光,运用比较的方法与该专书以前或以后的专书①相比较,看该专书所处时代的单音词复音化的程度以及汉语构词法的发展趋势等等。

在以上4点成就中,(三)、(四)是专书复音词研究的目的,(一)、(二)是实现(三)、(四)的手段,实际上,研究专书复音词的目的就是为了探讨单音词复音化的原因、表现形式、单音词复音化的程度以及汉语构词法的发展状况等等一些与汉语发展规律有关的问题。

4.1.3 专书复音词研究存在的问题

在专书复音词研究过程中也出现了不少问题,我们简列如下:

(一)不同的学者对同一部专书复音词的统计得出的具体数字往往不同,例如同是对《墨子》复音词的统计,钱光(1992)统计出《墨子》有1324个复音词,而陈克炯(1978)统计出《墨子》有190个,两者差别很大;阎玉文(2003)《〈三国志〉复音词专题研究》统计出复音词14336个,唐子恒(1998)《〈三国志〉双音词研究》统计出双音词2182个,两者差别也很大。这说明不同学者判定复音词的标准不同:有的过宽,有的过严。

(二)很多学者通过对比单音词与复音词使用频率或者通过对比不同时期专书中每万字含复音词数量多少的方法来证明单音词复音化程度的高低,这是不够科学的。因为随专书篇幅的不同,单音词、复音词的频率会有所不同,例如我们统计了13位有代表性的戏剧作家

---

①一般以其他学者研究得出的专书中各类复音词的数据(主要是计算出百分比)作为参照点。

的15部作品中的复音词,共有196951个字,12570个词,结果单音词的频率是33.16次,复音词的频率是3.17次,单音词的频率是复音词的33.16/3.17 = 10.46倍;同是元杂剧《窦娥冤》共有15244个字,6606个词,单音词的频率是6.44次,复音词的频率是1.72次,单音词是复音词的3.74倍。另一方面,除了不同学者判定复音词标准不同导致专书中复音词个数不同外,各专书的篇幅有长有短也会导致复音词数量的多寡不同,如据向熹(1985)统计《诗经》总词数是4139个,复音词个数是1230个;《论语》据程湘清(1982)统计总词数是1339个,复音词个数是213个。所以,我们说以上两种方法是不可取的。

(三)对复音词统计的范围也不一样:有的把单音词和复音词的数量都统计了出来,有的只统计复音词的数量;有的分别统计出了各单音词、复音词词类所包含词的数量,有的没有;有的对各类复合词内部的小类也进行了统计,有的没有;有的统计专书中复音词时把专有名词(包括人名、地名、方国名、部族名、星宿名、年号、干支、书名等)也统计在一起,有的没有;有的只统计了实词,如杜丽荣(2004)《〈商君书〉实词研究》,有的只统计了双音词,如韩忠治(2005)《〈韩诗外传〉双音词研究》,有的统计了全书中的复音词。

(四)很多学者在进行专书复音词研究时倾向于把他们研究的专书看成是该专书所处时代的代表,也即程湘清说的"解剖'麻雀',由点窥面",在我们看来这样有点以偏概全,这是因为汉语史上的每个时期都有属于不同文体的各种语料,例如中古时期就有汉译佛经和中土文献两类口语性都很强的语料,如果我们只选其中的一本书代表该时期汉语特点,怎么能让人相信呢?

(五)大多数学者对复合词的定量研究限于对各类复合词如联合式、偏正式、动宾式、补充式和主谓式的研究,缺少对各类复合词内部构成的次小类的定量研究,例如有学者对专书中联合式复合词进行了穷尽性统计但对联合式所包括的同义联合、类义联合、反义联合等次小类没有统计。

(六)目前,学界主要着力于上古和中古时期专书复音词研究,近代汉语研究的比较少。另外,现代汉语的复音词研究有的依据大型的语料库,有的以现代汉语词典中的复音词作为研究对象,例如苑春法、黄昌宁(1998)《基于语素数据库的汉语语素及构词研究》、苏新春

(2005)《汉语释义元语言研究》、周荐(1999)《双字组合与词典收条》等。

4.1.4 专书复音词研究存在问题的解决

既然专书复音词研究存在上述问题,那么其研究出的数据是否可信,把这些数据综合起来是否能反映汉语构词法发展的概况呢?我们认为能,但应注意以下几点:

(一)面对由种种原因导致专书复音词数量不同的情况,就不能通过比较具体数字的方式来判定汉语单音词复音化的进程或考察汉语构词法的发展状况。那么,怎样才能达到上述目的呢?要经过换算,把具体数字换算成百分比后再加以运用,请看下表①:

文献	墨子	墨子	孟子	孟子	孟子	庄子	庄子	荀子	荀子	世说新语	世说新语	世说新语
复合词总数	182	1295	234	260	591	1754	424	1264	1250	1343	1686	1184
联合式及其占复合词总数的百分比	102	728	105	146	245	861	201	681	767	714	926	552
	56.0	56.2	44.9	56.8	41.5	49.1	47.4	53.9	61.4	53.2	54.9	46.6
偏正式及其占复合词总数的百分比	55	476	90	100	237	825	200	522	463	556	573	548
	30.2	36.8	38.5	38.9	40.1	47.0	47.2	41.3	37.0	41.4	34.0	46.3

上表说明有三位学者对《孟子》复音词进行研究,得出联合式(或偏正式)复合词的个数各不相同,但在百分比上是一致的,即三位学者的统计都显示《孟子》联合式复合词占复合词总数的百分比大于偏正式。其他4部专书统计的数据也表明虽然具体专书中词的数量不同,但在百分比方面存在着一致性。因此,我们可以用计算百分比的形式利用这些数据勾画汉语构词法的发展状况。这说明,一方面根据已有的研究成果,勾勒出汉语构词法的发展轮廓是可能的,也是必要的;另一方面,就目前状况看,因为我们是用各类复音词与词汇总数相比得出的百分比来推测汉语构词法发展概况的,而不是用具体数字,这就

---

①陈克炯(1978),钱光(1992),欧阳国泰(1994),程湘清(1982),郭萍(2001),胡运飙(1995),刘志生(1995),章建文、赵代根(2003),殷晓明(2003),韩惠言(1990),程湘清(1982b),周生亚(1982)。

决定了得出的结论只能是概括性的,而不可能是精确的。

(二)针对4.1.3节第(二)条存在的问题,也即通过比较单音词和复音词的使用频率证明单音词复音化程度的高低时要充分考虑到因专书篇幅的不同而单音词、复音词的频率会有所不同的情况,不可贸然下结论。不过就已有的专书研究来讲,大多数学者所选择专书的篇幅大多在十几万字左右,所以运用这些数据时,一般又不会有多大差错。

(三)在利用专书复音词研究得出的数据时要看主流,也许一两部专书的比较显示不出构词法发展状况,可是专书多了,跨越的时间长了,各个时代构词法状况的不同就很明显了。

(四)针对专书研究中有的统计双音词有的统计复音词(包括三音节或四音节)的情况,我们认为这并不影响总的趋势,因为目前专书复音词研究大都集中于上古和中古时期,在这两个时期中双音词占复音词的比重在98%以上,所以不会影响我们用这些数据判断汉语构词法的发展状况。

(五)针对4.1.3第(三)条存在的问题,我们应对各位学者统计出的数字进行处理,例如对把专有名词包括进去的,能分离开一般复音词和专有名词的就应该把这些数据分离开后再用,不能分离的就不用。有的学者在统计时把属于复音单纯词的重言词和属于复合词的重叠词统计在了一起,导致重叠词(或重言词)在全书中占的百分比过大,在这种情况下,也要进行分离,把重言词分离出去归到复音单纯词一类,实在不能归类的就不运用这些数据。这是因为重叠词在专书中只占非常小的比例,如果运用把重言词和重叠词混在一起的数据,就会误判重言词或重叠词的能产性;根据专书复音词研究看主流的原则,可以用除此之外的其他数据来和其他专书中同类数据进行比较,因为少量的重言词和重叠词混在一起只占全书复音词的百分之零点几,不会对其他类词占全书复音词的百分比产生较大影响。

(六)从收集的数据看,多数学者对专书中复音词的判定标准基本一致,但也存在过宽或过严的情况。虽然在判定各类复合词时说宽都宽说严都严,但是把他们统计出的数字转换成百分比后与同时代其他专书中对应的百分比相比就能够大体一致,在这种情况下,就要有针对性地运用这些数据,判定单音词复音化的进程时就不能用这些数据,而在判定各类复合词构词法的发展情况时,则可以运用。

(七)针对4.1.3节第(四)条存在的问题,高小方、蒋来娣有着精辟的见解,他在汉语史语料学研究原则的第二十三条说到"文体与风格息息相关,不同体裁的作品,各有其鲜明的类特点。若无论对何种体裁的语料都同等看待,就难免会造成对那些与个别文体相联系的独特语言现象的误认和曲解。"①所以为了求得对一个时代复音词的全面认识,必须在全面考察该时代各种语料的基础上得出结论。

把不同学者对同一时期的同一专书或不同专书或同一学者对不同专书中复音词研究得出的数据汇总起来经过处理后,再把这些数据进行比较,我们发现这些数据显示构词法在共时平面上或历史发展过程中存在着高度的一致性,这说明专书复音词研究得出的数据是可信的,也是可以利用的。

4.1.5 关于专书复音词研究的一点建议

为了更好地加强对专书复音词的研究,我们提出以下建议:

(一)进行专书复音词研究最好用定量—定性的方法统计出专书中有关各类词的数据,这样不仅为汉语词汇史的建立提供了大批有用的数据,而且更有利于其他学者在此基础上做进一步研究。

(二)应充分利用丰富的网络资源和计算机强大的计算功能相结合建立数据库的方法统计专书中的复音词。为便于比较,要统计出以下几类数字:专书中各单音词词类的数量及单音词的使用频率,复音词词类的数量及复音词的使用频率,专有名词的数量,各类复音单纯词的数量,各类复合词及各类复合词次小类的数量等等。

(三)为了更好地切分专书中的复音词,应在了解判定复音词标准的基础上,更多地了解一些与该专书同时代的复音词,看一些关于专书复音词研究的文章,培养判定专书复音词的语感,这样可以避免判断出来的复音词过宽或过严。

(四)在对各类复合词进行定量—定性研究的基础上,对各类复合词内部构成的次小类进行定量—定性的研究,这对进一步研究汉语单音词复音化和汉语构词法发展规律是非常必要的。

---

① 高小方、蒋来娣《汉语史语料学》,北京:高等教育出版社,2005。

（五）为了完整地勾勒出汉语构词法发展的轮廓,要进一步加强对近代汉语、现代汉语专书复音词研究。针对这一段时间内语料篇幅太长的情况,最好进行抽样统计。选取的篇幅不要太长也不要太短,以20万字左右为宜,这样就可以避免因专书篇幅不同而带来单音词、复音词频率不同而出现的误差,便于比较。

总之,自从定量方法被运用到专书复音词研究领域以后,许多学者就用这种方法研究专书复音词,得出了大量宝贵的数据,这些数据有助于当代学人以数字变化的形式对汉语构词法的发展轮廓进行精确地说明——用数字变化的规律说明语言变化的规律,为最终建立完善的汉语词汇发展史做出应有的贡献。

第二节　专书复音词统计方法新论
——以《唐传奇》复音词的统计作说明

4.2.1　导言

专书复音词研究的价值就在于,通过对专书中的各类词进行穷尽式的统计后,利用统计出来的数据说明汉语构词法发展史上出现的各种现象,或用来支持已有的观点,或以科学的数据修正已有的观点,即用定性—定量—定性的循环法为汉语词汇发展史提供数字上的说明。我们在本节中,一方面通过对《唐传奇》中的各类复音词和单音词进行统计和描写,为汉语构词法发展史提供一组数据;另一方面,借助对《唐传奇》中各类复音词的统计和描写,为研究专书复音词的学者提供一种新的复音词统计方法。

目前,很多学者对古汉语专书中的复音词作了研究,积攒了大量宝贵的经验,表现在:

一、用定量—定性的方法研究专书复音词,得出了一大批对研究汉语史有用的资料和数据。

二、确定了专书复音词的描述模式,即主要从语法构成和语义构成两方面对专书中的复音词进行描写,借以显示词素入词所发生的语法变化和语义变化。

三、在复合词和词组的区分标准上,多数学者认为应该以词素入词是否发生意义变化的意义标准为主,辅之以其他标准,如:频率标准、修辞标准、韵律标准等。①

研究《唐传奇》复音词时,我们应充分吸取这些研究成果。但诸位学者在复音词统计方法上,用的却是传统人工式的定量统计法,依靠做卡片的形式对书中的复音词进行统计。在我们看来,这样做既费神又费力,并且统计时容易出错。本节中,我们将充分利用丰富的网络资源和计算机强大的计算功能相结合建立数据库的方法来统计《唐传奇》中的复音词,具体做法如下。

4.2.2 《唐传奇》电子文本整理与分词

第一步:从因特网上下载《唐传奇》电子文本②

通过搜索引擎,在因特网上找到《唐传奇》的电子文本,把它复制到"文本文档",再从"文本文档"复制到"Word 文档"。这是因为如果直接把电子文本复制到"Word 文档",那么"Word 文档"就会出现乱码或文章的章节不整齐等现象,而经过间接复制后就不会存在上述现象。我们共下载了王度《古镜记》,佚名《补江总白猿传》,张鹭《游仙窟》,沈既济《枕中记》、《任氏传》,李公佐《南柯太守传》、《谢小娥传》、《庐江冯媪传》、《古岳渎经》,陈鸿《东城老父传》,李景亮《李章武传》,李朝威《柳毅传》,白行简《李娃传》,陈鸿《长恨歌传》,沈亚之《冯燕传》,杜光庭《虬髯客传》,袁郊《红线》,裴铏《聂隐娘》、《元柳二公》、《昆仑奴》、《封陟》、《樊夫人》、《宁茵》,陈玄佑《离魂记》,蒋防《霍小玉传》,元稹《莺莺传》,房千里《杨娼传》,李复言《李卫公靖》、《张老》、《薛昭》、《高昱》、《定婚店》、《杜子春》,张读《杨叟》,康骈《李使君》,佚名《灵应传》,何延之《兰亭始末记》,佚名《板桥三娘子》,皇甫枚《飞烟传》,白行简《三梦记》,牛僧孺《崔书生》,薛调《无双传》,杜光庭《姚氏三子》,佚名《冯俊》,皇甫氏《车中女子》、温庭筠《赵存》等46 种传奇,共计100149 字。

第二步:对下载的电子文本进行整理与校勘

---

①专书复音词的具体研究概况详见本章4.1 节。
②电子文本的出处:http://www.aikanshu.com/books/10161/。

把下载的电子文本与已有《唐传奇》的传世善本①进行对照比较，对电子文本中的增字漏字错字等和纸质文本不同的地方进行订正，使《唐传奇》电子文本与其传世善本一致。

第三步：对《唐传奇》电子文本进行分词

根据专书复音词已有的判定标准，切分《唐传奇》电子文本中的词，应做好以下区分：单音词和复音词的区分，复合词和词组的区分，人名、地名、官职名等专有名词的区分。分词时注意专有名词与一般名词的区别，特别是单音专有名词和一般单音名词的区别，因为这两类词都是用同一个字记录的，如果脱离了具体语境即使是人也分辨不出该字记录的是专有名词还是一般名词，更不用说计算机了，为了避免这种现象就需要在遇到专有名词时，把它们标注出来。例如在《南柯太守传》中人名"田子华"的简称"田"出现了5次,同时"田"又作为一个单音名词意思是"田地"出现了2次,为避免混淆,出现统计不准确的现象我们在人名后面标注1,记作"田1",同样在其他易混淆的专有名词后面也作标记:在地名后面标注2,官职名后面标注3,其他专有名词后面标注4。

切分完词后，还要把它们复制到文本文档，才能直接导入Access数据库。

4.2.3 《唐传奇》复音词的统计

第一步：建立唐传奇总词数表

建立一个空Access数据库,将其定名为"唐传奇数据库"。打开数据库,选择【文件】→【获取外部数据】→【导入】命令,弹出【导入】对话框。在【查找范围】选定文本文档《唐传奇》所在地"我的文档",打开【文件类型】的下拉菜单单击【文本文件】后文本文档《唐传奇》就会出现在对话框【导入】中,选择文本文档《唐传奇》,然后单击【导入】,出现对话框【导入文本向导】。说明:如果选【固定宽度】那么还要通过点击标签【高级……】弹出对话框【唐传奇导入规格】后,在【字段信息】栏中还要设定"字段"宽度,以免在导入时因字段不够宽出现多音节词丢字漏字现象；如果选择"带分隔符"那么直接点击下一步就可以

---

① 周绍良《唐传奇笺证》,北京：人民文学出版社,2000。

了,在向导的指示下完成"唐传奇总词数表"的建立。该表包括两个字段:字段 ID 可以告诉我们在唐传奇中共出现 62498 词次,包括《唐传奇》中出现的所有的词以及一些重复出现的词,字段 1 告诉我们有哪些具体的词。

在"唐传奇数据库"窗口选择【查询】→【新建】命令,弹出【新建查询】对话框,选择【查找重复项查询向导】,单击【确定】弹出对话框【查找重复项查询向导】,单击下一步后,在新弹出的对话框的【可用字段】中选择"字段 1"到【重复值字段】然后单击标签【下一步】后,在弹出的对话框中选择【完成】,从而在查询中建立"唐传奇总词数表的重复项"查询表。打开该表我们可以看到《唐传奇》中共有 4037 个重复出现的两次或两次以上的词,其中频率最高的是"之"字 1860 次,其次是"曰"字 1278 次,第三是"不"字 924 次。

用同样的方法得出《唐传奇》中不重复出现的词数。在"唐传奇数据库"窗口选择【查询】→【新建】命令,弹出对话框【查找不匹配项查询向导】,单击【确定】,弹出对话框【查找不匹配项查询向导】,单击【下一步】,在新弹出的对话框中选择【视图】→【两者】命令后再单击【下一步】,同样在新弹出的对话框中选择【视图】→【两者】命令,然后经过两次单击【下一步】,最后单击【完成】,从而在查询中建立"唐传奇总词数表与唐传奇总词数表的重复项不匹配"查询表。打开该表,就可以知道唐传奇中 5796 个不重复出现的词。

把重复出现的词数和不重复出现的词数加起来就得出《唐传奇》中共有 9833 个词。

第二步:建立"唐传奇词数表"

1. 打开"唐传奇数据库"的对话框【查询】单击"唐传奇总词数表的重复项",然后选择【文件】→【导出】命令,出现对话框【将查询"唐传奇总词数表的重复项"导出为…】,为了方便,我们选【保存位置】为【桌面】,【保存类型】为【文本文件】,【文件名】定为"唐传奇总词数表的重复项",单击【导出】出现对话框【导出文本向导】,选中【带分隔符–用逗号或制表符之类的符号分隔每个字段(D)】,然后单击标签【高级(V)…】出现对话框【唐传奇总词数表的重复项导出规格】,在卷标【文本识别符(Q)】的下拉菜单中选中【{无}】后单击【确定】回到对话框【导出文本向导】,再经过两次单击标签【下一步】后单击标签【完成】,最后桌面出现文本文件"唐传奇总词数表的重复项"。

2. 用同样的方法建立文本文件"唐传奇总词数表与唐传奇总词数表的重复项不匹配"。

3. 重复在"唐传奇数据库"中建立"唐传奇总词数表"的方法,在一个新的数据库中建立"唐传奇词数表"。

重新建立一个空 Access 数据库定名为"唐传奇"。打开数据库,选择【文件】→【获取外部数据】→【导入】命令,弹出【导入】对话框。在【查找范围】选定文本文档"唐传奇总词数表的重复项"所在地"桌面",打开【文件类型】的下拉菜单选定【文本文件】"唐传奇总词数表的重复项"就会出现在对话框【导入】中,选择文本文档"唐传奇总词数表的重复项",然后单击【导入】,出现对话框【导入文本向导】。说明:出现对话框【导入文本向导】后,前三步和在"唐传奇数据库"中建立"唐传奇总词数表"的方法一样,在第四步选择是否要主键时一定选择"不要主键",否则无法建立"唐传奇词数表"。在向导的指示下完成"唐传奇总词数表的重复项"的建立。

用同样的方法把文本文件"唐传奇总词数表与唐传奇总词数表的重复项不匹配"导入表"唐传奇总词数表的重复项"中。

为了直观,把数据表的名称"唐传奇总词数表的重复项"改为"唐传奇词数表",该表显示《唐传奇》中共有 9833 个词,以及每个词在《唐传奇》中出现的频率。

4. 对"唐传奇词数表"进行标注。

打开"唐传奇"数据库选定"唐传奇词数表",点击标签【设计】,在"字段名称"栏中把"字段 1"改为"总词数","字段 2"改为"频率",余下的栏内依次输入"单音词"、"专有名词"、"复音单纯词"、"重叠式"、"联合式语法构成"、"联合式语义构成""偏正式语法构成"、"偏正式语义构成"、"动宾式"、"补充式"、"主谓式"、"前缀"、"后缀"、"其他"等"字段名称","数据类型"栏内除"前缀"、"后缀"选择"是/否"以外其他选择"文本",保存设计。再次打开"唐传奇词数表"后则出现下表:

第四章 近代汉语的构词法和造词法

总词数	频率	单音词	专有名词	复音单纯词	重叠式	联合式语法构成	联合式语义构成	偏正式语法构成	偏正式语义构成	动宾式	补充式	主谓式	派生前缀	派生后缀	其他
唐传奇词数表															
阿		Z											No	No	
阿房			2										Yes	No	
阿舅													Yes	No	
阿兰1			1										No	Yes	
阿郎	4	V											Yes	No	
阿姊													Yes	No	
哀	16	A											No	No	
哀歌							AN = N		XZN				No	No	
哀切							AV = A		XZA				No	No	
哀伤							AV = V		FV				No	No	
哀恸							AV = V		FV				No	No	
哀痛							AV = V		FV				No	No	
哀音							AN = N		XZN				No	No	
哀冤	2				AA = V	L							No	No	
哀咤							AV = V		FV				No	No	
埃		N											No	No	
矮		A											No	No	
矮者													No	Yes	
爱	38	A											No	No	
爱恋					VV = V	L							No	No	
爱慕					VV = V	L							No	No	
爱女	2							VN = N	SFN				No	No	
爱姜								VN = N	XZN				No	No	
爱惜	2				VV = V	L							No	No	
爱幸					VV = V	L							No	No	
爱州1			1										No	No	

161

续表

											No	No
隘	A										No	No
碍	2	V									No	No
安	46	V									No	No
安村	1		2								No	No
安静				AA=A	L						No	No
安禄山			1								No	No
安期			1								No	No
安危				AA=A	F						No	No
安稳												
安西			2								No	No
安详				AA=A	L						No	No
安邑			2								No	No
安置	3			VV=V	L						No	No

在上表中进行标注,各栏目的具体标注说明如下:

(1)单音词的标注:名词(N),动词(V),形容词(A),代词(D),数词(S),副词(F),介词(J),连词(L1),量词(L2),叹词(T),助词(Z),语气词(Y),兼类词(N/V、V/A……)。

(2)专有名词的标注:人名(1),地名(2),包括官职名等其他专有名词(3)。

(3)复音单纯词的标注:双声(1),叠韵(2),双声兼叠韵(3),非双声兼叠韵(4),重言(5)。

(4)复合词的标注:标注重叠式、联合式、偏正式、动宾式、补充式、主谓式等复合词的语法构成时,它们的构成成分——词素的语法性质对应于它们作单音词时的词性,例如:重叠式:AA=A,VV=A 等的形式标注,"="号前面的"AA"、"VV"表示构成重叠复合词词素的词性,"="号后面的"A"表示重叠式复合词的词性。同样联合式的语法构成用 NN=N、AA=A……表示,偏正式用 AN=N、AV=V……表示,动宾式用 VN=V 表示,补充式用 VV=V 表示,主谓式用 NV=N 表示等。

我们主要标注的是联合式、偏正式复合词的语义构成,因为动宾式、补充式、主谓式等复合词的语义构成比较单一,不做标注。从语义构成看联合式复合词主要分同义联合、类义联合、反义联合三类,分别标记为 T、L、F、TD、LD、FD 表示倒序。

偏正式复合词首先分前偏后正和前正后偏两类,前正后偏的占少数我们标记为 1,例如"池边"是前正后偏式的复合词,正词素"池"和偏词素"边"在语义上有方位关系,那么我们就用"1FN"来表示它是一个前正后偏式的复合词,词素间的语义关系是方位关系。根据正词素的语法、语义特点,我们可以把正词素分为三类:表示人或事物的,有关动作或行为的,有关性质和状态的。偏词素分别从不同的角度修饰和限制具有以上三类特点的正词素。

前缀、后缀:用是(yes)或否(no)标记。

"其他"栏目内标注 L1 表示双音连词,F 表示双音副词等虚词,WX 表示"未详",WL 表示外来词,BN 表示该词不能分析结构等。该栏目标注的是无法分析内部构成的复音词。

在标注过程中遇到难以判断的词,除了查有关的工具书外,还要到电子文本即 Word 文档中通过菜单【编辑】栏中的【查找】查出该词的具体语境来帮助判断,例如"之"在书中共出现 1858 次,经过具体的语境考察,我们发现"之"既可作动词、代词又可作助词,因此我们标记为"Z/D/V"。

4.2.4 《唐传奇》各类复音词的具体描写

根据数据库,我们统计出《唐传奇》共有 9833 个词,包括 1418 个专有名词(其中人名 679 个,地名 319 个,其他专有名词,例如官职名、部族名、国名等 414 个),2942 个单音词,一般复音词 5473 个(包括复音单纯词 103 个,复合词 5370 个)。

(一)单音词各词类及其次数的统计

打开"唐传奇"数据库的对话框【查询】,选择【查询】→【新建】命令弹出对话框【新建查询】,选中【查找重复项查询向导】单击【确定】弹出对话框【查找重复项查询向导】,点击下一步后在【可用字段】中选择字段"单音词"到【重复值字段】然后在向导的指示下经过两次点击【下一步】后出现"请指定查询的名称",我们定为"唐传奇单音词词类的重复项",单击标签【完成】从而在查询中建立"唐传奇单音词词类的重复项"查询表。打开该表我们可以看到《唐传奇》中:动词(V)最多有 1142 个,名词(N)次之有 1125 个,形容词(A)402 个,副词(F)60 个,代词(D)20 个,数词(S)19 个,量词(L)18 个,助词(Z)12 个,叹词(T)6 个,介词(J)10 个,语气词(Y)4 个,兼类词:名词/动词(N/V)37 个,名词/形容词(N/A)15 个,动词/形容词(N/A)21 个,动词/副词(V/F)9 个,动词/代词(V/D)3 个,名词/动词/形容词(A/V/N)4 个,其他不能确定词类共 35 个。

(二)复音单纯词的统计

用同样的方法得出,《唐传奇》中复音单纯词 103 个,包括双声 36 个,叠韵 20 个,双声兼叠韵 6 个,非双声叠韵 16 个,重言 25 个。

(三)联合式复合词的统计

打开《唐传奇》数据库中的【唐传奇词表】后,右键单击字段"联合式语法构成"空白处,出现对话框后单击【内容排除筛选】,可以得出《唐传奇》共有 1516 个联合式复合词。通过【查找重复项】可以知道,从语法构成看,《唐传奇》中 NN = N 式共有 726 个,VV = V 式共有 425 个,AA = A 式共有 310 个,VV = N 式 13 个,AA = N 式 12 个,TT = T 式共有 8 个,VV = A 式 2 个,VA = N 式 2 个,VA = A 式 2 个,SS = S 式 2 个,SS = F 式 2 个,NN = A 式 2 个,AV = V 式 2 个,AN = N 式 2 个,AA = V 式 2 个,其他只出现 1 次的共有 4 个,共有 1516 个联合式复合词。

从语义构成看,《唐传奇》中同义联合有 181 个,类义联合有 1242 个,反义联合有 77 个,偏义复词有 3 个,倒序有 10 个,其他 3 个。

(四)偏正式复合词的统计

以同样的方法,可以得出《唐传奇》共有 3168 个偏正式复合词,从语法构成看,《唐传奇》有 1207 个 NN = N 式偏正式复合词,AN = N 式 1018 个,VV = V 式 257 个,AV = V 式 196 个,VN = N 式 155 个,SN = N 式 89 个,AA = A 式 24 个,FV = V 式 19 个,VN = V 式 18 个,DV = V 式 18 个,NV = V 式 16 个,DN = N 式 13 个,FN = N 式 12 个,AV = N 式 13 个,NA = A 式 13 个,其他 100 个。

从语义构成看,偏词素和正词素的语义关系可以分为三类:一、偏词素限制、修饰的正词素是有关任何事物的,二、偏词素修饰、限制的正词素是有关动作和行为的,三、偏词素修饰、限制的正词素是有关性质和状态的。每类又可细分如下:

(1)偏词素分别从以下角度对表示人或事物的正词素进行修饰或限制:

以性质修饰限制正词素的,在标记时我们记作 XZN,共有 726 个,最多。

以颜色修饰限制正词素的我们记作 YN,共有 252 个。

以表数量大小的词素修饰限制正词素的我们记作 SLN,共有 210 个。

以方式限制正词素的我们记作 FN,共有 214 个。

以表时间修饰限制正词素的我们记作 SN,共有 154 个。

以领属关系修饰限制正词素的我们记作 LN,共有 142 个。

以地域或方位修饰限制正词素的我们记作 DN,共有 144 个。

以身份修饰限制正词素的我们记作 SFN,共有 121 个。

以材料修饰限制正词素的我们记作 CN,共有 120 个。

以专有名词的分化限制正词素的我们记作 ZYN,共有 104 个。

以用途功能修饰限制正词素的我们记作 GN,共有 102 个。

以形状修饰限制正词素的我们记作 WN,共有 77 个。

以动作程度修饰限制正词素的我们记作 CDN,共有 71 个。

以来源分化限制正词素的我们记作 LYN,共有 57 个。

以施事分化正词素的我们记作 SSN,共有 32 个。

以职业修饰限制正词素的我们记作 ZN,共有 28 个。

以动作限制正词素的我们记作 DZN,共有 20 个。

以容器限制正词素的我们记作 RQN,共有 16 个。

以性别修饰限制正词素的我们记作 XN,共有 13 个。

以属种关系限制正词素的我们记作 SZN,共有 8 个。

以产品限制正词素的我们记作 CPN,共有 7 个。

以工具限制正词素的我们记作 GJN,共有 2 个。

(2)偏词素分别从以下角度对表示动作或行为的正词素进行修饰或限制:

以方式修饰限制正词素的我们记作 FV,共有 393 个。

以性质修饰限制正词素的我们记作 XZV,共有 72 个。

以动作程度修饰限制正词素的我们记作 CDV,共有 26 个。

以肯定否定修饰限制正词素的我们记作 FDV,共有 12 个。

以情态修饰限制正词素的我们记作 WV,共有 9 个。

以表时间的词素修饰限制正词素的我们记作 SV,共有 6 个。

以情感修饰限制正词素的我们记作 QV,共有 4 个。

(3)偏词素分别从以下角度对表示性质和状态的正词素进行修饰或限制:

以性质修饰限制正词素的我们记作 XZA,共有 18 个。

以程度修饰限制正词素的我们记作 CDA,共有 8 个。

《唐传奇》中可以分析语义结构的偏正式复合词有 3150 个,不可分析的 18 个,共 3168 个。在 3168 个偏正式复合词中包括 77 个前正后偏式复合词。

(五)其他各类复合词的统计

动宾式:从语法构成看,主要有两类:VN = V 式 162 个,VN = N 式 34 个。

动补式:从语法构成看,只有 VV = V 一类,共有 44 个。从语义构成看,有表趋向和表结果两类。

主谓式:从语法构成看,NA = N 式有 5 个,NN = N 式有 5 个,NV = N 式有 6 个,NV = V 式有 12 个。

附加式:前缀有 66 个,后缀有 181 个。

重叠式:65 个。

其他:106 个,包括不能分析的非理复合词(主要是双音虚词)、不认识的复合词等等。

(六)《唐传奇》词语频率的统计

单音词的使用频率:打开《唐传奇》数据库中的【唐传奇词表】后,右键单击字段"单音词"空白处出现对话框后单击【内容排除筛选】,排除掉复音词(包括复音专有名词)后可以得出《唐传奇》共有 3092 个单音词(包括单音专有名词)。右键再次单击"专有名词"的空白处,出现对话框后单击【按选定内容筛选】,以便排除单音专有名词从而得出《唐传奇》共有 2942 个单音词,通过右键单击频率栏中的空白处,再单击【按选定内容筛选】得出 2942 个单音词中只使用一次的单音词 729 个。把频率栏中的各单音词出现的频率复制到"文本文档"后,把"文本文件"的数据导入 Excel 表,通过 Excel 计算出《唐传奇》2942 − 729 = 2213 个单音词共使用 52645 次,最后计算出 2942 个单音词共使用 52645 + 729 = 53374 次,平均每个单音词的使用频率是 53374/2942 = 18.14 次。

复音词的使用频率是:打开《唐传奇》数据库中的【唐传奇词表】后,右键单击字段"单音词"空白处,出现对话框后单击【按选定内容筛选】,排除掉单音词(包括单音专有名词)后可以得出《唐传奇》共有 6890 个复音词(包括复音专有名词)。右键再次单击"专有名词"的空白处,出现对话框后单击【按选定内容筛选】,以便排除复音专有名词,从而得出《唐传奇》共有 5473 个复音词,通过右键单击频率栏中的空白处再单击【按选定内容筛选】,得出 5473 个复音词中只使用一次的复音词 4185 个。把频率栏中的各单音词出现的频率复制到"文本文档"后,把"文本文件"的数据导入 Excel 表,通过 Excel 计算出《唐传奇》使用两次或两次以上的复音词 5473 − 4185 = 1288 个,共使用 5850 次,最后计算出 5473 个复音词共使用 5850 + 4185 = 10035 次,平均每个复音词的使用频率是 10035/5473 = 1.83 次。

单音词的使用频率是复音词使用频率的 18.14/1.83 = 9.91 倍。

以上,我们只是介绍了用数据库 Access 统计专书中复音词的基本方法,我们还可以通过系统的学习数据库 Access 掌握它的其他功能,使之更好地为我们研究汉语发挥作用。

4.2.5 小结

《唐传奇》中共有 9833 个词,包括 1418 个专有名词,2942 个单音词,一般复音词 5473 个,我们把《唐传奇》中的与复音词有关的各类数据(不包括专有名词)整理如下:

《唐传奇》复音词统计表一:按词类划分

词类	单音词个数	百分比	复音词个数	百分比
名词	1142	38.82%	3485	63.68%
动词	1125	38.24%	1288	23.53%
形容词	402	13.66%	594	10.85%
副词	60	2.04%	12	0.22%

续表

代词	20	0.68%	11	0.20%
数词	19	0.65%	2	0.03%
量词	18	0.61%	4	0.07%
介词	10	0.34%	8	0.15%
语气词	4	0.14%	7	0.13%
助词	12	0.41%	5	0.09%
叹词	6	0.02%	14	0.11%
兼类词	89	3.03%	14	0.25%
其他	35	1.19%	29	0.53%
总数	2942	100%	5473	100%

《唐传奇》复音词统计表二:按结构划分(排除不能划分结构的 106 个复音词)

名称	复音单纯词 103					复合词 5264						
	联绵词					重叠式	附加式	联合式	偏正式	动宾式	补充式	主谓式
	叠音词	双声	叠韵	双声叠韵	非双声叠韵							
占复音词总数的%	25 0.45	36 0.66	20 0.37	6 0.11	16 0.29	65 1.19	247 4.51	1516 27.70	3168 57.88	196 3.58	44 0.80	28 0.51
占复合词总数的%						1.23	4.69	28.80	60.18	3.72	0.84	5.32

《唐传奇》复音词统计表三:《唐传奇》词语使用频率表

	1	2	3-4	5-7	8-10	11-19	20-29	30-39	40-49	50次以上
出现的词汇总数	4893	1189	819	510	220	366	171	84	72	206
单音词及其所占出现词汇总数%	734 15.0	412 34.7	410 50.1	366 71.8	188 85.5	332 90.7	157 91.8	72 85.7	68 94.4	200 97.1
复音词及其所占出现词汇总数%	4159 85.0	777 65.3	409 49.9	144 28.2	32 14.5	34 9.3	14 8.2	12 14.3	4 5.6	6 2.9

表三显示《唐传奇》中出现一次的词有 4893 个,其中只出现一次的单音词有 734 个,占出现一次词汇总数的 15.0%,且大部分是冷僻词;出现一次的复音词有 4159 个,占出现一次词汇总数的 85.0%;出

现两次的词有 1189 个,其中出现两次的单音词有 412 个,占出现两次词汇总数的 34.7%,大部分也是冷僻词;出现两次的复音词有 777 个,占出现两次词汇总数的 65.3%,大部分是新兴的复合词……出现 50 次以上的有 206 个,其中单音词有 200 个,占 97.1%,复音词只有 6 个,占 2.9%。就单个词的使用频率来讲,使用频率最高的单音词是"之",共 1858 次,复音词是"不能",共 84 次,居 114 位。2742 个单音词总的出现次数是 52452 次,每个单音词平均使用 19.13 次,5473 个复音词出现的次数是 10046 次,平均运用 1.84 次,单音词的使用频率是复音词的 10.39 倍。由此可见,尽管《唐传奇》中的复音词在数量上已经占优势(5473 个一般复音词占全书 8415 个词的 65.0%),但在使用频率上还是低于单音词的使用频率,即《唐传奇》中从第 2 次开始复音词的使用频率大于单音词使用频率。

第三节 近代汉语专书复音词的统计

4.3.1 《朱子语类》复音词统计

4.3.1.1 《朱子语类》简介

朱熹(1130 – 1200),是宋代著名的理学家。"朱子"是其门人弟子对他的尊称,《朱子语类》记录的是朱熹在传道授业过程中师徒一问一答之词,语言简要,书中相当一部分内容是阐述朱熹哲学观点的。《朱子语类》保存了大量活的口语,反映了当时文人的口语面貌,在一定程度上代表了当时口语,本节我们以《朱子语类》中的复音词作为研究对象,看汉语构词法在宋代的分布情况。

我们运用抽样统计的方法,通过对《朱子语类》①中复音词的穷尽性统计,结合定性描写看宋代汉语中各类构词法的分布情况。统计的范围如下:《理气上》卷一、《学四》卷十、《论语二》卷二十、《论语十二》卷三十、《论语二十二》卷四十、《论语三十二》卷五十、《易一》卷六十五、《礼二》卷八十五、《礼七》卷九十、《邵子之书》卷一百、《朱子七》卷

---

①电子文本:国学原典—子部—朱子语类 http://www.guoxue.com/gxzi/zhuziyulei/ZZYL_ML.htm。

一百一十等,平均每隔 10 卷抽取 1 卷,共得 11 卷。

《朱子语类》的所选部分共计 107950 字,6106 个词(包括 1817 个单音词,3255 个复音词,1034 个专有名词),我们把统计的各类数据描写如下。

4.3.1.2 从音节方面看

(一)单音词

单音词 1817,包括 459 个使用一次的单音词。1817 个单音词在我们统计的部分中共出现 54010 次,单音词的使用频率是 54010/1817 = 29.72,单音词平均运用 29.72 次。使用频率居前十位的依次是:之 2211 次,不 1303 次,是 1146 次,有 1037 次,一 933 次,曰 908 次,说 766 次,得 753 次,而 741 次,也 727 次。

(二)复音词

复音词 3255,包括使用一次的 1968 个。复音词的使用频率是 12537/3255 = 3.86,复音词平均运用 3.86 次。单音词是复音词的 29.72/3.86 = 7.70 倍。3255 个复音词中双音节词 3137 个,使用频率是 12354/3137 = 3.94;三音节词 63 个,使用频率是 1.51;四音节 42 个全部是成语。

(三)专有名词(复音专有名词)

专有名词 1034 个,包括人名 606 个,地名 73 个,官职名等其他专有名称 354 个。除去专有名词,复音词占词汇总数的 3255/(3255 + 1817) = 3255/5072 = 64.18%;单音词占词汇总数的 1817/5072 = 35.82%。

4.3.1.3 从结构看

(一)复音单纯词

复音单纯词共 20 个,其中双声 4 个,叠韵 10 个,非双声兼叠韵 6 个,包括:3N,11A,6V。

(二)重叠式

重叠式共 52 个,包括:AA = A19,NN = A12,AABB5,VV = V3,ABB3,VV = A2,NN = N2,AAB2,DD = A,VV = F,LL = A,AA = F。

(三)联合式

联合式共 716 个,包括:VV = V273,NN = N262,AA = A147,VV = N7,AN = N7,AA = N7,VV = A2。出现一次的共 4 个,NN = A,AA = V,

SS = S,SS = N 各 1 个。

从语法构成看,联合式复合词中动词素与动词素结合成动词的最多,名词素与名词素结合成名词次之,形容词素与形容词素结合成形容词第三,其他的很少。

(四)偏正式

偏正式共 1833 个,包括:NN = N714,AN = N363,VV = V192,AV = V127,VN = N113,FV = V82,SN = N64,AA = A44,DN = N33,NV = V15,FN = N13,NV = N11,VN = V9,AV = N8,FA = A7,DV = V6,NN = A4,AS = N3,AV = A3,NA = A3,VA = A3,FV = A3,VV = N2,NV = A2。出现一次的共 9 个:SV = V,HV = V,SA = A,DA = A,AN = V,NS = S,NN = V,VN = A,AA = N。

从语法构成看,偏正式复合词中名词素与名词素结合成名词的最多,形容词素与名词素结合成名词次之,动词素与动词素结合成动词第三,形容词素与动词素结合成动词第四,动词素与名词素结合成名词第五,副词性词素与动词素结合成动词第六,其他结构也不少,与其他复合词相比偏正式复合词的语法构成最为丰富。

(五)动宾式

动宾式共 94 个,包括:VN = N6,VN = V88。

(六)补充式

补充式共 63 个,包括:VA = V2,VV = V58,VA = A,VN = V,AF = A。

(七)主谓式

主谓式共 22 个,包括:NN = N2,NV = N11,NV = V4,AV = N,VA = V,NA = N,VA = A,NA = A。

(八)附加式

附加式共 184 个,包括:HA24,HN80,HV59,QV20,HF1。

(九)其他

不能分析结构的有 270 个,包括:

4 音节的成语 52 个,短语 10 个,不明结构的 28 个,其他:F78,D35,L27,N17,V7,Z5,T3,Y4,N/F,A,H/V,N/A/F。

表一：按词类划分

词类	单音词个数	百分比	复音词个数	百分比
名词	615	33.85	1778	54.62%
动词	717	39.46	949	29.16%
形容词	228	12.55	302	9.28%
副词	37	2.04	78	2.39
代词	21	1.16	35	1.08
数词	17	0.94	0	0
连词	14	0.77	27	0.83
介词	2	0.11	0	0
语气词	1	0.06	4	0.12
助词	7	0.39	5	0.15
叹词	1	0.06	3	0.09
兼类词	157	8.64	3	0.09
其他			71	2.18
总数	1817	100	3255	100

单音词：V717，N615，A228，F37，D21，N/V42，S17，A/N30，V/F14，L14，A/V10，V/A9，Z7，V/J4，F/L3，A/F3，D/Z3，F/V3，N/Z3，J2，V/F/L2，D/L2，D/F2，N/A/V2，A/V/F2，N/F2，V/L2，N/L2，V/V2，V/A/F2，V/F/N2。出现1次的共有33个：V/A/D，A/L，V/D/F，A/N/F，V/N/L，V/J/A/F，Z/V，Z/V/A，Z/N，N/V/N/L/S，A/N/V，L/A，A/V/N，D/F/L，V/N/F，A/V/N/F，Y，D/J，V/A/N，S/F，S/D/F，J/L，V/J/L，T，D/J/L，V/F/J，F/A，V/D/Z，N/V/L，N/V/A，V/Z，D/A/F，N/A/F。

表二：按结构划分（排除不能划分结构的270个复音词）

名称	复音单纯词20				复合词2965						
		联绵词			重叠式	附加式	联合式	偏正式	动宾式	补充式	主谓式
	叠音词	双声	叠韵	非双声叠韵							
占复音词总数的%	0	4	10	6	52	185	716	1833	94	63	22
	0	0.12	0.31	0.18	1.60	5.68	21.99	56.31	2.89	1.94	0.68
占复合词总数的%					1.75	6.24	24.15	61.82	3.17	2.12	0.74

表三:《朱子语类》词语使用频率表

频率	1	2	3-4	5-7	8-10	11-19	20-29	30-39	40-49	50次以上
出现的词汇总数	2436	776	604	377	163	245	128	69	39	235
单音词及其所占出现词汇总数%	456 18.72	253 32.60	270 44.70	199 52.79	95 58.28	168 68.57	95 74.22	48 69.57	30 76.92	203 86.38
复音词及其所占出现词汇总数%	1980 81.28	523 67.40	334 55.30	178 47.21	68 41.72	77 31.43	33 25.78	21 30.43	9 23.08	32 13.62

《朱子语类》有单音词1817个,一般复音词3255,词汇总数是5072。单音词占词汇总数的35.82%,复音词占词汇总数的64.18%,我们能据此判断复音词在《朱子语类》中就占一定的优势了吗?不能。表三显示《朱子语类》中出现一次的词有2436个,其中只出现一次的单音词有456个,占出现一次词汇总数的18.72%,且大部分是冷僻词。出现一次的复音词有1980个,占出现一次词汇总数的81.28%;出现两次的词有776个,其中出现两次的单音词有253个,占出现两次词汇总数的32.60%,大部分也是冷僻词,出现两次的复音词有523个,占出现两次词汇总数的67.40%,大部分是新兴的复合词……出现50次以上的有235个,其中单音词有203个,占86.38%,复音词有32个,占13.62%。

在《朱子语类》中从3-4次开始复音词的使用频率大于单音词使用频率。

4.3.2 元杂剧复音词统计

4.3.2.1 元杂剧简介

元杂剧是元代(1271年—1368年)最重要的文学体裁,戏剧作家为了剧情和演出的需要大量运用了方言口语词,因此元杂剧的语言可以看作当时口语的代表。我们运用抽样统计的方法选取部分杂剧作为元杂剧的代表,以其中的复音词作为研究对象,通过对这些复音词的穷尽性的统计,结合定性描写看元代汉语中各类构词法的分布情况。统计的范围如下:

关汉卿《关大王独赴单刀会》、《窦娥冤》,白朴《裴少俊墙头马上》、《唐明皇秋夜梧桐雨》,康进之《梁山泊李逵负荆》,李好古《沙门岛张生煮海》,马致远《破幽梦孤雁汉宫秋》,孟汉卿《张孔目智勘魔合罗》,秦简夫《东堂老劝破家子弟》,尚仲贤《洞庭湖柳毅传书》,武汉臣

《包待制智赚生金阁》,萧德祥《杨氏女杀狗劝夫》,纪君祥《赵氏孤儿大报仇》,郑光祖《迷青锁倩女离魂》,张国宾《相国寺公孙合汗衫》等13位戏剧作家的15部作品中的复音词。

《元杂剧》①所选部分共计196951个字,12573个词(包括2392个单音词,8653个复音词,1528个专有名词),我们把统计的各类数据描写如下。

4.3.2.2 从音节方面看

(一)单音词

单音词2392,包括554个使用一次的单音词。2392个单音词在我们统计的部分中共出现79314次,单音词的使用频率是79314/2392=33.16,单音词平均运用33.16次。使用频率居前十位的依次是:云3776次,我3020次,你2719次,的2249次,不1799次,了1638次,也1562次,一1355次,这1355次,他1314次。

(二)复音词

复音词8653,包括使用一次的5281个。复音词的使用频率是27438/8653=3.17,复音词平均运用3.17次。单音词是复音词的33.16/3.17=10.46倍。8653个复音词中双音节词7823个,使用频率是25877/7823=3.31;三音节词601个,使用频率是783+457=1240/601=2.06;四音节220个全部是成语。

(三)专有名词(复音专有名词)

专有名词1528个,包括人名544,地名173,其他811(主要是戏剧术语、官职名称等)。除去专有名词,复音词占词汇总数的8653/(8653+2392)=8653/11045=78.34%;单音词占词汇总数的2392/11045=21.66%。

4.3.2.3 从结构看

(一)复音单纯词

复音单纯词共84个,其中双声20个,叠韵27个,双声兼叠韵5个,非双声兼叠韵17个,重言15个,包括:28N,50A,6V。

(二)重叠式

重叠式共356个,包括:ABB177,AA=A65,AABB41,NN=N30,

---

①电子文本:中国国学网 http://www.confucianism.com.cn/wenxue/Show.asp?id=8341。

VV = V17, VV = A7, NN = A8, AA = F4, ANN2, AAB2, LL = L, SS = S, LL = A。

(三)联合式

联合式共 1080 个,包括:NN = N436, VV = V378, AA = A218, AA = N13, VV = N8, SN = N7, SS = S4, AN = N4, AA = V3, VV = A2;出现一次的共 7 个:LL = L, AV = V, LL = A, LL = N, VA = V, NN = A, NN = V。

从语法构成看,联合式复合词中名词素与名词素结合成名词最多,动词素与动词素结合成动词次之,形容词素与形容词素结合成形容词第三,其他的很少。

(四)偏正式

偏正式共 5257 个,包括:NN = N2058, AN = N1228, VV = V987, VN = N251, AV = V228, FV = V111, SN = N87, AA = A69, NV = V29, VN = V27, DN = N20, AV = N19, VV = N17, AA = N12, AN = A10, DV = V10, VV = A9, NV = N8, SV = V8, VN = A8, AV = A7, VA = N6, NA = A6, VA = A6, FA = A4, NL = N4, SA = A4, VA = V4, FN = N3, FN = A2, LN = N2, SV = N2, NN = A2。出现一次的共 9 个:SL = A/F, AD = A, VV = V/N, NS = N, SV = A, SL = A, AS = N, AN = V, AL = L。

从语法构成看,偏正式复合词中名词素与名词素结合成名词的最多,形容词素与名词素结合成名词次之,动词素与动词素结合成动词第三,动词素与名词素结合成名词第四,形容词素与动词素结合成动词第五,副词性词素与动词素结合成动词第六,其他结构也不少,与其他复合词相比偏正式复合词的语法构成最为丰富。

(五)动宾式

动宾式共 410 个,包括 VN = V306, VN = N82, VV = V6, VN = A5, AN = N5, NN = N3, AV = N, AV = V, NV = V。

(六)补充式

补充式共 119 个,包括:VA = V6, VV = V110, VA = A, AV = V, VN = N。

(七)主谓式

主谓式共 66 个,包括:NV = V25, NV = N21, NA = N9, NA = A6, NN = N3, NV = A2。

(八)附加式

附加式共 754 个,包括:HN436, HV307, HA9, QN2。

(九)其他

不能分析结构的有 527 个,包括:4 音节的成语 241 个,短语 15 个,不明结构的 10 个,外来词 5 个,拟声词 55 个,其他:F89,D61,L22,N8,Z8,T4,J4,Y2,V/N,A/F,F/L。

表四:按词类划分

词类	单音词个数	百分比	复音词个数	百分比
名词	778	32.53	5195	61.60
动词	991	41.43	2584	29.86
形容词	267	11.16	673	7.78
副词	22	0.92	89	1.02
代词	31	1.30	61	0.71
数词	17	0.71	0	0
量词	9	0.38	0	0
连词	6	0.25	22	0.25
介词	1	0.04	4	0.05
语气词	11	0.46	2	0.02
助词	7	0.29	8	0.09
叹词	7	0.29	4	0.05
兼类词	245	10.24	11	0.13
总数	2392	100	8653	100

单音词的分布情况:V991,N778,A267,D31,F22,S17,L(量词)9,L(连词)6,Y11,Z7,T7,N/V65,N/A30,V/A45,V/F11,A/F10,N/L8,V/A/F5,F/L4,N/F4,V/L4,V/J3,N/V/A3,V/A/N3,NS3,A/V/F2,N/A/F2,A/L2,V/N/A2,V/F/L2。只出现 1 次的共 38 个,包括:V/A/D,V/J/L,V/Y,A/F/S,V/A/D/F,A/N/F,V/N/L,N/A/V/F/J,L/A,V/Z,V/A//N/Z,N/Z,N/A/L,V/N/J,A/V/L,N/V/F,V/F/J/L,D/A/Z,V/F/J,L,D/F,V/D/L,A/V/N/F,V/D,A/V/N,Z/L,V/A/F/J/L,S/A,V/N/A/N,V/S,Z/F,S/D/F,J/L,J,S/F,D/Z,D/Z/V,V/J/D。

表五：按结构划分（排除不能划分结构的527个复音词）

名称	复音单纯词 84					复合词 8042					
	联绵词				重叠式	附加式	联合式	偏正式	动宾式	补充式	主谓式
	重言	双声	叠韵	双声叠韵	非双声叠韵						
占复音词总数的%	15 / 0.17	20 / 0.23	27 / 0.31	5 / 0.06	17 / 0.20	356 / 4.11	754 / 8.71	1080 / 12.48	5257 / 60.75	410 / 4.74	119 / 1.38	66 / 0.76
占复合词总数的%						4.43	9.38	13.43	65.37	5.10	1.48	0.82

表六：《元杂剧》词语使用频率表

频率	1	2	3–4	5–7	8–10	11–19	20–29	30–39	40–49	50次以上
出现的词汇总数	5838	1676	1324	713	365	490	172	111	60	296
单音词及其所占出现词汇总数%	557 / 9.54	271 / 16.17	346 / 26.13	255 / 35.76	189 / 51.78	303 / 61.84	110 / 63.95	78 / 70.27	42 / 70	241 / 81.41
复音词及其所占出现词汇总数%	5281 / 90.46	1405 / 83.83	978 / 73.87	458 / 64.24	176 / 48.22	187 / 38.16	62 / 36.05	33 / 29.73	18 / 30	55 / 18.58

《元杂剧》有单音词2392个，一般复音词8653，词汇总数是11045，单音词占词汇总数的21.65%，复音词占词汇总数的78.34%。我们能据此判断复音词在《元杂剧》中就占一定的优势了吗？不能。表六显示《元杂剧》中出现一次的词有5838个，其中只出现一次的单音词有557个，占出现一次词汇总数的9.54%，且大部分是冷僻词，出现一次的复音词有5281个，占出现一次词汇总数的90.46%；出现两次的词有1676个，其中出现两次的单音词有271个，占出现两次词汇总数的16.17%，大部分也是冷僻词，出现两次的复音词有1405个，占出现两次词汇总数的83.83%，大部分是新兴的复合词……出现50次以上的有296个，其中单音词有241个，占81.41%，复音词有55个，占18.58%。

在《元杂剧》中从5-7次开始复音词的使用频率大于单音词使用频率。

4.3.3 《水浒传》复音词的统计

4.3.3.1 《水浒传》简介

施耐庵（1296—1370），代表作《水浒传》记载了那个时代上至帝王将相、下至贩夫走卒的言语面貌，这些言语生动自然，保存了大量当时的口语、方言、俗语,可以较好地反映当时的口语面貌。我们运用抽样统计的方法选取《水浒传》①部分章节中的复音词作为研究对象,通过对这些复音词的穷尽性的统计,结合定性描写看明代汉语中各类构词法的分布情况。统计的范围如下:

第一回,第二回,第三回,第四回,第五回,第六回,第七回,第八回,第十回,第十五回,第二十回,第二十五回,第三十回,第三十五回,第四十回,第四十五回,第五十回,第五十五回,第六十回,第六十五回,第七十回,第七十五回,第八十五回,第九十五回。

《水浒传》中所选的 24 回共计 203455 个字,12321 个词(包括 2244 个单音词,8605 个复音词,1472 个专有名词),我们把统计的各类数据描写如下。

4.3.3.2 从音节方面看

(一)单音词

单音词 2244 个,包括 514 个使用一次的单音词。2244 个单音词在我们统计的部分中共出现 73530 次,单音词的使用频率是 73530/2244 = 32.77,单音词平均运用 32.77 次。使用频率居前十位的依次是:了 2770 次,道 1859 次,一 1776 次,来 1649 次,不 1484 次,个 1296 次,去 1022 次,的 1014 次,你 941 次,我 921 次。

(二)复音词

复音词 8605 个,包括使用一次的 4812 个。复音词的使用频率是 31564/8605 = 3.67,复音词平均运用 3.67 次,单音词是复音词的 8.93 倍。8605 个复音词中双音节词 8077 个,使用频率是 26220/8077 = 3.84;三音节词 370 个,使用频率是 731/370 = 1.98;四音节词 158 个全部是成语。

(三)专有名词(复音专有名词)

专有名词 1472 个,包括人名 567 个,地名 126 个,官职名等其他专有名称 779 个。除去专有名词,复音词占词汇总数的 8605/(8605 + 2244) = 8605/10849 = 79.31%;单音词占词汇总数的 2244/10849 = 20.68%。

---

① 电子文本:国学子部 – 明清小说 – 水浒传 http://www.guoxue.com/minqingstory/SHZ/shz.htm。

4.3.3.3 从结构看

(一)复音单纯词

复音单纯词共 67 个,包括:双声 19,叠韵 21,重言 10,非双声叠韵 17。包括 15N,8 个 V,44 个 A。

(二)重叠式

重叠式复合词共 179 个,包括:AA = A47,VV = V31,NN = N21,AABB33,ABB31,FF = F3,LL = L3,NN = A2,VV = A5,TT = T,AAB,AA = F。

(三)联合式

联合式共 1116 个,包括:VV = V468,NN = N411,AA = A194,AA = N11,VV = N6,AN = N4,LL = N3,LL = L3,VV = V2,FV = V2,FF = F2。出现一次的共 10 个:DD = D,NN = A,SS = A,VV = V/N,FF = N,NA = A,ABB,VV = A,VN = N,AA = V。

从语法构成看,联合式复合词中动词素与动词素结合成动词的最多,名词素与名词素结合成名词次之,形容词素与形容词素结合成形容词第三,其他的很少。

(四)偏正式

偏正式共 5292 个,包括:NN = N2156,AN = N1127,VV = V955,AV = V209,VN = N201,SN = N148,FV = V113,AA = A66,NV = V33,VN = V31,NL = N28,AV = N27,NV = N21,DN = N19,VV = N12,AV = A11,NA = N11,NA = A11,DV = V9,AA = N9,AN = A9,VA = A9,SV = V8,VA = V7,VL = V5,AN = V4,FA = A4,NN = A3,VD = V3,JN = N3,LN = N3,LA = A3,VA = N3,VN = A3,DA = A2,NS = N2,FN = N2,VV = A2,NV = A2,AL = N2。出现一次的共 16 个:AD = A,FF = N/A,NN = V,AZ = N,SN = A,LL = L,VS = N,FV = N,FV = A,NV = N,FA = V,SV = A,SS = A,JV = V,LL = N,DA = V。

从语法构成看,偏正式复合词中名词素与名词素结合成名词的最多,形容词素与名词素结合成名词次之,动词素与动词素结合成动词第三,形容词素与动词素结合成动词第四,动词素与名词素结合成名词第五,其他结构也不少,与其他复合词相比偏正式复合词的语法构成最为丰富。

(五)动宾式

动宾式共 533 个,包括:VN = V446,VN = N59,VV = V16,AN = N4,NN = N3,AV = V3,VA = V2。

（六）补充式

补充式共322个,包括:VV = V305, VA = V11, VN = V4, NV = V2。

（七）主谓式

主谓式共41个,包括:NV = V13, NV = N11, NA = N8, NA = A5, NV = A2, NA = V2。

（八）附加式

附加式共511个,包括:HN259, HV233, HA12, QN7。

（九）其他

不能分析结构的有544个,包括:4个音节的成语217个,短语21个,不明结构的22个,外来词45个,拟声词10个,其他:F120, D65, L21, T9, Z3, N3, J2, A2, V/F, A/F, V/D/F, F/A。

表七:按词类划分

词类	单音词个数	百分比	复音词个数	百分比
名词	716	31.91%	4955	57.58%
动词	932	41.53%	2933	34.08%
形容词	244	10.87%	492	5.72%
副词	31	1.38%	120	1.39%
代词	27	1.20%	65	0.76%
数词	16	0.71%	0	0
量词	29	1.29%	0	0
连词	4	0.18%	21	0.24%
介词	3	0.13%	2	0.02%
语气词	1	0.04%	0	0
助词	13	0.58%	3	0.03%
叹词	9	0.40%	9	0.10%
兼类词	219	9.76%	5	0.06%
总数	2244	100%	100%	8605

单音词词类具体分布情况如下:V932, N716, A244, L33, F31, D27, N/V26, V/N25, V/F22, A/V16, V/A16, S16, N/A14, N/L14, Z13, A/F12, T9, V/L9, A/N5, V/F/L4, W14, J3, N/F3, V/J3, N/V/L3, A/L2, V/Z2, D/F2, F/L2, N/Z2, V/D2, V/N/L2。只出现1次的共32个:L/

Z,V/J/F,N/F/L,L/A/Z,A/V/F,A/V/L,N/L/Z,N/V/F,V/A/V,D/
A/F,V/N/A,N/A/F,N/A/L,S/A,V/A/J,N/A/V,A/V/N,V/J/V,V/
A/N,Y,Z/F,S/D/F,V/N/L/J,V/J/N,V/J/L,S/F,D/Z,Z/D,D/J/F,
V/A/F,V/A/L,NS。

表八:按结构划分(排除不能划分结构的544个复音词)

名称	复音单纯词67				复合词7994					
	联绵词				重叠式	附加式	联合式	偏正式	动宾式	补充式	主谓式
	重言	双声	叠韵	非双声叠韵							
占复音词总数的%	10 0.12%	19 0.22%	21 0.24%	17 0.19%	179 2.08%	511 5.93%	1116 12.97%	5292 61.50%	533 6.19%	322 3.74%	41 0.48%
占复合词总数的%					2.24%	6.39%	13.96%	66.20%	6.67%	4.03%	0.51%

表九:《水浒传》词语使用频率表

频率	1	2	3-4	5-7	8-10	11-19	20-29	30-39	40-49	50以上
出现的词汇总数	5325	1624	1425	833	315	573	257	107	64	325
单音词及其所占出现词汇总数%	514 9.65%	233 14.35%	340 23.86%	262 31.45%	144 45.71%	248 43.28%	141 54.86%	63 58.88%	44 68.75%	255 78.46%
复音词及其所占出现词汇总数%	4811 90.35%	1391 85.65%	1085 76.14%	571 68.55%	171 54.29%	325 56.72%	116 45.14%	44 41.12%	20 31.25%	70 21.54%

《水浒传》有单音词2244个,一般复音词8605个,词汇总数是10849个,单音词占词汇总数的20.68%,复音词占词汇总数的79.32%。我们能据此判断复音词在《水浒传》中就占一定的优势了吗?不能。表九显示《水浒传》中出现一次的词有5225个,其中只出现一次的单音词有514个,占出现一次词汇总数的9.65%,且大部分是冷僻词,出现一次的复音词有4811个,占出现一次词汇总数的90.35%;出现两次的词有1624个,其中出现两次的单音词有233个,占出现两次词汇总数的14.53%,大部分也是冷僻词,出现两次的复音词有1391个,占出现两次词汇总数的85.65%,大部分是新兴的复合词……出现50次以上的有325个,其中单音词有255个,占78.46%,复音词有70个,占21.54%。

在《水浒传》中从11-19次开始复音词的使用频率大于单音词使用频率。

4.3.4 《红楼梦》复音词的统计

4.3.4.1 《红楼梦》简介

曹雪芹(1715~1763),代表作《红楼梦》是一部百科全书式的长篇小说,如实地记载了当时的社会生活,多层次、多侧面地反映了当时社会用语。我们运用抽样统计的方法选取《红楼梦》①部分章节中的复音词作为研究对象,通过对这些复音词的穷尽性的统计结合定性描写看清代汉语中各类构词法的分布情况。统计的范围如下:

第一回,第二回,第三回,第四回,第五回,第六回,第七回,第八回,第九回,第十回,第十一回,第十二回,第十三回,第十四回,第十五回,第十六回,第十七回,第十八回,第十九回,第二十回,第二十一回,第二十二回,第二十三回,第二十四回,第二十五回,第三十回,第四十回,第五十回,第六十回,第七十回,第八十回。

在《红楼梦》中所选的 31 回共计 199748 个字,12652 个词(包括 2374 个单音词,8745 个复音词,1533 个专有名词),我们把统计的各类数据描写如下。

4.3.4.2 从音节方面看

(一)单音词

单音词 2374,包括 530 个使用一次的单音词。2374 个单音词在我们统计的部分中共出现 88925 次,单音词的使用频率是 88925/2374 = 37.45,单音词平均运用 37.45 次。使用频率居前十位的依次是:了 4393 次,的 3164 次,不 2546 次,一 1991 次,道 1946 次,我 1636 次,来 1636 次,说 1526 次,他 1429 次,你 1372 次。

(二)复音词

复音词 8745 个,包括使用一次的 5306 个。复音词的使用频率是 31002/8745 = 3.55 次,复音词平均运用 3.55 次,单音词是复音词的 10.55 倍。8745 个复音词中双音节词 7580 个,使用频率是 24426/7580 = 3.22;三音节词 434 个,使用频率是 820/434 = 1.89;四音节 340 个全部是成语。

(三)专有名词(复音专有名词)

---

①电子文本:国学子部—明清小说—红楼梦 http://www.guoxue.com/minqingstory/mqstoryml.htm。

专有名词 1533 个,人名 679 个,地名 75 个,官职名等其他专有名称 779 个。除去专有名词,复音词占词汇总数的 8745/(8745+2374)=78.65%;单音词占词汇总数的 2374/11119=21.35%。

4.3.4.3 从结构看

(一)复音单纯词

复音单纯词共 63 个,包括:双声 16,叠韵 25,重言 9,非双声叠韵 13。包括 9 个 N,10 个 V,44 个 A。

(二)重叠式

重叠式共 306 个,包括:AABB54,ABB52,AA=A77,VV=V58,NN=N40,ABAB7,AAB7,VV=A2,LL=L2,DD=D,SS=F,LL=A,FF=F,AA=N,NN=A,FF=A。

(三)联合式

联合式共 1317 个,包括:VV=V558,NN=N412,AA=A296,VV=N13,NN=A8,AN=N5,VV=A4,AA=N4,VN=N3,SS=S3,LL=N2,AV=V2。出现一次的共 7 个:SS=N,FF=N,VV=V/N,SS=F,AA=V,FF=A,FF=F。

从语法构成看,联合式复合词中动词素与动词素结合成动词的最多,名词素与名词素结合成动词次之,形容词素与形容词素结合成形容词第三,其他的很少。

(四)偏正式

偏正式共 5015 个,包括:NN=N1920,AN=N1112,VV=V862,AV=V227,SN=N160,VN=N148,FV=V116,AA=A102,VN=V68,NV=V38,DN=N26,AV=N22,AN=A21,NA=A21,AV=A20,VA=A19,VV=A17,VV=N17,SV=V14,NL=N11,NV=N10,VA=V10,FA=A6,FN=N5,VN=A4,NA=N4,JN=N3,AN=V3,AL=L3,AA=N3,JV=V2,NN=A2,VA=N2。出现一次的共 17 个:SL=A/F,NN=V,AF=A,DV=V,JN=V,SN=A,AV=N/F,DA=V,SS=S,DV=N,NN=N,AA=A,AZ=A,LN=N,SL=A,FV=N,FA=V。

从语法构成看,偏正式复合词中名词素与名词素结合成名词的最多,形容词素与名词素结合成名词次之,动词素与动词素结合成动词第三,形容词素与动词素结合成动词第四,数词作为构词词素与名词结合成名词第五,动词素与名词素结合成名词第六,其他结构也不少,与其他复合词相比偏正式复合词的语法构成最为丰富。

（五）动宾式

动宾式共 512 个，包括：VN = V422，VN = N48，VV = V16，VN = A14，VA = V4，NN = N4，VN = V/N，AV = A，AV = V，AN = N。

（六）补充式

补充式共 128 个，包括：VV = V115，VA = V5，VN = V4，VA = A4。

（七）主谓式

主谓式共 62 个，包括：NV = V20，NA = A18，NV = N13，NA = N6，NV = A3，VA = V，NN = N。

（八）附加式

附加式共 571 个，包括：HN492，HV25，QN24，HA24，QN/HN3。NA = A，HN/QN，QA。

（九）其他

不能分析结构的 770 个，包括：4 个音节的成语 340 个，短语 35 个，不明结构的 65 个，外来词 11 个，拟声词 18 个，其他：F169，D73，L（连词）33，Y4，J4，Z3，T3，N/V5，N/A3，F/L2，N/L。

表十：按词类划分

词类	单音词个数	百分比	复音词个数	百分比
名词	734	30.92%	4968	56.81%
动词	984	41.45%	2586	29.57%
形容词	315	13.27%	778	8.90%
副词	39	1.64%	169	1.93%
代词	24	1.01%	73	0.83%
数词	17	0.72%	0	0
量词	10	0.42%	0	0
介词	2	0.08%	4	0.05%
连词	4	0.17%	33	0.38%
语气词	5	0.21%	4	0.05%
助词	14	0.59%	3	0.03%
叹词	8	0.33%	3	0.03%
兼类词	218	9.18%	11	0.13%
其他	0	0	113	1.29%
总数	2374	100%	8745	100%

单音词的分布情况：V984，N734，A315，F39，V/N31，D24，A/V23，L21，N/V20，S17，V/F17，Z14，V/A13，A/F10，V/L9，T8，N/A8，N/L7，A/N6，V/A/F5，F/L4，V/J3，N/V/L3，A/L3，V/F/L3，N/F3，V/Z2，V/N/L2，A/V/F2，V/N/J2，D/Z2，J2，L/Z2，NS2，D/F2，S/A/F，V/N/D/F，V/A/L，V/J/F，V/A/N/Z，N/A/V，V/A/V/N，N/F/L，A/V/J/L，F/V，A/Z，V/N/A，D/V，A/N/V，D/L，A/F/D，V/D，C，N/Z，V/F/J/L，S/F，V/A/J，F/J，V/A/N，Z/F，S/D/F，V/J/L，N/A/F，Z/D，N/V/A，Z/V，V/J/D。

表十一：按结构划分（排除不能划分结构的 770 个复音词）

名称	复音单纯词 64				复合词 7911					
	联绵词				重叠式	附加式	联合式	偏正式	动宾式	补充式	主谓式
	叠音词	双声	叠韵	非双声叠韵							
占复音词总数的%	9 0.10%	16 0.18%	25 0.28%	13 0.14%	306 3.50%	571 6.53%	1317 15.06%	5015 57.35%	512 5.85%	128 1.46%	62 0.71%
占复合词总数的%					3.87%	7.22%	16.65%	63.39%	6.47%	1.62%	0.78%

表十二：《红楼梦》词语使用频率表

频率	1	2	3-4	5-7	8-10	11-19	20-29	30-39	40-49	50以上
出现的词汇总数	5835	1662	1284	775	351	490	201	107	75	338
单音词及其所占出现词汇总数%	530 9.1%	278 16.7%	341 26.6%	298 38.5%	174 49.6%	256 52.2%	118 58.7%	66 61.7%	53 70.7%	260 76.9%
复音词及其所占出现词汇总数%	5305 90.9%	1384 83.3%	943 73.4%	477 61.6%	177 50.4%	234 47.8%	83 41.3%	41 38.3%	22 29.3%	78 23.1%

《红楼梦》有单音词 2374 个，复音词 8745 个，单音词占词汇总数的 21.4%，一般复音词占词汇总数的 78.7%。我们能据此判断复音词在《红楼梦》中就占一定的优势了吗？不一定。表十二显示《红楼梦》中出现一次的词有 5835 个，其中只出现一次的单音词有 530 个，占出现一次词汇总数的 9.1%，且大部分是冷僻词，出现一次的复音词有 5305 个，占出现一次词汇总数的 90.9%；出现两次的词有 1662 个，其中出现两次的单音词有 278 个，占出现两次词汇总数的 16.7%，大部分也是冷僻词，出现两次的复音词有 1384 个，占出现两次词汇总数的 83.3%，大部分是新兴的复合词……出现 50 次以上的有 338 个，其

中单音词有 260 个,占 76.9%,复音词有 78 个,占 23.1%。

在《红楼梦》中从 8-10 次开始复音词的使用频率大于单音词使用频率。

第四节 从复音词数据看近代汉语构词法的发展

把《唐传奇》、《朱子语类》、《元杂剧》、《水浒传》、《红楼梦》各书中的有关数据汇总起来,大致可以看出汉语构词法在近代汉语中的发展概况,我们描述如下:

4.4.1 复音词发展趋势

表一:近代汉语复音词的发展趋势表

	唐传奇	朱子语类	元杂剧	水浒传	红楼梦
总词数	8415	5072	11045	10849	11119
单音词	2942 35.0%	1817 35.8%	2392 21.7%	2244 20.7%	2374 21.4%
复音词	5473 65.0%	3255 64.2%	8653 78.3%	8605 79.3%	8745 78.7%

从单音词和复音词的百分比看,在数量上,近代汉语中复音词所占词汇总数的百分比继中古时期略有提高,从最低的《唐传奇》占词汇总数的 65.04% 到最高的《水浒传》79.32%,复音词数量的百分比增长了 14.28 个百分点,平均每百年的增长率是 14.28%/13 = 1.10%,和中古时期平均每百年增长 4.4% 相比,低 3.3 个百分点。这说明在复音词数量增长方面近代汉语低于中古汉语。从平均百分比看,近代汉语单音词占词汇总数的平均百分比是 134.47%/5 = 26.89%,比中古汉语单音词占词汇总数的平均百分比 46.7% 少 19.81 个百分点;复音词占词汇总数的平均百分比是 365.53/5 = 73.11%,比中古汉语复音词占词汇总数的平均百分比 53.3% 多 19.81 个百分点。因此,从平均百分比看,近代汉语复音词数量已经占了明显的优势。在使用频率上如何呢?我们通过以上几节中《唐传奇》、《朱子语类》、《元杂剧》、《水浒传》、《红楼梦》的词语使用频率表,可以看出近代汉语中复音词的使用频率在不断提高。

4.4.2 各类复音词发展趋势

表二:近代汉语各类复音词发展趋势表

	唐传奇	朱子语类	元杂剧	水浒传	红楼梦
复音词	5473	3255	8653	8605	8745
单纯词	103 1.9%	20 0.6%	84 1.0%	67 0.8%	43 0.5%
复合词	5370 98.1%	3235 99.4%	8569 99.0%	8538 99.2%	8702 99.5%

与中古时期复音单纯词平均占复音词总数的4.2%相比,复音单纯词在近代汉语时期的平均百分比是1.0%,降低了3.2个百分点,并且近代汉语时期复音单纯词多是从前期汉语中流传下来的,这说明复音单纯词在近代汉语时期的能产性已经很低了。近代汉语时期复合词所占词汇平均总数的百分比是99.0%,比中古时期的95.8%升高了3.2个百分点,这说明复合词在近代汉语时期的能产性持续升高。

4.4.3 各类复合词的发展趋势

表三:近代汉语各类复合词的发展趋势

	唐传奇	朱子语类	元杂剧	水浒传	红楼梦
复合词	5367	3084	8569	8538	8702
联合式	1516 28.3%	716 23.2%	1080 12.6%	1116 13.1%	1317 15.1%
偏正式	3168 59.0%	1833 59.4%	5257 61.4%	5292 62.0%	5015 57.6%
动宾式	196 3.7%	94 3.1%	410 4.8%	533 6.2%	512 5.9%
补充式	44 0.8%	63 2.0%	119 1.4%	322 3.8%	128 1.5%
主谓式	28 0.5%	22 0.7	66 0.8%	41 0.5%	62 0.7%
附加式	247 4.6%	185 6.0%	754 8.8%	506 5.9%	571 6.6%

续表

重叠式	65 1.2%	52 1.7%	356 4.2%	179 2.1%	306 3.5%
综合式		107 3.5%	517 6.0%	528 6.2%	726 8.3%
其他	103 1.9%	12 0.4%	10 0.1%	21 0.3%	65 0.8%

与中古汉语相比,近代汉语各类复合词的发展趋势如下:

(一)联合式复合词的能产性出现了快速下降的趋势

与中古汉语相比,联合式复合词出现了明显下降的趋势。近代汉语时期联合式的平均百分比是 92.3%/5 = 18.5%,比中古汉语的总平均 48.7% 低 30.2 个百分点。

从语法构成看,近代汉语时期仍然是动词素 + 动词素 = 动词最多,其次是名词素 + 名词素 = 名词和形容词词素 + 形容词词素 = 形容词。

(二)偏正式复合词的能产性出现了快速升高的趋势

与中古汉语相比,偏正式复合词出现明显上升的趋势。偏正式在近代汉语时期总的平均百分比是 299.4%/5 = 59.9%,偏正式比在中古时期总的平均百分比 36.4% 多 23.5 个百分点。

(三)动宾式的发展趋势

与中古汉语相比,动宾式复合词的能产性在近代汉语中有所下降,动宾式在近代汉语总的平均百分比是 23.7%/5 = 4.7%,比中古汉语的 5.4% 少 0.7 个百分点。

(三)补充式的发展趋势

补充式复合词在近代汉语中的平均百分比是 9.5%/5 = 1.9%,补充式复合词在中古时期的平均百分比是 1.9%,两个时期的能产性大致一样。

(四)主谓式的发展趋势

近代汉语中主谓式的平均百分比是 3.2%/5 = 0.6%,比中古时期的 1.1%,少 0.5 个百分点。

(五)附加式的发展趋势

附加式复合词的能产性在近代汉语中要比中古时期高。近代汉语时期附加式的平均百分比是 31.9%/5 = 6.4%,比中古时期附加式的平均百分比 3.5% 高 2.9 个百分点。

(六)重叠式的发展趋势

近代汉语时期重叠式的平均百分比是 12.7%/5 = 2.5%，与中古时期重叠式的平均百分比 1.1% 相比，提高了 1.4 个百分点。

4.4.4 词类的发展趋势

表四：近代汉语单音词词类的发展趋势

	唐传奇	朱子语类	元杂剧	水浒传	红楼梦
单音词①	2942	1817	2392	2244	
名词	1142 38.8%	615 33.9%	778 32.5%	716 31.9%	734 30.9%
动词	1125 38.2%	717 39.5%	991 41.4%	932 41.5%	984 41.5%
形容词	402 13.7%	228 12.6%	267 11.2%	244 10.9%	315 13.3%
其他	273 9.3%	257 14.1%	356 14.9%	352 15.7%	341 14.4%

近代汉语中单音名词所占的平均百分比是 168%/5 = 33.6%，单音动词所占的平均百分比是 202.1/5 = 40.4%，单音形容词所占的平均百分比是 61.7%/5 = 12.3%。随着时间的推移，单音名词所占的比重逐渐减小，单音动词、形容词所占的比重逐渐增大。

表五：近代汉语复音词词类的发展趋势

	唐传奇	朱子语类	元杂剧	水浒传	红楼梦
复音词	5473	3255	8653	8605	8745
名词	3485 63.7%	1778 54.6%	5330 61.6%	4955 57.7%	4968 56.8%
动词	1288 23.5%	949 29.2%	2584 29.9%	2933 34.1%	2586 29.6%
形容词	594 10.9%	302 9.3%	673 7.8%	492 5.7%	778 8.9%
其他	106 1.9%	226 7.0%	66 0.8%	225 2.6%	413 4.7%

---

①不算兼类词。

近代汉语中复音名词所占的平均百分比是 294.4%/5 = 58.9%，比中古汉语的 55.9% 多 3.0 个百分点；复音动词所占的平均百分比是 29.3%，比中古汉语的 26.0% 多 3.3 个百分点；复音形容词所占的平均百分比是 42.6%/5 = 8.5%，比中古汉语的 16.8% 少 8.3 个百分点。

在近代汉语中，复音名词、复音动词和复音形容词之间的比例是 58.9/29.3/8.5。这再一次证明了复音词词类的发展规律：先是名词占绝对优势，后来是动词逐渐接近名词，形容词继续发展。

4.4.5 结论

与前期汉语相比，近代汉语构词法有下列特点：从复音词的发展趋势看，在数量上汉语中复音词的数量稍有增长，但复音词在使用频率、义项的丰富程度上都比以前汉语有大幅度的提高，构词方式已经很完备；在复合词构词法中，近代汉语中偏正式构词法最为能产，联合式次之。

第五节 近代汉语词的构成特点和生成特点

4.5.1 近代汉语构词法简表

近代汉语构词法是从中古时期口语性强的语料中的构词法发展而来的，汉语的构词法在近代汉语中日趋完善，现代汉语的构词法在近代汉语中基本完备。与前期汉语最大的不同就是，近代汉语中处于使用状态的单音词绝大多数是属于基本范畴词的单音词，属于单音节的下位范畴词的产生基本处于停滞状态，下位范畴词不再是单音词而是以双音节合成词占绝大多数，这些合成词是在单音的基本范畴词的基础上产生的。

复音单纯词的能产性除了在元杂剧中有所回升外，其他文献中复音单纯词的能产性继续下降。这再次证明了复音单纯词的能产性是与特定文体有关的。

根据近代汉语复合词的语义构成特点，我们把近代汉语复合词语义构词法列为下表：

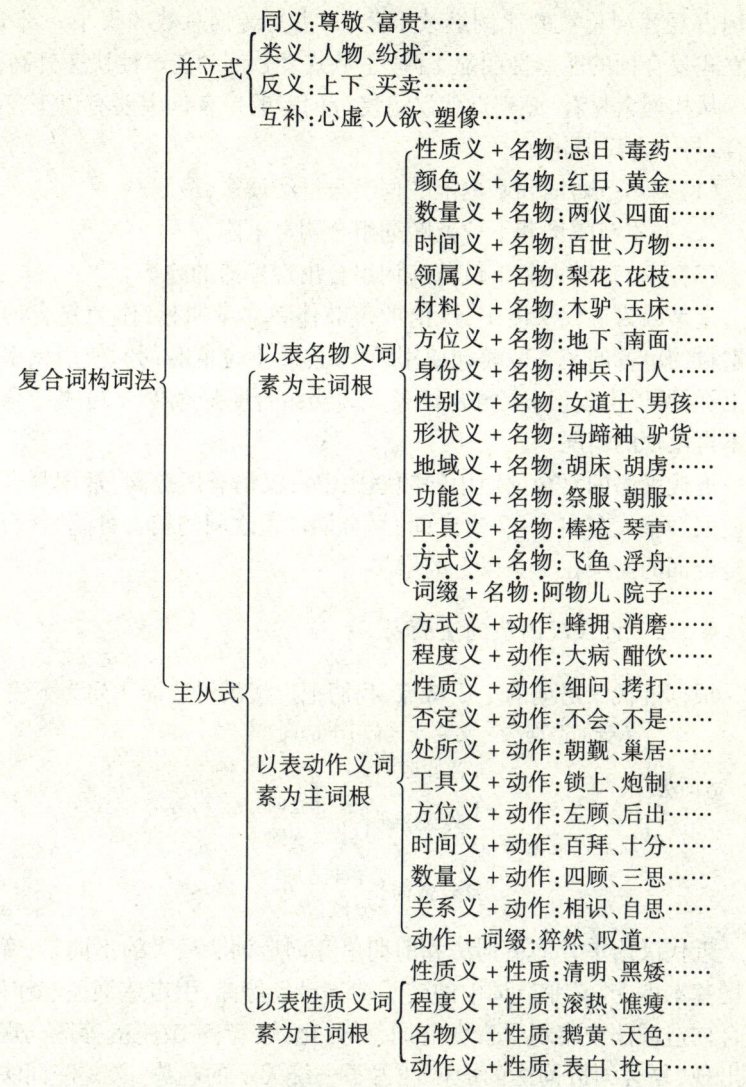

近代汉语中并立式复合词的语义构成和前期汉语一样,但是能产性大大下降。名词性、动词性和形容词性主从式复合词的语义构成都进一步变复杂了①。

与中古汉语相比,近代汉语复合词中,人名、地名、官职名等专有

---

① 构词法表中加点的是近代汉语新兴的构词法。

名词占复音词总数的比例继续下降,只占复音词总数的很小一部分,并立式复合词的能产性明显下降,主从式复合词的能产性快速升高。

从构词素材看,充当近代汉语复合词素的单音词主要有以下三类组合,与中古汉语相比:

(1)基本范畴词和基本范畴词组合继续增多,最能产。

(2)基本范畴词和下位范畴词组合明显下降。

(3)下位范畴词和下位范畴词组合出现停滞的趋势。

这是因为近代汉语中,汉语的范畴体系非常明显,作为复合词造词素材的单音的基本范畴词使用频率最高,下位范畴词的使用频率明显下降,所以出现(1)类组合最多,(2)类组合明显减少,(3)类组合基本不再出现的情况。

近代汉语的复合词使用的频率比中古汉语有所提高,常用复合词的使用频率大多在5-7次之间,复合词词素之间的结合日趋紧密,常用复合词的义项在2条以上的增多。

4.5.2 近代汉语造词法简表

根据近代汉语词的生成特点,我们把近代汉语造词法列为下表:

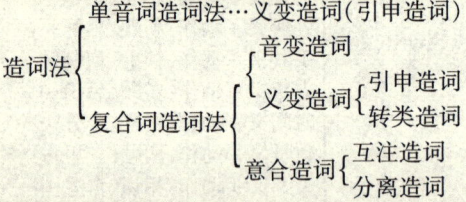

近代汉语单音词造词法和前期单音词造词法最大的不同是:音变造词基本停滞,义变造词中的转类造词已经停滞,引申造词还起作用。复合词造词法中出现了音变造词,如儿化、轻音、音节脱落等造词现象的出现,复合词造词法的能产性占了一统天下的趋势,义变造词法的能产性超过了单音词的义变造词法。

意合造词产生的新词主要是以双音节为主的下位范畴词,其能产性超过了单音词造词法。意合造词法中互注造词能产性下降,分离造词占了优势。

第五章 现代汉语的构词法和造词法

本章,我们运用抽样统计方法统计了《毛泽东选集》中有关复音词的数据并结合其他学者统计的数据考察现代汉语构词法的发展概况。为了认识现代汉语中复音词词义和其构成成分——词素义之间的关系,先后论述了义素构词——探讨复合词构造进一步细化,探讨了影响复音词词义变异的心理因素——隐喻和换喻。最后,论述了现代汉语词的构成特点和生成特点。

第一节 《毛泽东选集》复音词的统计

5.1.1 《毛泽东选集》简介

《毛泽东选集》是毛主席从20世纪20年代到70年代期间在不同场合演讲或书信的记录,大多是谈话样式的,谈话的对象主要是当时的红军战士、工农大众以及党的军政干部和一些知识分子,是当时口语的典型代表。我们运用抽样统计的方法选取《毛泽东选集》[1]部分章节中的复音词作为研究对象,通过对这些复音词的穷尽性统计结合定性描写看现代汉语中各类构词法的分布情况。统计的范围如下:

第一卷:在新民学会长沙会员大会上的发言(一九二一年一月一日、二日),在中央紧急会议上的发言(一九二七年八月七日),给林彪的信(一九二九年六月十四日),中华苏维埃共和国中央执行委员会关于改变对富农政策的命令(一九三五年十二月十五日),直罗战役同目前的形势与任务(一九三五年十一月三十日),给杨虎城的信(一九三六年八月十三日),给叶剑英、刘鼎的信(一九三六年十月二十二日),

---

[1] 电子文本的出处:http://www.ccyl.org.cn/theory/mxweb/main.htm。

红军第四军司令部布告(一九二九年一月),给宋哲元的信(一九三六年八月十四日),中国共产党致中国国民党书(一九三六年八月二十五日),在中国文艺协会成立大会上的讲话(一九三六年十一月二十二日),给蒋介石的信(一九三六年十二月一日),为徐特立六十岁生日写的贺信(一九三七年一月三十日),中日问题与西安事变——和史沫特莱的谈话(一九三七年三月一日),纪念联合国日,保卫西安与西北!(一九四四年六月十四日)。

第二卷:在延安反侵略大会上的演说(一九三八年二月十一日),在纪念孙中山逝世十三周年及追悼抗敌阵亡将士大会上的讲话(一九三八年三月十二日),在抗大应当学习什么?(一九三八年四月九日),在鲁迅艺术学院的讲话(一九三八年四月二十八日),在陕甘宁边区自然科学研究会成立大会上的讲话(一九四〇年二月五日),给毛岸英、毛岸青的信(一九四一年一月三十一日),文艺工作者要同工农兵相结合(一九四二年五月二十八日)。

第三卷:在中国共产党第七次全国代表大会上的口头政治报告(一九四五年四月二十四日)。

第四卷:赴重庆谈判前在政治局会议上的讲话(一九四五年八月二十六日),抗日战争胜利后的新形势和新任务(一九四五年八月二十三日),在抗大七分校的讲话(一九四五年十月二十五日),给洪禹的信(一九四六年三月十二日),同三位西方记者的谈话(一九四六年十二月九日),在小河中共中央扩大会议上的讲话(一九四七年七月二十一日),在杨家沟中共中央扩大会议上的讲话(一九四七年十二月二十五日、二十八日)。

第五卷:三军协力解决大别山困难(一九四八年一月二日),在西北野战军前委扩大会议上的讲话(一九四八年一月十五日),中国的社会经济形态、阶级关系和人民民主革命(一九四八年二月十五日),不同意毛泽东主义的提法(一九四八年八月十五日),在中共七届二中全会上的总结(一九四九年三月十三日),中国人民从此站立起来了(一九四九年九月二十一日),中国人民大团结万岁(一九四九年九月三十日),人民英雄永垂不朽(一九四九年九月三十日)。

第六卷:同绥远负责人的谈话(一九四九年十月二十四日),抵达莫斯科时的书面演说(一九四九年十二月十六日),关于恢复中华人民共和国在联合国及安理会的合法权利致联合国电(一九五〇年一月十九日),中国人民志愿军必须越过三八线作战(一九五〇年十二月十三日),对军事学院第一期毕业学员的训词(一九五二年七月十日),接见西藏国庆观礼团、参观团代表的谈话(一九五三年十月十八日),同英国工党代表团的谈话(一九五四年八月二十四日),在资本主义工商业社会主义改造问题座谈会上的讲话(一九五五年十月二十九日),接见泰国经济文化代表团的谈话(一九五五年十二月二十一日)。

第七卷:同藏族人士的谈话(一九五六年二月十二日),在中共中央政治局扩大会议上的总结讲话(一九五六年四月二十八日),美帝国主义是纸老虎(一九五六年七月十四日),关于中共中央设副主席和总书记的问题(一九五六年九月十三日),中国共产党第八次全国代表大会开幕词(一九五六年九月十五日),关于恢复中国在联合国的合法席位问题(一九五六年九月三十日),同南斯拉夫妇女代表团的谈话(一九五六年十月十二日),在普通教育工作座谈会上的讲话(一九五七年三月七日),同新闻出版界代表的谈话(一九五七年三月十日),关于中国人民志愿军撤出朝鲜问题(一九五八年一月二十四日),中华人民共和国国防部三告台湾同胞书(一九五八年十一月),关于帝国主义和一切反动派是不是真老虎的问题(一九五八年十二月一日),同藏族人士的谈话(一九五六年二月十二日)。

第八卷:马列主义基本原理至今未变,个别结论可以改变(一九五九年二月十四日),在郑州会议上的讲话(节选)(一九五九年二月二十七日),同拉丁美洲一些国家共产党领导人的谈话(一九五九年三月三日),关于西藏平叛(一九五九年四月十五日),世界上有人怕鬼,也有人不怕鬼(一九五九年五月六日),经济建设是科学,要老老实实学习(一九五九年六月十一日),庐山会议讨论的十八个问题(一九五九年六月二十九日、七月二日),同澳共总书记夏基的谈话(一九五九年十月二十六日),帝国主义是不可怕的(一九六〇年五月七日),同蒙哥马利的谈话(一九六〇年五月二十七日),解决中日复交问题,日方还是靠自民党政府(一九七二年九月二十七日),如果尼克松愿意来,我愿意和他谈(一九七〇年十二月十八日)。

根据《专书复音词统计方法新论——以〈唐传奇〉复音词的统计作说明》中介绍的方法,统计出所选《毛泽东选集》部分共 202788 个字,计8475个词(包括931个专有名词,1165个单音词,6379个复音词)。各类数据描写如下。

5.1.2 从音节方面看

(一)单音词

单音词1165个,共出现了75449次,包括338个使用一次的单音词,单音词的使用频率是75449/1165 = 64.76,每个单音词平均运用64.76次。使用频率居前十位的依次是:不21730次,的7357次,一2282次,是2277次,我1951次,了1745次,有1578次,要1485次,在1287次,这985次。

(二)复音词

复音词6379个,包括使用一次的3019个;复音词的使用频率是50505/6379 = 7.92,复音词平均运用7.92次。单音词的使用频率是复音词的8.18倍。6379个复音词中双音节词5071个,使用频率是45850/5071 = 9.04;三音节词464个,使用频率是1597/464 = 3.44;四音节词640个,使用频率是2356/640 = 3.68;五音节及以上217个,使用频率是798/217 = 3.67。

(三)专有名词(复音专有名词)

专有名词共931个,包括人名322个,地名178个,官职名等其他专有名称431个。除去专有名词,复音词占词汇总数的6379/7544 = 84.56%;单音词占词汇总数的1165/7544 = 15.44%。

5.1.3 从结构看

(一)复音单纯词

复音单纯词共17个:双声4,叠韵7,非双声叠韵6。包括3N,6V,8A。

(二)重叠式

重叠共70个:AA = A13,AABB19,ABAB3,ABB3,NN = N12,VV = V20。

(三)联合式

联合式793个:VV = V413,NN = N181,AA = A166,VV = N15,VV = A6,VN = N2,AN = N2,AA = N2;VV = V/N,NN = A,NN = V,AV =

N,LL = A,AV = V。

从语法构成看,联合式复合词中动词素与动词素结合成动词的最多,名词素与名词素结合成名词次之,形容词素与形容词素结合成形容词第三,其他的很少。

(四)偏正式

偏正式 3982 个:NN = N1483,VV = V777,AN = N515,VN = N324,AV = V195,FV = V89,AA = A86,NV = V48,AV = N35,NV = N34,SN = N31,VV = N28,VN = V = 27,DN = N26,VJ = V25,FA = A24,VA = A23,VA = V19,AN = A17,AV = A16,FN = N12,DV = V12,VV = A10,NL = N10,JN = N9,VN = A8,AJ = A7,LN = N6,SV = A6,FV = A5,NA = A5,VA = N5,ZN = N4,AJ = V4,AL = A4,SN = A3,JV = V3,ZV = V3,AA = N3,DN = D3,DN = A3,NA = N3,VL = V2,NV = A2,HV = V2,DA = A2,NN = A2,SA = A2,AA = A/N,VS = V,VV = V/F,VD = A,VV = V/N,AA = A/F,JV = N,NV = N/V,AV = N/A/L,AV = A/V,AD = A,VN = V/F,AN = V,DL = D,AS = A,VN = V/A,FN = A,SV = V,NS = N,AL = N。

从语法构成看,偏正式复合词中名词素与名词素结合成名词的最多,动词素与动词素结合成动词的次之,形容词素与名词素结合成名词的第三,动词素与名词素结合成名词的第四,形容词素与动词素结合成动词的第五,其他结构也不少,与其他复合词相比偏正式复合词的语法构成最为丰富。

(五)动宾式

动宾式 300 个:VN = V247,VN = N19,VV = V18,VA = V7,VN = A5,NN = N2,VN = N/V2。

(六)补充式 165 个:VV = V135,VA = V26,VN = V4。

(七)主谓式 32 个:NV = N21,NV = V8,NA = N2,NN = N。

(八)附加式

附加式 431 个:HN399,HV13,HA10,QN9。

(九)其他

不能分析结构的 563 个,包括:四字成语 215 个,短语 36 个,不明结构 5 个,外来词 1 个,拟声词 1 个,其他:F173,L58,D58,J3,N2,S,F/L,D/F,A/V,V,A,T,Y。

表一：按词类划分

词类	单音词个数	百分比	复音词个数	百分比
名词	285	24.5	3200	50.2
动词	496	42.6	2147	33.7
形容词	136	11.7	469	7.4
副词	45	3.9	173	2.7
代词	30	2.6	58	0.9
数词	19	1.6	0	0
量词	4	0.3	1	0.02
连词	12	1.0	57	0.9
介词	1	0.1	3	0.04
语气词	4	0.3	0	0
助词	5	0.4	0	0
叹词	4	0.3	0	0
兼类词	122	10.5	1	0.02
其他	2	0.3	270	4.2
总数	1165	100%	6379	100%

单音词词类的具体情况如下：V496，N285，A136，F45，D30，S19，L16，N/V12，N/L8，V/A7，V/L7，V/N7，V/F6，A/F6，Z5，A/V5，N/F4，N/A4，Y4，T4，V/A/F3，V/J/F3，N/A/L3，D/F2，J/L2，N/Z2，V/F/L2，V/J2，V/J/L2，V/Z2，N/V/L2；有34个兼类词，虽然只用了一次，但它们的使用频率很高，各个兼类词的情况如下：J/V/N/D，V/F/Z，L/A，Z/F，N/V/A，F/N，D/Z，V/J/Z，A/V/F，N/F/L，S/F，S/D，L/Z，A/V/FJ/L，V/N/A/L，N/V/F，V/A/Z，V/A/L，N/J/V/F，S/N，V/A/N/L，D/F/L，S/A，V/F/D，A/N/F，N/A/V，N/A/F，A//N/V，D/L，Z/J，A/N，A/L，Y/V。

在《毛泽东选集》中单音动词最多，名词次之，形容词第三。而复音名词最多，复音动词次之，复音形容词第三。

表二：按结构划分（排除不能划分结构的 590 个复音词）

名称	复音单纯词 16				复合词 5773						
	联绵词			重叠式	附加式	联合式	偏正式	动宾式	补充式	主谓式
	叠音词	双声	叠韵	非双声叠韵							
占复音词总数的%	0	4 0.06%	7 0.1%	6 0.1%	70 1.1%	431 6.8%	793 12.4%	3982 62.4%	300 4.7%	165 2.6%	32 0.5%
占复合词总数的%						1.2%	7.4%	13.7%	69.0%	5.2%	2.9%	0.5%

表三：《毛泽东选集》词语使用频率表

频率	1	2	3–4	5–7	8–10	11–19	20–29	30–39	40–49	50 以上
出现的词汇总数	3357	1127	901	642	316	470	201	131	62	336
单音词及其所占出现词汇总数%	338 10.1	141 12.5	146 16.2	112 17.4	76 24.0	114 24.3	44 21.9	31 23.7	15 24.2	148 44.0
复音词及其所占出现词汇总数%	3019 89.9	986 87.5	755 83.8	530 82.6	24.1 75.9	356 75.7	157 78.1	100 76.3	47 75.8	188 56.0

表三显示《毛泽东选集》中出现一次的词有 3357 个。其中只出现一次的单音词有 338 个，占出现一次词汇总数的 10.1%，且大部分是冷僻词，出现一次的复音词有 3019 个，占出现一次词汇总数的 89.9%。出现两次的词有 1127 个，其中出现两次的单音词有 141 个，占出现两次词汇总数的 12.5%，大部分也是冷僻词，出现两次的复音词有 986 个，占出现两次词汇总数的 87.5%，大部分是新兴的复合词……出现 50 次以上的有 336 个，其中单音词有 148 个，占 44.0%，复音词有 188 个，占 56.0%。

《毛泽东选集》词语使用频率表与《红楼梦》词语使用频率表相比，《毛泽东选集》中复音词的使用频率明显提高，在《毛泽东选集》中复音词的使用频率已经超过了单音词使用频率。

5.1.4 小结

通过对《毛泽东选集》中各类单音词和复音词的统计，我们可以看出就使用状态的词来讲现代汉语中单音动词最多，名词次之，形容词第三；复音词方面：复音名词最多，复音动词次之，形容词第三。

第二节 从复音词数据看现代汉语构词法的发展

5.2.1 复音词发展趋势

表一:现代汉语复音词的发展趋势表①

	毛泽东选集	现汉二版和现汉通用字典	苏新春现汉二版	苏新春现汉修订版	周荐现汉修订版
总词数	7544	50903	56147	61261	58481
单音词	1165 15.4%	6517 12.8%	10540 18.9%	10776 17.6%	8795 15.0%
复音词	6379 84.6%	44386 87.2%	45525 81.1%	50485 82.4%	49686 85.0%

从单音词和复音词的平均百分比看,在数量上,现代汉语时期复音词所占词汇总数的平均百分比是 420.3/5 = 84.1%,比近代汉语的 73.1% 多 11.0%,单音词占词汇总数的平均百分比是 79.7%/5 = 15.9%,比近代汉语的 26.9% 少 11%。由此可见,从平均百分比看,现代汉语复音词的数量已经占了绝对优势,从复音词数量的增长速度看,在整个汉语史上复音词的增长速度在现代汉语时期是最快的,超过了以往任何时期。在使用频率上如何呢? 从 5.1.3 节的表三可以知道《毛泽东选集》中复音词的使用频率明显提高,在《毛泽东选集》中复音词的使用频率已经超过了单音词使用频率。

表二:现代汉语各类词占现代汉语词汇总数的百分比表②

词数	双字	3字	4字	5字	6字	7字	8字	9-12字	总词数
8795	39548	4910	4798	218	104	48	50	10	58481
15.039%	67.625	8.396%	8.204%	0.373%	0.178%	0.082%	0.086%	0.017%	100%

从表二可知现代汉语中单音词、双音词占的比重有所下降,三字

---

① 表一的数据依次引自李仕春、张津、黄昌宁(1996),苏新春(2005),苏新春(2005),周荐(1999)。

② 周荐《双字组合与词典收条》,中国语文,1999 年,第 4 期。

词和四字语①比以前有所增加。

在义项的丰富程度上,现代汉语复音词的义项比近代汉语复音词的义项有了进一步的发展,例如:

现汉修订版苏新春②

	词数	义项数	单义词数	多义词数	多义词总义项数	多义词平均义项
单音词	10776	18940	6629	4147	13532	3.263
复音词	50485	59465	41195	8354	18270	2.187
总词数	61261	78405	47824	12501	31802	2.544

现汉二版和现汉通用字典③

	词数	义项数	单义词数	多义词数	多义词平均义项
单音词	6517	15602	2997	3520	3.581
复音词	44386	52263	37822	6564	2.200
总词数	50903	67865	40819	10084	2.682

现代汉语复音词义项已经很丰富了,这说明复音词义变造词非常活跃。

5.2.2 各类复音词发展趋势

现代汉语中复音单纯词在复音词中占的比重进一步萎缩,复合词的比重进一步提高,例如《毛泽东选集》中两者占的百分比分别是0.3%和99.7%。

---

①四字及以上的一般不能看作是词,它们包括一些成语、固定短语、谚语等等。
②苏新春《汉语释义元语言研究》,上海:上海教育出版社,2005,第52页。
③转引苏新春《汉语释义元语言研究》,上海:上海教育出版社,2005,第52页;苏新春引自:张津、黄昌宁《从单词词典中获取定义原语方法的研究及现代汉语定义原语的获取》,技术报告,1996年2月,第4页。张津、黄昌宁统计的语料是《现代汉语词典》,中国社会科学院语言研究所编,商务印书馆,1988年第二版。《现代汉语通用字典》,傅兴岭主编,外语教学与研究出版社,1987。

5.2.3 各类复合词的发展趋势

与近代汉语相比,现代汉语各类复合词的发展趋势如下:

《毛泽东选集》中联合式复合词占复合词总数的 13.7%,比近代汉语时期联合式的平均百分比 18.5% 减少了 4.8 个百分点;偏正式复合词占复合词总数的 69.0%,比近代汉语时期总的平均百分比 59.9%,多 9.1 个百分点。

《毛泽东选集》中动宾式复合词占复合词总数的 5.2%,比近代汉语总的平均百分比 4.7% 多 0.5 个百分点。补充式复合词占复合词总数的 2.9%,比近代汉语总的平均百分比 1.9% 多 1 个百分点。主谓式复合词占复合词总数的 0.5%,比近代汉语总的平均百分比 0.6% 少 0.1 个百分点。附加式占复合词总数的 7.4%,比近代汉语时期附加式的平均百分比 6.4% 高 1 个百分点。重叠式占复合词总数的 1.2%,比近代汉语时期重叠式的平均百分比 2.5% 低 1.3 个百分点。

由此可见,现代汉语构词法的发展趋势和近代汉语的发展趋势基本一致:联合式的能产性进一步降低,偏正式的能产性进一步提高,动宾式、补充式、附加式和主谓式的能产性有升有降但始终占据少数。

5.2.4 词类的发展趋势

《毛泽东选集》中单音名词占全部单音词的百分比是 24.5%,比近代汉语中单音名词所占的平均百分比 33.6% 少 9.1 百分点;单音动词占的百分比是 42.6%,比近代汉语中单音动词所占的平均百分比 40.4% 多 2.2 个百分点;单音形容词占的百分比是 11.7%,比近代汉语中单音形容词所占的平均百分比 12.3% 少 0.6 个百分点。

《毛泽东选集》中复音名词占全部复音词的百分比是 50.2%,比近代汉语中复音名词所占的平均百分比 58.9% 少 8.7 个百分点;复音动词占的百分比是 33.7%,比近代汉语中复音动词所占的平均百分比 29.3% 多 4.4 个百分点;复音形容词占的百分比是 7.4%,比近代汉语中复音形容词所占的平均百分比 8.5% 少 1.1 个百分点。

在现代汉语中,单音名词、单音动词和单音形容词之间的比例是 24.5/42.6/11.7,复音名词、复音动词和复音形容词之间的比例是 50.2/33.7/7.4。与上古、中古、近代汉语相比,这再次证明处于使用状态的词类的发展规律是先是名词占绝对优势,后来是动词逐渐接近名词,从近代汉语到现代汉语形容词的发展趋势是其能产性略有下降。

就使用状态的词来讲现代汉语中单音动词最多,名词次之,形容词第三;复音词方面:复音名词最多,复音动词次之,形容词第三。当然,就储存状态的词来讲,无论单音的还是复音的,都是名词最多,动词次之,形容词第三。

第三节 义素构词——探讨复合词构造的进一步细化

复合词构造的语言学研究,从 1898 年马建忠《马氏文通》开始,到现在已经有 100 多年历史了,研究过程中,学者们用来指称复合词及其构成成分的术语不断改变,这种改变反映了人们对汉语复合词构造认识的不断深入。本节我们主要从术语变换的角度回顾复合词构造的研究过程。

5.3.1 复合词构造研究小史

(一)《马氏文通》开创了以"字"为单位探讨复合词构造的传统

马建忠沿袭了传统小学术语把复合词的构成成分看成是"字",从"字"与"字"之间的语法关系和语义关系两方面描写复合词:语法方面把复合词称为"名字骈列"、"动字骈列"等,语义方面把"骈列"分为"两字对待"、"双字同义"等①。后来的大多数学者都遵循马建忠的做法,从语义、语法两方面描写复合词,例如:

薛祥绥《中国言语文字说略》(1919)中既说"对待之字"、"同义之字"为词,又说"名词与状词相合成一状词"、"状词与状词相合成一疏词"等,②这篇文章是最早成系统地探讨汉语构词法的发轫之作。黎锦熙《复音词类构成表》(1923)把复合词称为"复音词",③1929 年又把同一篇文章改名为《复合词构成方式简谱》。④ 从标题的修改来看,他的"复音词"和"复合词"是相混的,这篇文章是该时期讨论汉语构

---

①马建忠《马氏文通》,北京:商务印书馆,1989。
②薛祥绥《中国言语文字说略》,国故,1919 年,第 4 期。
③黎锦熙《复音词类构成表》,国语月刊·汉字改革号,1923 年。
④黎锦熙《复合词构成方式简谱》,国语旬刊,1929 年,第 2 期。

词法的集大成之作。金兆梓(1922)的《国文法之研究》把复合词称为"结合语"并把这种"结合语"叫做字,他说:"无论他是声音的结合,是意义的结合,一成了结合语,就不问他几个字合成,在文法上总之当他是一个字。"①刘复(1923)《中国文法通论》,称复合词为"复合字"。②

以"字"为单位探讨复合词构造,成就是:开了从语法和语义两方面描写复合词构成的先河,为后来研究复合词的学者奠定了描写复合词的模式。缺点是:用书写符号系统单位"字"探讨听觉符号系统即语言系统的单位"词"本身就不伦不类,并且如上所述,该时期对复合词的称谓还没有一个统一的上位名称,用"名字骈列"、"双字同义词"、"连字词"、"合义字"、"分音字"等复合词的各个下位名称表示复合词。

(二)王力《中国现代语法》(1944)开了以"词"为单位探讨复合词构造的传统

以"字"为单位向以"词"为单位转变的过程中,学者们论及复合词的构成成分时,字和词是混用的。王力《中国现代语法》称复合词为"对立语""并合语""化合语"等,其构成成分分别用了字和词,例如:王力(1944)既说"凡意义相反的两个词并在一处,可称对立语",又说"凡意义相反的两个字连用,叫做对立语";既说"并合语是由于吞并作用而成的。现代国语中,某一字的意义渐渐占优势,另一字的意义渐渐被侵蚀了",又说"并合语是某一词的意义吞并了另一词的意义"。③ 另外,他的《中国语法理论》④也存在上述字词混用现象,这说明当时不仅复合词的称谓没有一个统一的名称,而且其构成成分也没有大家认可统一的名称。

吕叔湘的《中国文法要略》⑤虽然明确区分了字和词的概念,但他对复合词构成的描写也存在字词不分的现象,这说明以字或词为单位

---

①金兆梓《国文法之研究》,上海:中华书局,1922,第 10 – 12 页。
②刘复《中国文法通论》,上海:中华书局,1939/1920。
③王力《中国现代语法》,(上)(下),上海:商务印书馆,1985(上册出版于1943 年,下册出版于1944 年),第 287 页。
④王力《中国语法理论》,(上)(下),上海:商务印书馆,1985(上册出版于1944 年,下册出版于1945 年),第 296 页。
⑤吕叔湘《中国文法要略》,上海:商务印书馆,1953/1941。

分析复合词的结构在当时是通例。

赵元任1948年写《国语入门》,李荣1952年编译为《北京口语语法》,该书首次运用结构主义语言学的方法从语法方面描写复合词的构成,把复合词定义为"复合词是包含两个字(或词)的词"。① 其含义已经接近今天复合词的意义,这标志着复合词从此有了一个统一的上位名称,并且复合词的分类也比较合理化了,例如:把复合词分主谓复合词、并列复合词、向心复合词等5类,但是在复合词构成成分上,该书还是以"字"为单位。赵元任1968写 A Grammar of Spoken Chinese(《中国话的文法》),吕叔湘(1979)翻译为《汉语口语语法》,吕叔湘以"词"为单位对汉语复合词的构成进行了探讨,他指出"两个或更多词结合成一个词叫复合词"。②

陆志韦(1957)等编著的《汉语的构词法》③虽然界定了什么是词以及提取词的方法,但仍明确指出本报告以名字、动字、形容字等名称作为单位分析复合词的构成,并且把意义排除在构词法研究的范围之外,该书运用结构主义语言学的方法从语法构成方面对现代汉语中的复合词进行了前所未有的详尽描写。

以"词"为主要单位探讨复合词构造,表明人们已经自觉地把记录语言的符号系统——"字"和语言的符号系统——"词"区分开来,逐渐确立了现代汉语构词法体系;缺点是:把复合词与它的构成成分看成是同一语法层面上的单位,不利于进一步考察复合词内部结构关系。

(三)从50年代后期开始,以"语素"(或"词素")为主要单位探讨复合词构造逐渐占了主流

在以"词"为单位向以"词素(或语素)"为单位转变的过程中,学

---

①赵元任《北京口语语法》,写于1948年,李荣1952年译,北京:开明书店。

②吕叔湘先生一直关注汉语复合词的构造,分别在不同的时期用"字"、"词"、"语素"作为复合词的构成成分的单位。这说明了人们在探讨任何问题时,都不能超越他所处的时代特点。

③陆志韦《汉语的构词法》,北京:科学出版社,1957,第284页。

者们表示复合词的构成成分时也是混用这些术语的①。例如:早在1961年丁声树等的《现代汉语语法讲话》(1961)已经不再以"字"或"词"为单位分析复合词的构成,而是代之"成分"来说明。书中说并列式复合词就是"意义相同或相近的成分并列起来造成一个词"或"意义相对或相反的成分并列起来造成的一个词";偏正式复合词就是"由一个修饰成分加在中心成分前面而造成的一个词"。②

20世纪50~60年代词素(语素)概念引入我国语言学界后,学者们便用它们作为单位探讨复合词的构成。用词素作为单位探讨复合词的构成,在时间上要早一些。张寿康《略论汉语构词法》(1957)使用以"词素+词素=词"的形式探讨复合词的构成。而吕叔湘《汉语语法分析问题》(1979)则用"语素+语素=词"探讨复合词的构成③。朱德熙《语法讲义》(1982)提出要用"语素"代替"词素",用语素作为单位探讨复合词的构成,该书完全以"语素"为单位分析复合词的构成,这样字、词、词的构成成分——语素就完全区分开了,其意义是不仅建立了比较完善的构词法体系,而且也建立了比较完善的现代汉语语法体系,他认为"语素和语素组合成词,词和词组合成词组(也叫句法结构)"④从此以后,各高校用的《现代汉语》教材中所建构的现代汉语语法体系、现代汉语构词法体系以及使用的术语基本上大同小异。

以"语素"(或"词素")为单位分析复合词的构造,优点是便于把复合词和其构成成分区分开,把它们看成是不同语法层面的问题,形成层级性的体系。例如:复合词"说明文"第一层级是偏正结构,由偏词素"说明"限制正词素"文"组成。第二层级是补充结构,由语素"明"补充语素"说"构成词素"说明"。另一个优点是能显示出词素入词后所发生的语法变化和语义变化,事实上研究复合词构造的学者也是分别从语

---

①为了讨论的方便,我们按照是否主要以"字"还是以"词"、"词素(或语素)"作为分析复合词的主要单位,把分析复合词构造的历史分为三个阶段,事实上,后一阶段对复合词的探讨仍然还有沿用前一阶段的单位探讨复合词构成的。就是在今天无论是用字,还是用词或词素(语素)作单位探讨复合词结构的都大有人在,只不过以词素(或语素)作单位分析复合词结构的学者占主流地位罢了。

②丁声树等《现代汉语语法讲话》,北京:商务印书馆,1961,第219页。

③在当时还展开了词的构成成分用"词素"好还是用"语素"好的讨论,但直到今天不论是用"词素"还是"语素"都大有人在。

④朱德熙《语法讲义》,北京:商务印书馆,1982/2004,第14页。

法、语义两方面分析描写复合词构成的,以联合式合成词为例:从语法构成看,联合式复合词有:名词素+名词素——名词,动词素+动词素——动词,形容词性词素+形容词性词素——形容词等几类;从语义构成看,联合式复合词又可分为同义联合,类义联合,反义联合三类。

以"语素"(或"词素")为单位分析复合词的结构,虽然能显示出单音词变为复合词的构成成分后所发生的语法、语义两方面的变化,但这种描写仅限于对复合词结构的表层描写,只能显示出复合词构成成分间有限的几种关系,不能进一步细致描写发生这种变化的具体过程。这就好比物理学上发展到以"分子"为单位研究物质结构后,还必须再进一步发展到以"原子"为研究单位,深入到分子的内部,才能更加细致地研究物质构成一样,在语言学上,除了以"词素"为单位分析复合词的表层结构外,还必须深入到"词素"内部,通过分析词素的语义成分——义素在形成复合词词义中所起的作用,才能进一步解释词素入词所发生的语法变化和语义变化,最终达到分析复合词深层结构的目的。也就是运用义素分析理论,通过分析复合词的构成成分词素的前身——单音词的语义特征(即义素),看这些语义特征是怎样经过重新分析之后组成新的义素序列,形成新的义位,只有这样,才能深入到复合词的深层结构探讨它们的构造。

为了进一步说明现有构词法理论分析复合词构造的利弊,我们特举例如下:根据现有构词法理论体系"参赞"可以分析为:动词性词素"参"与动词性词素"赞"组合在一起形成名词"参赞",但却无法解释为什么两个动词性词素会组成名词;"精灵"可以分析为:形容词性词素"精"与形容词性词素"灵"组合在一起形成名词"精灵",但却无法解释为什么两个形容词性词素会组成名词。同样利用现有的构词法理论,也无法解释为什么同是"形+动","紧随"是动词,"紧张"是形容词?同样利用现有的构词法理论,也无法解释为什么同是"动+名","进士"是名词,"进食"却成了动词?同是"名+形","眼红"为形容词,"蛋白"却成了名词?要解释这种现象,就必须再找到一种能深入到复合词的构成成分——词素内部的单位,通过描写这种单位在词素构成词的过程中所起的作用来对上述现象做出解释。为此,我们打算从构成复合词词素的语义特征(即义素),来分析上述现象。

5.3.2 义素构词提出的理论根据

(一) 义素分析法的进一步细化

义素又叫语义特征、语义因子、语义基元、义子等,随着对词义构成认识的深入,人们已经把义素分析法作为语义成分分析法,从以前只用来分析一些实词(名词、动词、形容词等)的词汇意义,发展到现在的既分析词的词汇意义又分析词的语法意义。例如:李幼蒸《理论符号学导论》(1993),倪波、顾柏林《俄语语义学》(1995)就介绍了国外学者不仅用义素分析法分析词的词汇意义,而且还用义素分析法分析词的语法意义;张志毅《词汇语义学》(2001)从词汇意义和语法意义两方面把构成词的义素分成 6 个层级性的体系,扩大了义素分析法的应用范围[①]。

受已有研究的启发,我们提出从以下角度分析义素:根据基于家族相似性的原型范畴理论,词的义素可分为处于原型位置的核心义素和处于边缘位置的边缘义素两大类。核心义素又可以分为语法性义素和语义性义素:语法性义素指决定词的语法属性的义素,例如动词"走"的"动作性"就是"走"的核心性的语法义素;语义性义素相当于词汇性义素,是与词的基本义有关的义素,如"走"的核心性词汇义素是"两脚 + 交叉 + 不停 + 向前"。同样,也可以从语法和语义两个方面对词的边缘义素进行分类,分出边缘性语法义素和边缘性语义义素:词的边缘性语法义素指能体现该词在兼类或活用时体现出的语法性义素;词的边缘性语义义素,相当于附加义,如词的形象色彩义、感情色彩义、风格色彩义、语体色彩义、时代色彩义等。

把词所包含的义素分成两大类,每类又分两类,其实根据实际情况还可以继续细分。但也不可能把每个词都分析出上述全部义素,有的词可能只分析出一类义素,有的词可能分析出二至三类义素,例如虚词就只能分析出语法性义素。

[①] 张志毅(2001)从理论上把义素分成六个层级,详见张志毅、张庆云《词汇语义学》第 23 - 26 页。

另外,一些研究副名组合的学者,提出了确定义素的方法①,我们可以借鉴他们的方法提取义素。根据义素在义位中显现的特点,把义素分为比较显在的和比较隐晦的。比较显在的义素相当于核心性义素,可以通过比较、概括的方式把词在各个具体语境中包含的共同义素析取出来,最简便的方法是直接把义素从辞书的义项里提取出来;比较隐晦的义素相当于词的边缘性义素,可以通过分析词在具体语境中显示的临时附加义提取。

(二)义素分析法的运用

两个(或两个以上)在语义、语法、语用上可以搭配的单音词,由于经常结合在一起使用,那么这两个本来各自独立的单音词的词义就有可能发生变化。这种变化主要体现在语法和语义两个方面②,在理论上我们可以把这种变化描写如下:两个单音词的词义发生变化时,并不是整个词义都发生变化,而是一部分词义——即两个单音词的某些义素发生变化,其中有的义素消失了,有的义素保留在新形成的词义中。保留下来的义素通过联想,经过重新分析,重新组合成一个新的义素系列,产生一个新的义位,最终形成一个新的复合词。类似的复合词出现多了,就有可能初步形成一种新的词法结构,这种词法结构经过类推,便应用得广泛起来。等这种词法结构被人们掌握以后,人们就可以直接利用它来创造新词了。这样,我们就从义素分析的角度对复合词的构成进行分析,把研究复合词构造的视角放在分析其词义的组成成分——词素上,来看各词素的语义特征是怎样经过"重新分析"组合成复合词词义的。这就深入到复合词的构成成分——词素的内部,运用义素分析法,从复合词的深层结构探索复合词的构成特点。

在这里,我们借助语法化学说的两个原则来说明原本属于不同词素的义素是怎样经过重新组合后形成新的义素序列——义位的。

---

① 施春宏《名词的描述性语义特征与副名组合的可能性》,中国语文,2001年,第3期。施春宏(2001)文中讲的描述性语义特征相当于描述性义素,在文中他讲了名词性描述语义特征的四种显现方式,并分析了对名词性描述语义特征提取的三种操作方式,我们具体提取词的义素时可以借鉴他的这种做法。

② 也包括语音变化,但这种变化对于今人来说已经较难知晓了,所以我们在这里主要分析单音词成为词素后发生的语法和语义变化。

语法化主要通过"重新分析"和"类推"来实现的。"重新分析"是指一个词语或一类词语表层形式没有明显变化而内部结构发生变化的过程和现象。在交际过程中,听话人听到前者这样的输出结果后,联想到普遍的语法规则允许生成这样的结构,从而推测它可能是后者这样的结构,这就是类推。这样的例子经常反复出现,于是便由句法结构变成词法结构了①。类推就是把重新分析所形成的词法结构扩散开来。

　　重新分析和类推的区别是:(1)重新分析改变底层表达式(不管是语义的,还是词法句法的),引起规则的改变;而类推改变的是表层形式,不造成规则的改变,只与规则的扩散有关;(2)只有重新分析能产生新的语法结构,但是类推在语法化的过程中的作用也不容低估;(3)类推是"显性的"(overt),即在表层会有所体现;而重新分析是"隐性的"(covert),在表层形式上看不出来。

　　重新分析和类推在语法化过程中交替起作用②。

　　未结合为复合词以前的单音组合是很松散的,我们可以对它进行义素分析。例如:复合词"道喜"在语义方面,由"道"的词汇性核心义素"说(祝贺)"和"喜"的词汇性核心义素"喜(事)"经过重新分析组合成新的义位"对人的喜庆事表示祝贺";语法方面,"道"语法性核心义素"动作义"不变,"喜"的语法性核心义素"动作义"降格为语法性边缘义素,而"喜"的边缘性语法义素"事物义"凸显,意为"喜事",因此"喜事"是动宾式动词。随着"道喜"这一组合体经常应用,它便凝固成了动宾式复合词。

　　像抱窝、采景、采矿、查房、产品、冲喜、出局、出师、丢脸等类似"道喜"的动宾式复合词出现多了,动宾式这种词法结构也就形成了。等动宾式词法结构形成后,人们就可以有意识地直接运用这种词法结构对客观世界中新出现的事物进行命名。"道喜"由词组凝固成复合词的过程就是一个重新分析的过程,由单个动宾式复合词的偶尔出现到动宾式复合词的成批出现就是类推在起作用。

---

①这也就是词组凝固化的另一说法词汇化。
②Hopper,P. J. *Grammaticlization*. 北京:外语教学与研究出版社,2001,第5-15页。

5.3.3 义素构词具体描写

根据 5.3.2 节对义素的分析,我们就可以以义素为单位描写联合式、偏正式、动宾式、补充式和主谓式等各类复合词,如:

(一)联合式复合词

联合式复合词指由两个(或两个以上)在语义上相同、相类、相反并且在词性上相同的词素,经过组合构成的复合词。能够成为联合式复合词词素的单音词,必须满足以下条件:

第一,必须是同词性的单音词。可以组合成两种复合词:一是复合词与其构成成分词性相同,这类词占联合式复合词的绝大多数;二是复合词的词性与其构成成分的词性不同,这类词很少。

第二,必须是在语义方面相同、相类或相反的单音词。

第三,在义素的四个小类中,必须是同类义素组合。例如:

"骨肉",在语义方面由"骨"和"肉"共同的词汇性边缘义素"人体最重要的组成部分"通过隐喻形成该词的比喻义"父母兄弟子女等最重要的亲人";语法方面"骨"和"肉"共同的语法性核心义素"事物义"不变,因此"骨肉"是名词。

"佳丽"既是形容词又是名词:作形容词,在语义方面"佳"和"丽"共同的词汇性核心义素"美好"形成新的义位"美好秀丽";语法方面"佳"和"丽"共同的语法性核心义素"性质义"不变,所以"佳丽"是形容词。"佳丽"是名词时,"佳"和"丽"共同的词汇性核心义素"美好"降格为表示修饰性的义素,而"佳"和"丽"共同的词汇性边缘义素"女子"升格为词汇性核心义素,从而形成新的义位"美好的女子";语法方面"佳"和"丽"共同的语法性核心义素"性质义"降格为语法性边缘义素,而它们的语法性边缘义素"事物义"升格成为语法性核心义素,因此"佳丽"是名词。

"殷富",在语义方面由"殷"的词汇性核心义素"丰盛"和"富"的词汇性核心义素"丰富"经过重新分析组合成新的义位"殷实富有";语法方面"殷"和"富"共同的语法性核心义素"性质义"不变,因此"殷富"仍然是形容词。

(二)偏正式复合词

1. 同词性、不同层级的义素组合成的偏正式复合词,如:

"手电",在语义方面由"手"的词汇性边缘义素"位置①"和"电"的词汇性核心义素"电筒"经过重新分析组合成新的义位"手电筒";语法方面"手"语法性核心义素"事物义"降格为语法性边缘义素仅表示修饰义,而"电"的语法性核心义素"事物义"不变,因此"手电"是名词。

"盒子枪",在语义方面由"盒子"的词汇性边缘义素"形状义②"和"枪"的词汇性核心义素"口径在2厘米以下,发射枪弹的武器"经过重新分析组合成新的义位"手枪的一种,外有木盒";语法方面"盒子"语法性核心义素"事物义"降格为语法性边缘义素仅表示"事物"的形状义,而"枪"的语法性核心义素"事物义"不变,因此"盒子枪"是名词。

"倒置",在语义方面取"倒"的词汇性边缘义素动作上下或前后颠倒的"方式"义和"置"的词汇性核心义素"搁、放"义,经过重新分析组合成新的义位"倒过来放,指颠倒事物应有的顺序";语法方面"倒"语法性核心义素"动作义"降格为语法性边缘义素表示动作"置"的方式义,而"置"的语法性核心义素"动作义"不变,因此"倒置"是动词。

"遗嘱",在语义方面取"遗"的词汇性边缘义素"死者留下"③和"嘱"词汇性核心义素"嘱托"经过重新分析组合成新的义位"死者生前或临终前留下的嘱托",语法方面"遗"语法性核心义素表动作意义隐去,语法性边缘义素"性质义"显现,"嘱"语法性核心义素"动作义"也不变,因此"遗嘱"是偏正式复合名词。

2. 不同词性、不同层级的义素组合成的偏正式复合词,如:

"绑匪"④,在语义方面取"绑"的词汇性边缘义素⑤"用绳、带等缠

---

①"手"的词汇性边缘义素"位置"表示电筒所处的位置是在手上"用手拿着",由它的词汇性核心义素"人体上肢前端能拿东西的部分"所决定。

②"盒子"的词汇性边缘义素"形状义"表示"驳壳枪"的外形像"盒子",由盒子的词汇性核心义素"用纸糊成或用木板、金属、塑料等制成的盛东西的器物(一般比较小)"所决定。

③"遗"的词汇性核心义素是"死者+留下",边缘义素的性质义表示这种东西是"死者"留下的。

④如果按照传统的构词法来分析,无疑它是动宾式合成词,但是如果用义素分析方法分析,它却是偏正式合成词。

⑤"绑"的词汇性边缘义素"方式"由它的词汇性核心义素"用绳、带等缠绕或捆扎"所决定,表示"绳、带等缠绕或捆扎"的"方式"。

绕或捆扎"的"方式"和"匪"词汇性核心义素"强盗"经过重新分析组合成新的义位"从事绑票的匪徒",语法方面"绑"语法性核心义素降格为语法性边缘义素仅表示"动作的方式义","匪"语法性核心义素"事物义"不变,因此"绑匪"是偏正式复合名词。

"化境",在语义方面由"化"的词汇性边缘义素"极高"和"境"的词汇性核心义素"境界"经过重新分析组合成新的义位"极高的境界";语法方面"化"语法性核心义素"动作义"降格为语法性边缘义素仅表示修饰义,而"境"的语法性核心义素"事物义"不变,因此"化境"是名词。

"刨床",在语义方面取"刨"的词汇性边缘义素"功能义①"和"床"的词汇性核心义素"类似床的家具"经过重新分析组合成新的义位"金属切削机床,用来加工金属材料的平面和各种直线的平面";语法方面"刨"语法性核心义素"动作义"隐去,"床"的语法性核心义素"事物义"成为语法性核心义素,因此"刨床"是偏正式复合名词。

"车裂",在语义方面取"车"的词汇性边缘义素"方式义"和"裂"的词汇性核心义素"破成两部分或几部分"经过重新分析组合成新的义位"以马车(一般为五辆)拉人的方式,把人分拉撕裂致死(古代的一种残酷的死刑)";语法方面"车"语法性核心义素"事物义"隐去,"裂"的语法性核心义素"动作义"成为语法性核心义素,因此"车裂"是偏正式复合动词。

(三)动宾式复合词

动宾式复合词就是由表示动作行为的词素和表示与该动作行为有关的词素,经过组合构成的复合词。例如:

"扒车",在语义方面由"扒"的词汇性核心义素"抓着"和"车"的词汇性核心义素"有轮子的运输工具,如火车、汽车等"经过重新分析组合成新的义位"攀上行驶的火车、汽车等";语法方面"扒"语法性核心义素"动作义"不变,"车"的语法性核心义素事物义不变,由于长时

---

①"刨"的词汇性边缘义素"功能义"由词汇性核心义素"用刨子或刨床刮平木料或钢材等"决定,表示"刨子或刨床"这种动作的功能、用途。

间高频率的应用,"扒车"由动宾结构词汇化为动宾式复合动词①。

"监考",在语义方面由"监"的词汇性核心义素"监视"和"考"的词汇性核心义素"考试"经过重新分析组合成新的义位"监视考试";语法方面"监"语法性核心义素"动作义"不变,"考"的语法性核心义素"动作义"降格为语法性边缘义素,而"考"的与动作有关的语法性边缘义素事物义升格为语法性核心义素,因此"监考"是动宾式复合动词。

"发呆"是由动词性词素和形容词性词素组合成的动宾式复合动词。其重新组合过程是:在语义方面由"发"的词汇性核心义素"显现"和"呆"的词汇性核心义素"不灵活"经过重新分析组合成新的义位"因着急、害怕或心思有所专注,而对外界事物完全不注意";语法方面"发"语法性核心义素"动作义"不变,"呆"的语法性核心义素"性质义"降格为语法性边缘义素,而"呆"的与动作有关的语法性边缘义素事物义升格为语法性核心义素,因此"发呆"是动宾式复合动词。

(四)主谓式复合词

主谓式复合词就是表示被陈述的词素和陈述的词素经过组合,构成的合成词。例如:

"地震"在语义方面,由"地"的词汇性核心义素"地球、地壳"和"震"的词汇性核心义素"震动"经过重新分析组合成新的义位"地壳震动";语法方面"地"的语法性核心义素"事物义"不变,"震"的语法性核心义素"动作义"也不变,由于长时间高频率的作用,"地震"由主谓结构化为主谓式复合动词,因此"地震"是主谓式复合动词。

"车流"②在语义方面,由"车"的词汇性核心义素"有轮子的运输工具,如火车、汽车等"和"流"的词汇性核心义素"流动"经过重新分析组合成新的义位"道路上像河流似的连续不断行驶的车辆";语法方面

---

①"扒车"和"刨床"同是"动词+名词"的结构,按照传统的构词法分析他们都是动宾式合成词,如果深入到构词素材内部,他们的构成情况却不同,前者是动宾式合成动词,后者是偏正式合成名词。

②"车流"和"车裂"同是"名词+动词"的结构,按照传统的构词法分析他们都是主谓式合成词,如果深入到构词素材内部,他们的构成情况却不同,前者是主谓式合成动词,后者是偏正式合成动词,这主要是由"车"在构成"车流"和"车裂"中的义素不同造成的,在"车流"取"车"的词汇性核心义素,"车裂"中取"车"的词汇性边缘义素。

"车"语法性核心义素"事物义"不变,"流"的语法性核心义素"动作义"不变,因此"车流"先是一个主谓结构,后来词汇化为主谓式复合动词。

(五)补充式复合词

补充式复合词产生的复合词词素和词素间具有补充关系,常常是后一个词素补充前一个词素,复合词的词义以前一个词素为主。例如:

"提高"在语义方面,由"提"的词汇性核心义素"使+事物+由下往上移"和"高"的词汇性核心义素"高度"经过重新分析组合成新的义位"使位置、程度、水平、数量、质量等方面比原来高";语法方面"提"语法性核心义素"动作义"不变,"高"的语法性核心义素"性质义"降格为"补充义",因此"提高"是补充式复合动词。

值得注意的是,原单音词的核心性义素或边缘性义素,构成新的复合词后,在新词的词义中,原单音词的核心性义素有可能仍是核心性义素,也有可能变成边缘性义素,原单音词的边缘性义素在新词的词义中有可能仍是边缘性义素,也有可能变成核心性义素,这要看它们在新词词义中所起的作用而定。

5.3.4 结语

总之,只要语法、语义和语用上需要,在义素的4个层级中,不仅同词性、同类别的义素可以互相搭配,而且不同词性、不同类别的义素也可以互相搭配产生新的义素序列,形成新的义位,造出新的复合词。属于不同单音词的义素在搭配过程中,人们的运用和联想起了很大的作用,这就像语法化中的重新分析一样,使不同的义素重新排列成新的义位产生新词,类似的词多了,由于类推作用,便被人们分析为一种构词模式。

用义素分析法分析汉语的合成词,可以更清楚地描写各种构词素材构成合成词后所发生的语义变化。通过义素构词的分析,我们可以看出语义对汉语词的结构分析起着决定作用,可以很容易地看出:用基于语法构成的方法分析出来的联合式、动宾式、补充式、主谓式合成词和我们的构拟的并立式复合词相当,偏正式合成词则相当于我们构拟的主从式复合词。

第四节 复音词义变造词的心理机制

5.4.1 引言

变异是社会语言学研究的一个重要课题,陈原(1998)认为"没有变异就没有语言的发展,也就没有社会语言学。在某种意义上说,社会语言学的中心问题就是变异。"①那么什么是语言变异,其研究对象是什么呢? 当代社会语言学认为语言变异就是指某个或某些语言变体(语音、形态、句法等)随社会因素或社会变体(如阶层、性别、年龄)或其他语言因素(如语境)的变化而变化,表现在语音、语义和语法等语言的各个层面上。在共时横向范围内它的研究对象包括语体(口语体、书写体),语域(某一行业或领域使用的语言),以及不同变体的选择和混合(如双音、双语、语码转换、洋泾浜与克里奥尔语等);在历时纵向范围内包括语言的演变和消亡。

目前,学界②主要从性别、年龄、社会阶层、民族和种族等方面研究影响变异的社会因素,忽略了影响变异的心理因素。社会因素固然重要,但是影响语言发展的心理因素也不应忽视,索绪尔(2001)指出"语言符号所包含的两项要素(指概念和音响形象,前者又叫所指,后者又叫能指)都是心理的",③语言是思维的工具,作为语言两种最重要因素之一的心理因素自然也会影响语言的变异,因此我们不能否认心理因素在语言变异中起的重要作用。有鉴于此,在本节中我们充分吸取当代认知语言学的成果,来研究心理因素在语言变异中所起的作用,一方面达到丰富社会语言学中变异理论的目的,另一方面通过探讨隐喻和转喻④在复音词词义变异⑤中的作用及其具体表现形式,达

---

①陈原《社会语言学论著》卷一,沈阳:辽宁教育出版社,1998,第 524 页。
②这里的"学界"专指研究社会语言学的学者。
③索绪尔《普通语言学教程》,北京:商务印书馆,2001,第 100 页。
④有关隐喻和转喻的理论见 3.4.1 节。
⑤我们之所以把词义变异作为研究对象,是因为一方面在所有变异中,语义变异最为突出,另一方面语义与人类认知的关系最密切,这就有利于通过研究变异在语义层面的表现来探讨影响词义变异的心理机制,弄清影响语言变异的心理要素。

到最终探讨词义变异心理机制的目的。这是因为汉语的词包括单音词和以双音节为主的复音词,我们在3.5节探讨了单音词词义演变的心理机制,而词义的演变既有单音词词义的变异,也有复音词词义的变异,如果说单音词词义演变的心理机制主要是隐喻和转喻,那么复音词词义变异的心理机制是否和单音词的相同呢?这也是我们本节回答的问题之一。

本节研究的对象是一个封闭域,即运用抽样统计的方法对《现代汉语词典》(以下简称《现汉》)中具有两个(或两个以上)义项的双音节多义词①进行定量—定性式的研究。具体抽样方法是每隔200页取100页,即第1—100页,第300—400页,第600—700页,……第1500页—1600页,共统计600页,得出2862个双音节多义词,其中有2568个词是两个义项的,204个是3个义项的,63个是4个义项的,24个是5个义项的,3个是6个或6个义项以上的。依据上述社会语言学的变异理论和认知语言学关于隐喻和转喻的理论,用归纳的方法总结出2862个双音节多义词的各个义项之间重复出现的、典型的、有规律的模式,这些模式就是隐喻和转喻两种认知方式在词义变异中的具体表现模式。

5.4.2 隐喻在复音词词义变异中的具体表现

隐喻涉及两个不同认知领域事物之间的关系,它基于事物之间的相似关系,表现在认知上就是通过已知事物认识与之相似的未知事物,通常是把已知的、具体的概念映像到未知的、抽象的概念上,表现在新词语的产生上就是人们在认识新事物时用与该新事物相似的事物名称命名新事物,体现在词义变异上就是由人们熟悉的义项滋生出与之相似的新义项,从而导致一词多义现象。

根据我们的统计隐喻在双音节多义词的词义变异中起作用的共

---

①具有两个义项的双音节多义词不包括下列各类词:(1)方言词、书面语词、古今义项不同的词、具有文化典故意义的词,《现汉》中这些词的义项都作了标记,很容易辨认。(2)由于其中一个词素多义而造成的多个义项的词,例如:别字①写错或读错的字。②别号。(3)具有正反两个义项的词,例如:借①暂时使用别人的物品或金钱;借进。②把物品或金钱暂时供别人使用;借出。(4)虚词。(5)其他义项之间关系不明确的双音节多义词。以上这些词在我们统计的双音节多义词中占比例很小,大约有2%。

有 1812 个,占统计总数的 63.31%。具体来讲有以下几种模式:

（一）事物形状相似

事物形状相似主要是指未知事物与已知事物在形貌上的相似,包括事物所处位置、时间的相似,例如:

岩层(A)因受地壳运动影响形成一凹一凸的条纹(D),这叫"褶皱"①;人因衰老而在面部(B)出现一凹一凸的条纹(D),因为 A 和 B 在外形上都有 D 的特征,所以人面部的条纹也可以叫"褶皱",这样"褶皱"就有了义项①和②,如(1)。

(1)褶皱①由于地壳运动,岩层受到压力而形成的连续弯曲的构造形式。②皱纹:满脸~。

"中缝"报纸(A)左右两版之间有狭长的部分(D),叫中缝;木版书(B)每一页中间有狭长的部分(D);衣服(C)背部中间有狭长的部分(D)。属于不同范畴的事物(A)、(B)和(C)的中间都有狭长的部分(D),由于位置上的相似,人们便用"中缝"指称以上不同事物的相似部分,于是"中缝"有了三个义项,如(2)。

(2)中缝①报纸左右两版之间的狭长的部分,有的报纸在这里刊登广告或启事等。②木版书每一页中间的狭长部分,折叠起来是书口。③衣服背部中间的竖缝。

在我们统计的《现汉》中依靠事物形状相似产生词义变异的有:中缝、拔丝、白粉、簸箕、城垛、褶子等 42 个多义词,占统计总数的 1.47%。

（二）动作相似

根据事物动作相似产生隐喻影射,形成词义变异的有 849 个,占统计总数的 29.66%,包括以下几类:

a. 具体动作和抽象行为在心理印象上的相似

"把持"(A)把持朝政(B),含有 A 控制 B 的意思,这是一种实实在在的具体动作;(A)把持不住内心的激情(B),是抽象的情感行为,也含有 A 控制 B 的意思,因为都含有 A 控制 B 的意思,所以"把持"就

---

①因为《现汉》义项不是以义项出现的先后顺序排列,而是按使用频率的高低排列,所以我们不能肯定地说是第一个义项派生出其他的义项,但这并不妨碍我们运用隐喻和转喻理论来分析双音节多义词各义项间的关系。为了叙述方便,我们以第一个义项作为参照点论述其他义项与第一个义项之间的词义变异关系。

形成了两个义项,一个指具体动作,一个指抽象行为,如(3)。

(3)把持①独占位置、权利等,不让别人参与(含贬义):~财权|~朝政。②控制(感情等):~不住内心的激情。

(4)安排①有条理、分先后地处理(事物);安置(人员):~工作|~生活|~他当统计员。②规划;改造:重新~家乡的生活。

类似的有:爱慕、爱惜、昂扬、扮相、伴舞、帮腔等393个。

b. 不同类具体动作的相似

(5)搬移①搬动;移动:~家具。②搬迁:这家商店已~到东街去了。

(6)编列①编排:他把文章辑在一起,~成书。②制定规程、计划等,安排有关项目。

类似的还有:包机、报单、北极、比划、比量、比试等389个。

c. 不同类抽象行为的相似

(7)本分①本身应尽的责任和义务:~的工作。②安于所处的地位和环境:~人|守~|这个人很~。

(8)必定①表示判断或推论的确凿或必然:他得到信儿,~会来|有全组同志的共同努力,这项任务~能完成。②表示意志的坚决:你放心,后天我~来接你。

类似的还有:彼此、必然、必须、闭锁、不光、不仅等67个。

(三)特性相似

根据事物特性相似产生隐喻影射,形成词义变异的有828个,占统计总数的28.93%,包括以下几类:

a. 事物属性和人类本身属性的相似

病人(A)为了养病需要安静的环境(D),(D)的特性是没有声音,没有吵闹和喧哗;孩子(B)睡觉时的特性以及安静生活(C)的特性都含有D的特性——安稳平静没有人打扰,因此(A)和(B)、(C)的共同特性是(D),这样安静就有两个义项,一个指与事物有关的属性,一个指与人有关的属性,如(9)。

(9)安静①没有声音,没有吵闹和喧哗:病人需要~。②安稳平静:孩子睡得很~|过了几年~生活。

(10)背时①不合时宜:~商品。②倒霉:这些天真~,老遇上不顺心的事。

类似的还有:安宁、拔尖、把戏、霸道、霸王、霸主等83个。

b. 情感与行为在性质上相似

（11）暧昧①（态度、用意）含糊；不明白：态度~。②（行为）不光明，不可告人：关系~。

（12）安然①平安；安安稳稳地：~无事｜~返航｜~脱险。②没有顾虑；很放心：~自若｜只有把这件事告诉他，他心里才会~。

类似的还有：安生、暗中、暗礁、暗流、暗伤、暗昧等61个。

c. 具体事物属性和抽象事物属性之间在心理印象上的相似

（13）本末①树的下部和上部，东西的底部和顶部，比喻事情从头到尾的经过：详述~。②比喻主要的和次要的：~颠倒。

类似的还有：笨重、闭关、闭合、弊病、壁垒、避讳等219个。

d. 不同类事物特性的相似

（14）包办①一手办理，单独负责：这件事你一个人~了吧。②不和有关的人商量、合作，独自做主办理：~婚姻｜~代替。

（15）卑贱①旧时指出身或地位低下：出身~。②卑鄙下贱：行为~。

类似的还有：半路、膀子、包皮、包租、堡垒、暴发等465个。

（四）功能相似

功能相似是指不同类动作或不同类事物具有相似的功能，例如：带子（A）的功能是搭在肩上系住裤子或裙子，这种带子叫"背带"，皮带（B）（或帆布袋子）的功能是背背包、枪等，因为B在功能上和A相似，所以可以用指称A的"背带"来指称B，于是"背带"就有了两个义项，如（16）。

（16）背带：①搭在肩上系住裤子或裙子的带子。②背背包、枪等用的皮带或帆布袋子。

依靠功能相似，产生词义变异共有93个，占统计总数的3.25%，例如：

（17）把手①拉手。②器物上手拿的地方：把儿。

类似的还有：绊子、包头、保险、保养、刨床、本钱等。

5.4.3 转喻在复音词词义变异中的具体表现

转喻涉及同一个认知领域内事物之间的关系，它基于事物之间的相关关系，表现在认知上就是由已知事物认识与之有关的未知事物，表现在新词语的产生上就是人们在认识新事物时用与该新事物有关的事物名称命名新事物,体现在词义变异上就是由人们熟悉的义项滋生出与之相关的新义项,从而导致一词多义现象,据统计转喻在双音节多义词的词义变异中起作用的共有849个,占统计总数的29.66%。转喻在词义变异中的主要模式,我们概括如下:

(一)表事物动作的动词常用来指称与该动作有关的事物或该动作的特性

表事物动作的动词性义项可以转指与该动作有关的事物形成名词性义项或转指与该动作有关的特性形成形容词性义项,这样形成的多义词是兼类词,一个是动词性义项,另一个是名词性义项或形容词性义项。据统计这样产生的词义变异共有465个,占统计总数的16.25%,主要有以下几种转换方式:

a. 动作与动作结果之间的转换

这类多义词的两个义项,一个表示动作行为是动词性义项,另一个表示该动作行为的结果是名词性义项。可能是由表示动作的义项通过转喻产生表示动作结果的义项,也可能是反过来由表示动作结果的义项通过转喻产生表示动作的义项,共有84个,例如:

(18)板书①在黑板上写字:需要~的地方,在备课时都作了记号。②也指在黑板上写的字:工整的~。

(19)安息①安静的休息,多指入睡:一路劳顿,请早点~。②对死者表示悼念的用语:~吧,亲爱的战友。

类似的还有:安歇、扒拉、巴望、拔腿、摆渡、摆平等。

b. 动作与动作主体之间的转换

这类多义词的一个义项表示动作是动词性义项,另一个义项表示该动作行为的主体是名词性义项。可能是由表示动作的义项通过转喻产生表示动作主体的义项,也可能是反过来由表示动作主体的义项通过转喻产生表示动作的义项,这类词共有87个,例如:

(20)暗探①从事秘密侦查的人。②暗中刺探:~军机。

(21)把势①武术:练~的。②会武术的人;精于某种技术的人:车~|论庄稼活,它可真是个好~。

类似的还有:败军、伴游、帮办、帮闲、帮凶、帮佣等。

c. 动作与动作客体之间的转换

这类多义词的两个义项的词性也不相同,一个义项表示动作是动词性义项,另一个义项表示该动作行为的客体是名词性义项。可能是由表示动作的义项通过转喻产生表示动作客体的义项,也可能反过来由表示动作客体的义项通过转喻产生表示动作的义项,共有294个,例如:

(22)悲歌①悲壮地歌唱:慷慨~|~当哭。②指悲壮的或哀痛的歌:一曲~。

(23)布告①(机关、团体)张贴出来告知群众的文件:出~|张贴~。②用张贴布告的方式告知(事项):特此~|~天下。

类似的还有:安顿、安家、包裹、彩绘、彩印、策略等。

d. 动作与跟该动作相关的其他事物之间的转换

(24)被覆①遮盖;蒙:山上~着苍翠的森林。②遮盖地面的草木等:滥伐森林,破坏了地面~。③军事上指用竹、木、砖、石等建筑材料对建筑的内壁和外表进行加固。

(25)抽纱①刺绣的一种。在亚麻布和棉布等材料上,根据图案设计,抽出花纹部分的经线或纬线,形成透空的花纹:~工艺。②用抽纱方法制成的窗帘、台布、手帕等工艺品。

此外还有:笔会、诚心、尺码、酬报、酬答、出活等。

(二)表事物的名词常用来指称该事物有关的部分或与该事物有关的其他事物

指称事物的名词性义项常用来转指与该事物有关的部分或与该事物有关的其他事物形成名词性义项,这样产生的词义变异共有165个,占统计总数的5.77%,主要有以下几种转换方式:

a. 材料与材料制成品之间的转换

(26)报纸①以国内外社会、政治、经济、文化等新闻为主要内容的散页的定期出版物,一般指日报。②纸张的一种,用来印报或一般书刊。也叫白报纸或新闻纸。

b. 位置与位置有关的事物之间的转换

(27)案头①几案上或书桌上:~日历|~放着一些参考书。②指案头工作。

c. 原因与结果之间的转换

(28)骄傲①自以为了不起,看不起别人:~自满。②自豪:我们都以是炎黄子孙而感到~。

d. 工具与和这种工具有关的事物之间的转换

(29)冰球①一种冰上运动,用冰球杆把球打进对方球门得分,分多的为胜。②冰球运动使用的球,饼状,用黑色的硬橡胶做成。

e. 容器与所盛物品之间的转换

(30)备注①表格上为附加必要的注解说明而留的一栏。②指在这一栏内所加的注解说明。

f. 部分与整体之间的转换

(31)北曲①宋元以来北方诸宫调、散曲、戏曲所用的各种曲调的总称。②元代流行于北方的戏曲。

g. 个体与集体之间的转换

(32)鞭炮①大小爆竹的统称。②转指成串的小爆竹。

类似的还有:八角、巴豆、芭蕉、刨床、扁豆、扁桃等。

(三)表事物特性的形容词常用来指称与该特性有关的事物、动作等

表事物特性的形容词性义项常用来转指与该特性有关的事物、动作等,形成指称该事物的名词性义项或表示该事物动作的动词性义项,这样形成的多义词是兼类词,一个是形容词性义项,另一个是名词性义项或动词性义项。据统计这样产生的词义变异共有219个,占统计总数的7.65%,主要有以下几种转换方式:

a. 事物的特性和具有这种特性事物之间的转换

(33)霸气①蛮横,不讲道理:这个人说话太~了。②专横的气势。

类似的还有:笔头儿、笔下、不顾等。

b. 事物的动作特性和该事物的动作之间的转换

(34)败坏①损害;破坏(名声、风气等):~门风|~声誉|~纪律。②(道德、纪律等)极坏:道德~|纪律~。

类似的还有:不迭、昌明、振奋、震惊、镇定、整饬等。

5.4.4 隐喻和转喻在复音词词义变异中共同起作用

在我们考察的双音节多义词中,有186个多义词的义项是3个或3个以上的,它们的义项是由隐喻和转喻在词类变异中共同起作用产生的,占统计总数的6.49%,例如:

(一)三个义项的双音节多义词

三个义项的双音节多义词共有 126 个,例如:

(35)把握①握;拿:司机~着方向盘。②抓住(抽象的东西):~时机|透过现象,~本质。③成功的可靠性(多用于"有"和"没"后):球赛获胜是有~的。

把握的义项①和义项②之间是具体动作和抽象行为在功能上的相似,义项②和义项③是抽象行为和由该行为造成的结果相关。

(36)白茬①农作物收割后没有再播种的(土地):~地。②(木制器物)未经油漆的:~大门|桌椅还是~,得请人油一油。③(皮衣)未用布、绸等缝制面的:~老羊皮袄。

白茬的义项①和义项②之间是具体事物的特性和具体事物的特性在特征上的相似,义项②和义项③是具体事物的特性和与具有该特性事物相关。

类似的还有:梆子、包袱、包围、被套、本来、笔记等。

(二)四个义项及其四个以上的双音节多义词

四个义项及其四个以上的双音节多义词共有 60 个,例如:

(37)报子①报告消息的人;探子(多见于旧戏曲、小说)。②旧时给得官、升官、考试得中的人家报喜而讨赏钱的人。③报单:贴~。④指海报或广告:新戏的~一贴,轰动了全城。

报子的义项①和义项②是不同行业的人在功能上的相似,义项③④和义项①②是动作主体和动作客体的相关,义项③和④则又是不同事物在事物特性上的相似。

(38)背景①舞台上或电影、电视剧里的布景。放在后面,衬托前景。②图画、摄影里衬托主体事物的景物。③对人物、事件起作用的历史情况或现实环境:历史~|政治~。④指背后依仗的力量:听他说话的气势,恐怕是有~的。

背景的义项①和义项②是不同类事物之间作用上的相似,义项①②和义项③④是具体事物和抽象事物在心理印象上的相似。义项③和④则又是表现一定性质(特性)的抽象事物—具有这种性质(特性的)抽象事物的相关。

类似的还有:比方、标本、不堪、不胜、不行$_5$、窗口$_6$等。

5.4.5 结语

我们运用抽样统计的方法统计了《现汉》中2862个双音节多义词①,得出以下结论:

(一)单音词词义演变和复音词词义变异的心理机制都是隐喻和转喻,隐喻和转喻在单音多义词的词义演变中交替起作用,从而使单音词词义的演变非常复杂;复音词词义的变异相对来讲简单一些,例如:在我们统计的2862个双音节多义词中,隐喻在词义变异中起作用的共有1812个,占统计总数的63.31%,转喻在词义变异中起作用的共有849个,占统计总数的29.66%,两者共同起作用的186个,占统计总数的6.49%,我们的统计表明隐喻在复音词词义起的作用要比转喻大。

(二)复音词的词义变异也主要体现在名词、动词、形容词三个大类上,并且发生变异的双音节多义词义项也大都是名词、动词和形容词等三类词的义项的增多。这再次说明名词、动词和形容词是三个开放的大类,我们平常说的词汇随着社会生活的发展而不断丰富发展就是指一方面三类词在数量上不断增多,另一方面三类词在义项上不断丰富。

(三)由隐喻形成的多义词各个义项的词性基本相同,转喻形成的多义词各个义项的词性大部分不相同。

第五节　现代汉语词的构成特点和生成特点

5.5.1　现代汉语构词法简表

现代汉语构词法体系是在近代汉语构词法体系的基础上发展起来的,是对近代汉语构词法体系的进一步巩固。汉语构词法在现代汉语中已经完善,现代汉语中处于使用状态的单音词绝大多数是属于基本范畴词的单音词,属于单音节的下位范畴词除了在特殊的文体中应用外,已不再产生,下位范畴词是以双音节合成词占绝大多数,这些合

---

①《现汉》共1689页,我们统计了600页,得出2862个双音节多义词,应该说这个数量约占《现汉》双音节多义词的三分之一,因此我们得出的结论是有一定的代表性的。

成词是在单音的基本范畴词的基础上产生的。

复音单纯词的能产性也已经停止。

根据现代汉语复合词的语义构成特点,我们把现代汉语复合词语义构词法列为下表:

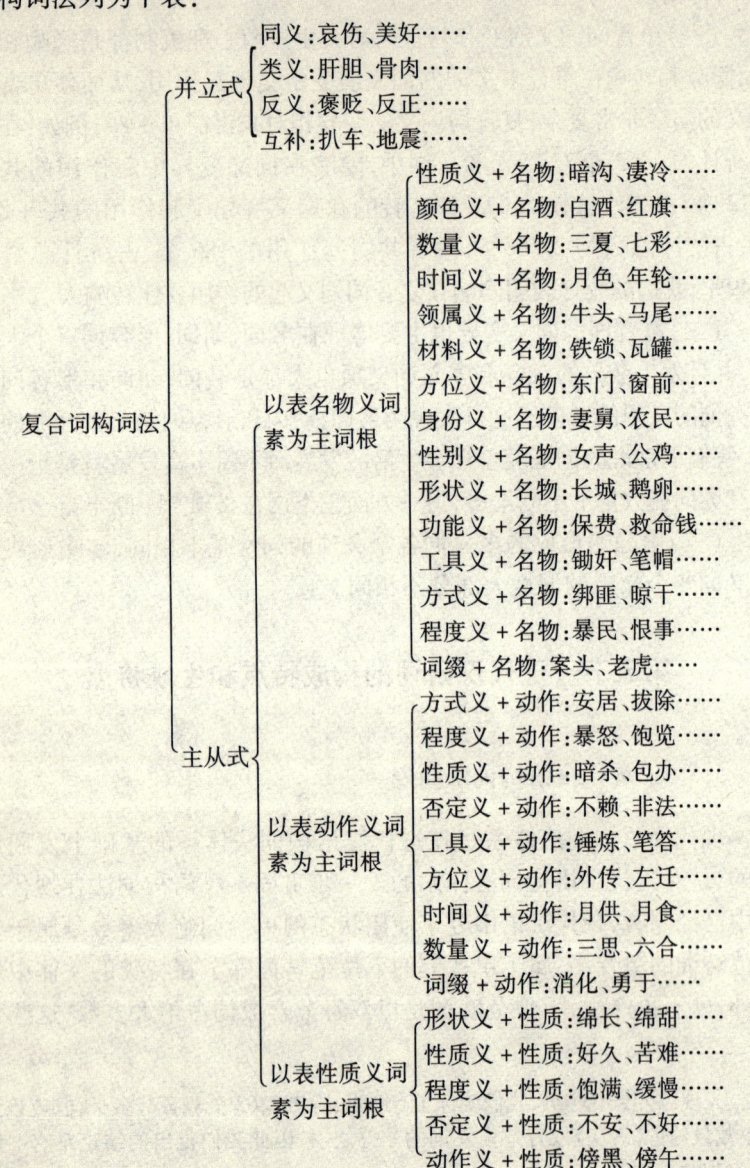

复合词构词法
- 并立式
  - 同义:哀伤、美好……
  - 类义:肝胆、骨肉……
  - 反义:褒贬、反正……
  - 互补:扒车、地震……
- 主从式
  - 以表名物义词素为主词根
    - 性质义+名物:暗沟、凄冷……
    - 颜色义+名物:白酒、红旗……
    - 数量义+名物:三夏、七彩……
    - 时间义+名物:月色、年轮……
    - 领属义+名物:牛头、马尾……
    - 材料义+名物:铁锁、瓦罐……
    - 方位义+名物:东门、窗前……
    - 身份义+名物:妻舅、农民……
    - 性别义+名物:女声、公鸡……
    - 形状义+名物:长城、鹅卵……
    - 功能义+名物:保费、救命钱……
    - 工具义+名物:锄奸、笔帽……
    - 方式义+名物:绑匪、晾干……
    - 程度义+名物:暴民、恨事……
    - 词缀+名物:案头、老虎……
  - 以表动作义词素为主词根
    - 方式义+动作:安居、拔除……
    - 程度义+动作:暴怒、饱览……
    - 性质义+动作:暗杀、包办……
    - 否定义+动作:不赖、非法……
    - 工具义+动作:锤炼、笔答……
    - 方位义+动作:外传、左迁……
    - 时间义+动作:月供、月食……
    - 数量义+动作:三思、六合……
    - 词缀+动作:消化、勇于……
  - 以表性质义词素为主词根
    - 形状义+性质:绵长、绵甜……
    - 性质义+性质:好久、苦难……
    - 程度义+性质:饱满、缓慢……
    - 否定义+性质:不安、不好……
    - 动作义+性质:傍黑、傍午……

现代汉语构词法和近代汉语构词法在语义构成上基本一样,是对近代汉语构词法的巩固。现代汉语复合词中,人名、地名、官职名等专有名词占复音词总数的比例继续下降,占复音词总数的比重进一步降低,并立式复合词的能产性继续下降,主从式复合词的能产性继续升高。

从构词素材看,充当现代汉语复合词素的单音词主要有以下三类组合,与近代汉语相比:

(1)基本范畴词和基本范畴词组合继续增多。
(2)基本范畴词和下位范畴词组合罕见。
(3)下位范畴词和下位范畴词组合罕见。

与近代汉语相比,现代汉语中处于使用状态的单音词几乎全部是属于基本范畴词的单音词,它们不仅使用频率最高,而且基本成为复合词的构词素材;单音节下位范畴词的产生处于停滞状态,除了在一些特殊场合使用外基本不再使用;所以出现了(1)类组合继续增多,(2)(3)类罕见的情况。

现代汉语复合词的使用频率继续提高,常用复合词的使用频率大多在 7 次以上,三音节或三音节以上的复合词大量出现,复合词词素之间的结合日趋紧密,常用复合词的义项在 3 个以上的增多。

5.5.2 现代汉语造词法简表

根据现代汉语词的生成特点,我们把现代汉语造词法列为下表:

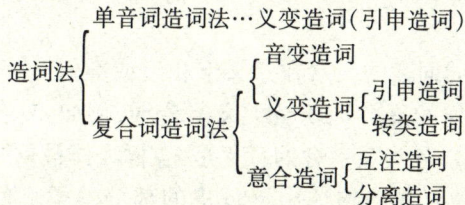

现代汉语单音词造词法中音变造词已经停滞,义变造词还起作用。复合词造词法中音变造词继续存在,复合词造词法的能产性占了一统天下的趋势,义变造词法的能产性超过了单音词的义变造词法。

现代汉语时期产生的新词绝大多数都是属于基本范畴词的单音词通过意合造词法的方式产生的。意合造词产生的新词主要是以双音节为主的下位范畴词,其能产性超过了单音词造词法。意合造词法中互注造词能产性下降,分离造词占了绝对优势。

第六节　广西粤语复合词的语义构词法研究

本节主要运用我们构拟的汉语构词法体系来分析广西粤语复合词的语义构成情况①。按照构成粤语复合词的词素的意义在复合词词义构成中所占的均衡度作为标准,粤语复合词可分为两大类并立式复合词和主从式复合词。如果词素义在复合词词义中的意义地位是相等或基本相当的,那么我们称之为并立式复合词;如果词素义在复合词中的意义地位是不平等的,复合词的词义总是以其中的某一个词素为主,另一个词素起修饰、限制或陪衬作用,那么我们称之为主从式复合词。按照并立式和主从式复合词内部的语义构成,各自还可以再分次小类。具体构成情况,我们描述如下。

5.6.1　并立式复合词的构成情况

按照构成并立式复合词词素之间的语义关系,可分以下四类:同义、类义、反义和互补。

（一）同义:构成复合词的词素具有共同的义素,这些义素在语义上同属一个义类,这样的复合词就是同义复合词,例如:复合词"管理"词素"管"和"理"的相同义素是"管理",两个词素合起来的意思是"保管和照料",类似的还有:蠢傻、检查、孤独、呕吐、娇惯、告诉、丢失、缝缝(缝儿)……。

（二）类义:构成复合词词素的义素在意义上相近或类似,这些义素不属于同一个义类,这样的复合词就是类义复合词,例如:复合词"骨肉"词素"骨"的意义是"骨头",蕴含的意义是"支撑人体最重要的组织","肉"的意义也是"人和动物体内接近皮的部分的柔韧的物质",蕴含的意义是"构成人体最重要的组织",两个词素合起来的意思是"喻指父母兄弟子女等亲人",类似的还有:烟尘、诬赖、埋葬、传

---

①本节采用的语料主要来自:林亦、覃凤余《广西南宁白话研究》,广西师范大学出版社,2008;李连进、朱艳娥《广西崇左江州蔗园话比较研究》,广西师范大学出版社,2008;梁伟华、林亦《广西崇左新河蔗园话比较研究》,广西师范大学出版社,2008;唐昌曼《桂北平话与推广普通话研究》,广西民族出版社,2005。

染、喜欢、闹热、清静、爱惜……。

（三）反义：是具有相反或相对义素的词素组合在一起形成的复合词，例如：复合词"横直（反正）"词素"横"和"直"的意义正好相对，"横直"，两个词素合起来的意思是"横竖、反正"。类似的还有：忘记、来往、保释、讨厌……。

（四）互补：是意义互相补充而生成复合词词义的词素组合在一起形成的复合词，例如"跳舞"就是由词素"跳"和"舞"一起组合而成的，词素之间分不出轻重。类似的还有：雷劈（雷击）、心惊、月亮、眼看、眼见、顶风、过年（春节）、撒种、扯秧、生蛋（下蛋）、冲茶（沏茶）……。

同义、类义、反义复合词相当于传统的联合式合成词，互补复合词相当于动宾式、主谓式、补充式合成词。

5.6.2 主从式复合词的构成情况

主从式复合词中意义的主要承担者叫主词素，偏词素起修饰、限制主词素的作用，一般地讲主词素决定复合词的词性。主词素可分为三大类：有关人或事物的、有关动作行为和有关性质状态的。

（一）主词素是有关人或事物的主从式复合词的语义构成情况

表人或事物的主词素相当于名词性词素，偏词素可以从性质、颜色、数量、时间、领属、地域、来源、方位、身份、性别、形状、动作、功能、工具、方式等方面修饰限制表人或事物的主词素，例如：

1. 性质：取偏词素的性质义素说明主词素的性质，例如"板栗"的偏词素"板"的本来意义是名词性语素，意思是"片状的较硬的物体"，主词素"栗"的意思是指坚果，在"板栗"中取"板"的所具有的性质义素"硬"修饰"栗"，说明"栗"的性质。类似的还有：雪条（冰棒）、热头、日头、好天（晴天）、冻水、酸菜、旱地、猎狗、癫狗、喜酒……。这类词数量最多。

2. 颜色：取偏词素的颜色义修饰限制主词素，例如："银河"取偏词素"银"的"银白色"义修饰主词素"河"。类似的还有：红毛泥（水泥）、花狗、乌云、黑云、白鹤、青竹蛇、白头霜……。这类词的共同特征是以事物本身的颜色来命名该事物。

3. 数量：偏词素从数量方面修饰限制主词素，例如："四眼（近视眼）"取偏词素"四"的"数量义"修饰主词素"眼"，形象地表示"人戴着眼镜,人眼+两片眼镜是四眼"。类似的还有:五步倒(蛇)、八哥(鹦鹉)、二手公头(食指)、三手公头(中指)、八字、三伏天、七姐节(七夕)、十字锄(镐)、三角麦(荞麦)、三黄鸡、八仙椅、八仙台、八角碗……。

4. 程度:偏词素通过表主词素所表事物动作行为的程度来修饰限制主词素,例如"暴雨"中"暴"表下雨的程度很大,类似的还有:暴风、细雨(小雨)、细路(小路)……。

5. 领属:偏词素修饰主词素形成的合成词词义和偏词素的意义是部分和整体的关系,合成词的意义是偏词素的一部分,例如:合成词"牛皮"所表示的意义表示的是偏词素"牛"的"皮"。类似的还有:马蹄、马鬃毛(马鬃)、山脚、山腰、牛角、牛筋……。

6. 类属:偏词素修饰主词素形成的合成词和主词素之间是大类和小类的关系,合成词是主词素的一种,例如:合成词"杉木"所表示的意义表示的是主词素"木"中的一类。类似的还有:杉木(杉树)、樟木(樟树)、牛蚊、鲫鱼、粑粑……。

7. 地域:主要以动物活动的地域或植物生长地对动植物命名,例如"山龟"表示在山里活动的一种龟,类似的还有:地豆(花生)、山羊、野猪、牛虱、田螺、狗蚤(跳蚤)、北京鸭、河鱼、塘鱼……。

8. 来源:偏词素说明主词素的来源,例如:"洋灰"的偏词素"洋"是说明这种"灰(水泥)"的制作方法来源于外国,在旧中国,工业落后,许多东西都是舶来品,这些物品也就习惯上前面加一个"洋"字。"洋灰"就是因为当时中国没有这种东西,而其色如"灰",于是就有了"洋灰"这样形象的叫法了。类似的还有:洋火(火柴)、洋油(煤油)……。

9. 方位:偏词素说明主词素所处的方位,例如:"天河"的偏词素"天"说明主词素"河"所处的位置在天上。类似的还有:天空、前日、城里头、城外底、前台、心上、水里、车外……。

10. 身份:偏词素说明类似表人的主词素的身份地位,例如:"雇工"的偏词素"雇"说明主词素"工"的身份是"雇佣",类似的还有:手艺人、仆人、老板娘、饲养员……。

11. 性别:偏词素从性别的角度说明表事物名称的主词素的性别,例如:"鸡公(公鸡)"的偏词素"公"说明主词素"鸡"的性别是雌性的。

类似的还有:鸡母(母鸡)、友女、男客……。

12. 形状:偏词素从事物形状的角度说明主词素所表事物的形状,例如:"扫把星(彗星)"的偏词素"扫把"说明主词素"星"的形状像扫帚把。类似的还有:梯田、雾水/毛水(露水)、白线虫(蛔虫)、马尾草(狗尾草)……。

13. 功能:偏词素说明主词素的功能,例如:复合词"鸡罩"中偏词素"鸡"是说明"罩"的功能——罩鸡的笼子。类似的还有:火油(煤油)、席草(芦苇)、灯草……。

14. 工具:偏词素是做成主词素的工具,例如:"水圆"表示"元宵"是放在水里煮着吃的。

15. 方式:偏词素是主词素的活动的方式,例如:"飞鼠"表示"蝙蝠"像会飞的老鼠一样,偏词素"飞"表示"蝙蝠"活动的方式。类似的还有:跳蚤、烧鹅、拉面(押面条)、燴面(下面条)……。

16. 质料:偏词素是构成主词素的原材料,例如:合成词"面包"的偏词素"面"说明"包"是以"面"为原料做成的。类似的还有:菜包、岩洞、稻草垛、笋壳……。

17. 时间:偏词素从时间方面修饰限制主词素,例如:"五月麦"取偏词素"五月"的"时间少"义修饰主词素"麦"表示"是五月成熟的麦子"。类似的还有:二季稻、五月豆、春天、夏季……。

18. 名物+词缀:老鼠、老虎、阿公、石头、骡子、辣子……。

(二)主词素是有关动作行为的主从式复合词的语义构成情况

偏词素可以从方式、程度、性质、否定等方面修饰限制表动作行为的主词素。

1. 方式:偏词素说明主词素所表动作行为的方式,例如:"窥探"的偏词素"窥"说明主词素"探"的方式是"暗中查看",类似的还有:窥探、裂开、站立、撞见、口服、撒脚(抖腿)、捡起、返生、蛙泳、押解、打呼……。

2. 程度:偏词素说明主词素所表动作行为的程度,例如:"大涨"的偏词素"大"说明主词素"涨"的程度。类似的还有:小产……。

3. 否定:偏词素对主词素所表动作行为进行否定,例如:冇合、冇啱(不和)、冇准、冇应、不得、不行……。

4. 性质:偏词素说明主词素所表动作行为的性质,例如:"私访"

的偏词素"私"说明主词素"访"的性质是"秘密的不公开的访问"。类似的还有：私愤、拜访、凉快、嫌弃……。

5. 动作+词缀：晓得、认得、行擺/左……。

（三）主词素是有关性质状态的主从式复合词的语义构成情况

偏词素可以从方式、性质、程度、名物、动作等方面修饰限制表性质状态的主词素。

1. 方式：偏词素说明造成主词素所表示事物性质状态的活动方式。例如：撒娇、跳远、跳高、誊清、仰泳、坐凉(乘凉)、分红、挂红、码倒(码起来)、拔拉……。

2. 名物：偏词素表示所表事物的颜色来修饰说明表示事物性质状态的主词素，例如："玫瑰紫"取玫瑰的粉红色修饰紫色，来说明像玫瑰一样的紫色。类似的还有：藕荷色、水绿、草绿、银灰、天蓝、蟹青、杏黄……。

3. 程度：偏词素从程度的角度修饰说明表示事物性质状态的主词素，例如：太黑、紧急、浅灰、深灰、苍白、浅绿、深蓝、深黄、粉红……。

4. 性质：偏词素从性质的角度修饰说明表示事物性质状态的主词素，例如：娇艳、浑浊……。

5. 否定：偏词素是对主词素的否定，例如：冇灵、不错……。

通过对粤语复合词语义构成的分析，我们发现粤语和汉语复合词语义构词法体系是一致的，我们构拟的基于语义构成的汉语构词法体系也同样适用于粤语，亦即粤语和汉语复合词的编码原理是一致的，不同只是表层现象，对事物的名称虽然不同但是命名的方式却是一致的。

在主从式复合词中，广西粤语主词素是有关人或事物的主从式复合词的语义构成情况与现代汉语中的构成情况基本一致，而主词素是有关动作行为的主从式复合词的语义构成情况和主词素是有关性质状态的主从式复合词的语义构成情况在广西粤语中比较少，这不知是广西粤语的真实情况，还是由于调查人在设计词汇调查时没有注意这方面的情况，有待考证。

结　论

　　我们在回顾汉语构词法和造词法研究简史的基础上,构建了基于语义构成的汉语构词法体系和造词法体系,比较具体地描写了汉语构词法发展史,揭示了汉语造词法发展史,结合语言学理论特别是认知语言学及相关学科的理论挖掘了汉语的词在不同时代的构成特点和生成特点,具体表现为以下几个专题:

　　(一)汉语构词法发展史。汉语的构词法和造词法是个老课题了,目前一些概论性的著作,例如王力《汉语史稿》、向熹《简明汉语史》、史存直《汉语词汇史纲要》、潘允中《汉语词汇史概要》等,大都用了一节或一章大约有400或1000字左右的文字从理论上叙述了汉语构词法发展概况,而我们用了将近50000字左右的一系列文章叙述了汉语构词法发展史,即《从复音词数据看上古汉语构词法的发展》、《从复音词数据看中古汉语构词法的发展》、《从复音词数据看佛教类语料构词法的发展》、《从复音词数据看近代汉语构词法的发展》、《从复音词数据看现代汉语构词法的发展》,以上五篇文章合起来可定名为《从复音词数据看汉语构词法的发展》,这一系列文章最大的特点就是用数字变化的规律说明语言变化的规律,把过去那种定性的描写给予定量的说明。基于此,我们得出以下结论:

　　(1)单音词复音化的发展趋势:单音词复音化的进程贯穿于整个汉语史,处于使用状态的单音词在词汇中的比重不断减小,而处于使用状态的复音词在词汇中的比重不断升高:上古汉语,单音词平均占词汇总数的百分比是67%左右,复音词33%左右;中古汉语,单音词平均占词汇总数的百分比是46.7%左右,复音词53.3%左右;近代汉语,单音词平均占词汇总数的百分比是26.9%左右,复音词73.1%左右;现代汉语,单音词平均占词汇总数的百分比是15.9%左右,复音词84.1%左右。

另外,在汉语史上,单音词复音化的速度在各个时期也是不相同的,例如上古汉语复音词平均每百年的增长速度是 4.6 个百分点,中古时期是 3.8 个百分点,近代汉语是 1.1 个百分点,现代汉语是 11 个百分点。

(2)处于使用状态的各类复音词的发展趋势具体表现为:上古汉语,复音单纯词平均占复音词总数的百分比 4.8% 左右,复合词 95.2% 左右;中古汉语,复音单纯词 4.2% 左右,复合词 95.8% 左右;近代汉语,复音单纯词 1.0% 左右,复合词 99.0% 左右;现代汉语复音单纯词 0.3% 左右,复合词 99.7% 左右。

由此,我们可以看出处于使用状态的各类复音词在汉语史上的发展趋势是复音单纯词的能产性不断下降,复合词的能产性不断升高。

(3)与单音词复音化发展趋势相适应汉语单音词类①的发展趋势是:上古汉语,单音动词的数量平均占单音词总数 40.9% 左右,单音名词 41.1% 左右,单音形容词 12.9% 左右;经中古到近代汉语,单音动词的数量占 40.4% 左右,单音名词 33.6% 左右,单音形容词 12.3% 左右;现代汉语,单音动词的数量占 42.6% 左右,单音名词 24.5% 左右,单音形容词 11.7% 左右。由此,我们得出处于使用状态的单音词词类的发展趋势是:单音动词占单音词词汇总数的比重不断升高,单音名词的比重不断降低,单音形容词的比重逐渐下降。

汉语复音词类发展趋势是:上古汉语,复音名词 67.7% 左右,复音动词的数量占 19.7% 左右,复音形容词 10.4% 左右;中古汉语,复音名词 56.0% 左右,复音动词的数量占 26.0% 左右,复音形容词 16.8% 左右;近代汉语,复音名词 58.9% 左右,复音动词的数量占 29.3% 左右,复音形容词 8.5% 左右;现代汉语,复音名词 50.2% 左右,复音动词的数量占 33.7% 左右,复音形容词 7.4% 左右。由此,我们得出处于使用状态的复音词词类的发展趋势是:复音动词占复音词词汇总数的比重不断升高,复音名词的比重不断降低,复音形容词的比重逐渐下降。

因此,我们得出汉语史上处于使用状态的三个开放性词类的发展趋势是:动词占词汇总数的比重不断升高,名词的比重不断降低,形容

---

① 这里主要指汉语中三个开放性的词类:名词、动词、形容词。

词的比重略有下降。

(4)各类复合词的发展趋势是：

上古汉语，偏正式复合词占复合词总数的47.0%，联合式38.4%，动宾式4.7%，主谓式0.9%，重叠式1.1%，附加式5.5%。

中古汉语，偏正式复合词占复合词总数的36.4%，联合式48.6%，动宾式5.4%，补充式1.9%，主谓式1.2%，重叠式1.1%，附加式3.4%。

近代汉语，偏正式复合词占复合词总数的59.9%，联合式18.5%，动宾式4.7%，补充式1.9%，主谓式0.6%，重叠式2.5%，附加式6.4%。

现代汉语，偏正式复合词占复合词总数的69.0%，联合式13.7%，动宾式5.2%，补充式2.9%，主谓式0.5%，重叠式1.2%，附加式7.4%。

由此，我们得出处于使用状态的各类复合词的具体发展情况是：偏正式复合词和联合式复合词是最能产的构词法，在汉语史上它们之间的数量比经过了一个变化的过程，其中中古时期联合式构词法最能产，这种变化既与语言的特点、人类思维发展的特点有关，也与汉语独特的特点有关，更与中古时期特定的文体有关；动宾式复合词的能产性有升有降看不出变化；补充式复合词的能产性略有上升；主谓式复合词略有下降；重叠式有升有降看不出变化；附加式在中古时期下降，这是因为在中古时期汉语中出现了一些新兴前缀，与此同时上古汉语的前缀逐渐消失，近代汉语和现代汉语时期更是出现了一些前缀，所以附加式复合词的能产性在中古以后开始回升。

(二)基于语义构成的构词法体系和造词法体系。

(1)通过对汉语构词法发展史的描述，可知原有的7类复合词中偏正式和联合式占全部复音词的85%左右，根据汉语复合词的这一实际特点，我们在理论上改原有复合词七分为两分，即改偏正式、联合式、动宾式、补充式、主谓式、重叠式、附加式七分法为主从式和并立式二分法，把偏正式、附加式归为主从式，把联合式归为并立式，其余占复音词总数5%左右的动宾式、补充式、主谓式、重叠式视具体情况归类。这样做的理论依据是：布龙菲尔德把语法型语言的复合词分为向心结构和离心结构，徐通锵借鉴布龙菲尔德的做法把语义型语言——

汉语的构词法分为向心构辞法和离心构辞法,受此理论的启发结合汉语各类复合词的特点,我们以词素承载复合词意义的均衡度作为标准,如果词素在复合词词义中的意义地位是相等或基本相当的,那么我们称之为并立式复合词;如果词素在复合词中的意义地位是不平等的,复合词的词义总是偏向于其中的某一个词素,另一个词素起修饰、限制或陪衬作用,那么我们称之为主从式复合词。从而建立了基于语义构成的二分法的汉语构词法体系。

这样就一改传统的以印欧语的眼光从语法方面对汉语构词法的分类,真正从汉语是语义型语言的特点出发,从语义构成的特点入手确立了基于语义构成的汉语构词法体系,以此为指导勾勒了汉语史上各个时期汉语词的构成特点。

(2)不是像以往那样从造词所用材料的特点及其变化出发,按照词的结构形式,用归纳的方法构拟汉语造词法体系;而是运用演绎的方法结合认知语言学及相关学科的理论从发生学的角度推演出汉语的造词法体系。

(三)汉语造词法发展史。

从发生学角度探讨了汉语史上各类词的生成规律。汉语经历了以单音词为主的单音词阶段和以双音词为主的复音词阶段。上古、中古汉语主要以单音词造词法为主,单音词造词通过组成单音词的两个要素——音和义的改变即音变造词和义变造词产生新词。音变造词直接通过改变词的能指产生新的词位;义变造词通过派生产生新的义位形成多义词,形成多个义位共居一个词位的情况;通过字的孳乳、类化产生新的词位,形成词族。近代、现代汉语主要以复合词造词法为主:在数量上,意合造词法产生的复合词在上古后期、中古时期就占了一定的优势,到了近代、现代汉语则完全占了绝对优势,复合词造词法继续保留了音变造词和义变造词,但复合造词占绝对优势。

(四)汉语构词和造词的优化原则。

从基于原型特征的范畴理论出发,汉语的词可以分为基本范畴词、下位范畴词和上位范畴词三类。其中属于基本范畴词的单音词是最有构词能力的,不仅在以单音词造词为主的阶段,单音的下位范畴词和上位范畴词是在属于基本范畴词的单音词的基础上滋生和繁衍出来的,就是在以双音节为主的复合词造词阶段,多音节的下位范畴词和上位范畴词也是在这些属于基本范畴词的单音词滋生和繁衍出来的。复合造词和单音造词所不同的是前者不再像后者那样以增添声符或形符形成新的词位,即通过使属于基本范畴词的单音词的词形变复杂的形式产生新词,而是通过单音词和单音词的意合产生新词。从2.6、3.6、4.5、5.5节汉语词的构成特点和生成特点可以看出,意合造词法一直遵循着优化的发展趋势:上古、中古时期,充当复合词造词素材的既有属于单音节的基本范畴词,也有属于单音节的下位范畴词,但在汉语构词法和造词法发展史上,由于属于单音节的下位范畴词不断减少,从而导致近代汉语、现代汉语中充当复合词造词成分的造词素材只有最常见且使用频率最高的单音节的基本范畴词(在现代汉语中也有部分是多音节的具有构词能力的基本范畴词)。汉语史上这种随着造词素材的减少,而造词能力却不断增加的现象,就是汉语构词和造词优化原则的表现,这一原则是与语言的经济原则相适应的,它最终达到了用最少的造词素材产生最大量的词来满足交际的需要,从而实现了有限格式①无限运用的语言运转原则。

(五)理论的运用与发展。

结合认知语言学理论重新探讨了有关汉语构词法和造词法的以下几个专题:运用认知语言学的原型范畴理论探讨汉语单音词复音化的问题;运用隐喻、换喻理论探讨了汉语词义演变的心理机制;运用语法化和框架结构理论探讨了复合词的构成成分——词素的语义特征在形成复合词词义过程的变化;探讨了意象在汉语词的生成中的作用。此外,我们还在本书中利用相关学科的理论和术语充实了本书中有关语言学的理论和术语,在利用这些理论探讨汉语构词法和造词法特点的同时也从汉语构词法和造词法的特点出发相对地发展了有关理论,例如:目前,学界公认基于原型特征的范畴理论有3个特征,我们根据范畴在汉语中词的表现,从历时的观点出发,在原有3个特征的基础上又增加了1个特征;学界公认基本范畴词有3个特点,我们根据汉语基本范畴词的特点,在原有3个特点的基础上又增加了3个特点。

从已有的构词法和造词法理论出发,结合语言学(特别是认知语

---

①这里有限的格式既指构词和造词模式的有限,也指造词素材数量的有限。

言学)理论及相关学科的理论,以服务于21世纪社会向语言学提出的任务为目标,构拟了基于语义构成的构词法体系和造词法体系。

(六)本书对有关汉语构词法和造词法的语言现象做进一步描写的同时,又进行了力所能及的解释,例如对联合式构词法为什么在中古时期最能产进行了解释,而对为什么汉语史上就处于使用状态的词来讲动词的能产性一直处在加速状态,则仅限于描写阶段等等。

(七)本书只是立足于汉语,探讨了汉语词的构成特点和生成特点。今后的设想是把我们探讨出的汉语的构词法和造词法放到汉藏语系这个大背景中去,放到世界上各种语言这个大背景中去,结合语言学及其他学科的相关理论,通过普通话与吴语、粤语等方言的对比,通过汉语与藏语、缅甸语等属于同一语系语言的对比,通过汉语和英语、阿拉伯语等属于不同语系语言的对比,进一步挖掘汉语构词法和造词法特点,找出世界上各种语言在构词法和造词法方面所显示出的共性和个性,最终实现对构词法和造词法的跨方言、跨语言研究。

所 用 语 料

《战国策》,刘向整理,《战国策笺注》,张清常、王延栋,天津:南开大学出版社,1993。

《唐传奇笺证》,周绍良,北京:人民文学出版社,2000。

《朱子语类》,〔宋〕黎靖德辑,北京:中华书局,1986。

《元人杂剧选》,顾学颉,北京:人民文学出版社,2002。

《水浒传》,〔明〕施耐庵,北京:人民文学出版社,2002。

《红楼梦》,〔清〕曹雪芹、高鹗,北京:人民文学出版社,2002。

《毛泽东选集》,毛泽东,北京:人民出版社,1991。

《常用构词字典》,傅兴岭、陈章焕,北京:中国人民大学出版社,1982。

《现代汉语频率词典》,北京语言学院语言研究所,北京:北京语言学院出版社,1986。

《古代汉语词典》,《古代汉语词典》编写组编,北京:商务印书馆,2002。

《故训汇纂》,宗福邦、陈世铙、萧海波主编,北京:商务印书馆,2003。

《现代汉语词典》,中国社会科学院语言研究所词典编辑室编,北京:商务印书馆,2005。

参 考 文 献

爱德华·萨皮尔 1985/2003《语言论——言语研究导论》,陆卓元译,北京:商务印书馆。
布龙菲尔德 1997《语言论》,袁家骅、赵世开、甘世福译,北京:商务印书馆。
岑麒祥 1956《关于汉语构词法的几个问题》,《中国语文》第 7 期。
——1960《关于构词法问题的一点意见》,《中国语文》第 4 期。
车淑娅 2004《〈韩非子〉词汇研究》,浙江大学博士学位论文。
辰苏文 1983《关于〈屈原赋〉复音词的初步探索与分析》,《承德师专学报》第 3、4 期。
陈原 1983《社会语言学》,上海:学林出版社。
——1998《社会语言学论著》卷一,沈阳:辽宁教育出版社。
陈宝勤 2002《汉语造词研究》,四川:巴蜀书社。
陈长书 2005《〈国语〉词汇研究》,山东大学博士学位论文。
陈承泽 1922《国文法草创》,上海:商务印书馆。
陈光磊 2001《汉语词法论》,上海:学林出版社。
陈建初、喻华 2004《〈释名〉释语中的复音词》,《湖南师范大学学报》第 5 期。
陈克炯 1978《左传复音词初探》,《华中师范学院学报》第 4 期。
——1982《左传词汇简论》,《华中师范学院学报》第 1 期。
程湘清 1982《〈世说新语〉双音词研究》,《魏晋南北朝汉语研究》,济南:山东教育出版社。
——1982《先秦双音词研究》,《先秦汉语研究》,济南:山东教育出版社。
——1984《〈论衡〉中联合式双音词在现代汉语中的变化》,《中国语文》第 6 期。

――1991《汉语史断代专书研究方法论》,《汉字文化》第2期。

――1992《〈论衡〉双音词研究》,《两汉汉语研究》,济南:山东教育出版社。

――2003《汉语史专书复音词研究》,北京:商务印书馆。

崔伯阜1958《关于汉语构词法》,《文史哲》第5期。

崔复爰1957《现代汉语构词法例解》,济南:山东人民出版社。

邓志强2001《〈幽明录〉复音词构词方式研究》,华中师范大学硕士学位论文。

笛卡尔2000《谈谈方法》,王太庆译,北京:商务印书馆。

丁声树等1961《现代汉语语法讲话》,北京:商务印书馆。

董璠1937《反训纂例》,《燕京学报》第22期。

董秀芳2002《词汇化:汉语双音词的衍生和发展》,四川:四川民族出版社。

董玉芝1994《〈抱朴子〉复音词构词方式初探》,《古汉语研究》第4期。

杜丽荣2004《商君书实词研究》,四川大学硕士学位论文。

冯胜利1992《汉语的韵律、词法与句法》,北京:北京大学出版社。

――2001《论汉语"词"的多维性》,《当代语言学》第4期。

符淮青1985《现代汉语词汇》,北京:北京大学出版社。

――2004《词典学词汇学语义学文集》,北京:商务印书馆。

高光新2005《〈今文尚书〉周公话与词汇的研究》,山东大学硕士学位论文。

高名凯1948/1957《汉语语法论》,北京:商务印书馆。

高小方1998/2005《中国语言文字学史料学》,南京:南京大学出版社。

高小方、蒋来娣2005《汉语史语料学》,北京:高等教育出版社。

高育花2001《〈潜夫论〉中联合式复音词的语义构成》,《中南工业大学学报》第2期。

葛本仪1985《汉语词汇研究》,济南:山东教育出版社。

――2001《现代汉语词汇学》,济南:山东教育出版社。

顾阳、沈阳2001《汉语合成复合词的构造过程》,《中国语文》第2期。

顾晔锋2004《〈穆天子传〉词汇研究》,扬州大学硕士学位论文。

郭萍2001《〈孟子〉复音词研究》,厦门大学硕士学位论文。

郭良夫 1983《现代汉语的前缀和后缀》,《中国语文》第 4 期。
——1988《语素和词与短语的关系》,《中国语文》第 6 期。
郭绍虞 1938《中国语词之弹性作用》,《照隅室语言文字论集》,上海:上海古籍出版社。
——1979《汉语语法修辞新探》,北京:商务印书馆。
郭锡良 1997《先秦汉语构词法的发展》,《汉语史论集》,北京:商务印书馆。
——1997《反训不可信》,《汉语史论集》,北京:商务印书馆。
郭预衡 1998《中国古代文学史》(一),上海:上海古籍出版社。
郭聿楷 2005《范畴结构和基本范畴词》,《中国俄语教学》第 1 期。
郭在贻 1982《唐诗中的反训词》,《浙江师范金华分校学报》第 1 期。
韩慧言 1990《〈世说新语〉复音词构词方式初探》,固原师专学报第 5 期。
韩忠治 2005《〈韩诗外传〉双音词研究》,河北师范大学硕士学位论文。
赫迈莱夫斯基 1956《上古汉语里的双音词问题》,《中国语文》第 10 期。
洪堡特 1999《论人类语言结构的差异及其对人类精神发展的影响》,北京:商务印书馆。
胡敕瑞 2002《〈论衡〉与东汉佛典词语比较研究》,成都:巴蜀书社。
胡以鲁 1923《国语学草创》,上海:商务印书馆。
胡裕树 1962《现代汉语》(第 3 版),上海:上海教育出版社。
胡运飙 1995《〈庄子〉中的复音词》,《汉语史论文集》,重庆:西南师范大学出版社。
——1997《从复音词数据看词汇复音化和构词法的发展》,《贵州文史丛刊》第 2 期。
化振红 2001《〈洛阳伽蓝记〉词汇研究》,四川大学博士学位论文。
黄志强 1986《西周春秋时代汉语构词法概说》,《求是学刊》第 3 期。
——杨剑桥 1990《论汉语词汇双音化的原因》,《复旦学报》第 1 期。
蒋绍愚 1985《从"反训"看古汉语的研究》(上),《语文导报》第 7 期。
——1989/2005《古汉语词汇纲要》,北京:商务印书馆。

——2001《汉语词汇语法史论文集》,北京:商务印书馆。
揭侠、齐明皓 2004《日语中的转喻》,外语研究第 5 期。
杰弗里·利奇 1987《语义学》,北京:上海外语教育出版社。
金兆梓 1922《国文法之研究》,上海:中华书局。
黎锦熙 1923《复音词类构成表》,《国语月刊》汉字改革号。
——1924/1956《新著国语文法》,北京:商务印书馆。
——1929《复合词构成方式简谱》,《国语旬刊》第 1 本 12 期。
——1959《汉语构词法和词素研究》,《北京师范大学学报》第 5 期。
黎良军 1995《汉语词汇语义学论稿》,桂林:广西师范大学出版社。
李昊 2003《〈焦氏易林〉词汇研究》,四川大学硕士学位论文。
李成蹊 1983《古汉语单纯双音词的几种变化形式》,《徐州师范学院学报》第 1 期。
李海燕 2005《〈盐铁论〉复音词研究》,安徽师范大学硕士学位论文。
李家树 1987《试论单音节词和双音节词在口语和书面语上的表现》,香港中国语文学会编《王力先生纪念论文集》,香港:三联书店香港分店。
李连进、朱艳娥 2008《广西崇左江州蔗园话比较研究》,广西师范大学出版社。
李如龙 1998《汉语地名学论稿》,上海:上海教育出版社。
李恕豪 1993《论语言信息和汉语词汇系统双音节化的关系》,《四川师范大学学报》第 7 期。
李先耕 1994《论汉语的单音孤立性》,《学术交流》第 4 期。
李杏华 1996《〈世说新语〉双音复合词内部形式反映对象特征类分》,《古汉语研究》第 3 期。
李幼蒸 1993《理论符号学导论》,北京:中国社会科学出版社。
力山 1954《词根》(译自苏联大百科全书),《中国语文》第 8 期。
梁伟华、林亦 2008《广西崇左新河蔗园话比较研究》,广西师范大学出版社。
梁晓虹 1991《汉魏六朝译经对汉语词汇双音化的影响》,《南京师大学报》第 2 期。
——1992《佛教典籍与近代汉语口语词》,《中国语文》第 3 期。
廖集玲 1991《论〈韩非子〉复音词》,广西大学学报第 4 期。

廖秋忠 1991《〈语言的范畴化：语言学理论中的典型〉评介》,《国外语言学》第 4 期。

列维 - 布留尔 1981/1995《原始思维》,丁由译,北京:商务印书馆。
林汉达 1952《汉语是不是单音节语?》,《中国语文》第 11 期。
林金强 2003《〈太平经〉双音词研究》,华南师范大学硕士学位论文。
林亦、覃凤余 2008《广西南宁白话研究》,广西师范大学出版社。
林杏光 1999《词汇语义和计算语言学》,北京:语文出版社。
林仲湘 1983《反训研究的意义及反训的成因》,《广西大学学报》第 7 期。
刘诚 1985《韩非子构词法初探——兼论"单音词在上古汉语里占优势"的问题》,《湖南师大学报》第 2 期。
刘复 1920/1939《中国文法通论》,上海:中华书局。
刘叔新 1985《汉语复合词内部形式的特点与类别》,《中国语文》第 3 期。
——1990《复合词结构的词汇属性——兼论语法学、词汇学同构词法的关系》,《中国语文》第 4 期。
——1998《汉语描写词汇学》,北京:商务印书馆。
刘又辛 1982《古汉语复音词研究法》,《西南师范学院学报》第 2 期。
——方有国 2000《汉字发展史纲要》,北京:中国大百科全书出版社。
——张博 2002《汉语同族复合词的构成规律及特点》,《语言研究》第 1 期。
——2005《古联绵词音变规律初探》(1945),《刘又辛语言学论文集》,北京:商务印书馆。
刘兆君 2005《〈商君书〉复音词研究》,东北师范大学硕士学位论文。
刘志生 1995《〈庄子〉复音词构词方式初探》,《喀什师范学院学报》第 4 期。
——2005《东汉碑刻复音词研究》,华东师范大学博士学位论文。
刘中福 2003《实用汉语词汇》,合肥:安徽教育出版社。
卢春红 2002《〈荀子〉复音词研究》,辽宁师范大学硕士学位论文。
鲁六 2005《〈荀子〉词汇研究》,山东大学博士学位论文。

陆志韦 1975《汉语的构词法》(修订本),北京:中华书局。
罗宾斯 1997《简明语言学史》,许德宝等译,北京:中国社会科学出版社。
吕叔湘 1941/1953《中国文法要略》,上海:商务印书馆。
——1963《现代汉语单双音节问题初探》,《中国语文》第 1 期。
——1979《汉语语法分析问题》,北京:商务印书馆。
罗常培 1950《语言与文化》,北京:北京大学出版社。
罗晓林 2005《〈撰集百缘经〉词汇研究》,湖南师范大学硕士学位论文。
骆晓平 1990《魏晋六朝汉语词汇双音倾向三题》,《古汉语研究》第 4 期。
马启俊 1995《"反训"这个术语不能成立》,《古汉语研究》第 2 期。
马真 1980《先秦复音词初探》,《北京大学学报》第 5 期,1981 年第 1 期。
马建忠 1898/1989《马氏文通》,北京:商务印书馆。
毛远明 1999《左传词汇研究》,重庆:西南师范大学出版社。
孟蓬生 2001《上古汉语同源词语音关系研究》,北京:北京师范大学出版社。
孟晓妍 2005《〈方言〉郭璞注双音词研究》,苏州大学硕士学位论文。
米万锁 1985《试论汉语的复音化问题》,《山西大学学报》第 3 期。
倪波、顾柏林 1995《俄语语义学》,上海:上海外语教育出版社。
欧阳国泰 1994《〈论语〉、〈孟子〉构词法比较》,《厦门大学学报》第 2 期。
潘文国、叶步青、韩洋 1993/2004《汉语的构词法研究》,上海:华东师范大学出版社。
潘允中 1989《汉语词汇史概要》,上海:上海古籍出版社。
彭楚南 1955《单音节问题的实质》,《中国语文》第 4 期。
皮亚杰 1981《发生认识论原理》,王宪钿译,北京:商务印书馆。
戚雨村 1997/2005《现代语言学的特点和发展趋势》,上海:上海教育出版社。
漆灏 2005《〈大庄严论经〉词汇研究》,湖南师范大学硕士学位论文。
齐冲天 1981《汉语单音节词的构成问题》,北京大学《语言学论丛》第8辑。

齐佩瑢 1984《训诂学概论》，北京：中华书局。

钱光 1992《〈墨子〉复音词初探》，《甘肃社会科学》第1期。

裘锡圭 1987《谈谈汉字整理工作中可以参考的某些历史经验》，《语文建设》第2期。

任继昉 1992/2004《汉语语源学》，重庆：重庆出版社。

任继愈 1997《中国佛教史》第一卷，北京：中国社会科学出版社。

任学良 1981《汉语造词法》，北京：中国社会科学出版社。

荣晶 2000《汉语语法构词的困惑》，《新疆大学学报》第2期。

沙夫 1979《语义学引论》，北京：商务印书馆。

单宏伟 2005《〈楚辞〉双音词研究》，武汉大学硕士学位论文。

沈怀兴 1998《汉语偏正式构词探微》，《中国语文》第3期。

沈兼士 1986《沈兼士学术论文集》，北京：中华书局。

沈孟璎 1986《汉语新的前缀化倾向》，《南京师范大学学报》第4期。

盛九畴 1983《汉语由单音词渐变为复音词的发展规律》，《学术论坛》第5期。

施春宏 2001《名词的描述性语义特征与副名组合的可能性》，《中国语文》第3期。

施光亨 1987《语素研究述评》，朱一之、王正刚选编《现代汉语语法研究的现状和回顾》，北京：语文出版社。

石毓智 2003《古今汉语动词概念化方式的变化及其对语法的影响》，《中国语文》第4期。

史存直 1989《汉语词汇史纲要》，上海：华东师范大学出版社。

束定芳 2000《隐喻学研究》，上海：上海外语教育出版社。

宋明慧 2003《〈列女传〉语言研究》，四川大学硕士学位论文。

宋培杰 2002《浅析"亲属称谓名词"的类词缀化即构成新词的特点》，语言研究（特刊）。

苏新春 1992《汉语词义学》，广东：广东教育出版社。

——2002《汉语词汇计量研究》，厦门：厦门大学出版社。

——2005《汉语释义元语言研究》，上海：上海教育出版社。

孙常叙 1956《汉语词汇》，长春：吉林人民出版社。

孙玉文 2000《汉语变调构词研究》，北京：北京大学出版社。

索绪尔 1999《普通语言学教程》,高名凯译,北京:商务印书馆。
谭代龙 2002《〈根本说一切有部毗奈耶破僧事〉词汇研究》,四川大学硕士学位论文。
唐昌曼 2005《桂北平话与推广普通话研究》,广西民族出版社。
唐钰明 1990《金文复音词简论——简论汉语复音化起源》,《语言学新探》第 7 期。
唐子恒 1998《〈三国志〉双音词研究》,《文史哲》第 1 期。
——2002《汉大赋多音词研究》,山东大学博士学位论文。
陶家骏 2003《〈说苑〉复音词研究》,苏州大学硕士学位论文。
万献初 2004《汉语构词论》,武汉:湖北人民出版社。
王力 1943、1944《中国现代语法》(上)(下),上海:商务印书馆,1985。
——1944、1945《中国语法理论》(上)(下),上海:商务印书馆,1951。
——1946《复音词的创造》,《国文月刊》第 40 期。
——1941《古语的死亡残留和转生》,《龙虫并雕斋文集》(第一册),又载《国文月刊》1941 第四期。
——1953《词和仂语的界限问题》,《中国语文》第 9 期。
——1959《汉语实词的分类》,北京大学《语言学论丛》第 4 辑。
——1980《汉语史稿》,北京:中华书局。
——1982《同源字典》,北京:商务印书馆。
——1958/1989《汉语语法史》,北京:商务印书馆。
——1990《汉语的滋生词》,《北京大学学报》第 3 期。
——2003《汉语词的社会语言学研究》,北京:商务印书馆。
王宁 1996《训诂学原理》,北京:中国国际广播出版社。
——1997《训诂学与汉语双音词的结构和意义》,《语言教学与研究》第 4 期。
王萍 2004《〈洛阳伽蓝记〉复音词研究》,西北大学硕士学位论文。
王显 1959《诗经中跟重言作用相当的"有"字式、"其"字式、"斯"字式和"思"字式》,《语言研究》第 4 期。
王洪君 1999《汉语非线性音系学汉语的音系格局与单字音》,北京:北京大学出版社。
王绍新 1987《谈汉语复合词内部的语义构成》,《语言教学与研究》第 3 期。

王树斋 1993《汉语复合词词素义和词义的关系》,《汉语学习》第 2 期。

王小莘 1999《〈高僧传〉词汇研究》,《语言学论丛》第 22 辑,北京:商务印书馆。

王玥雯 2004《鸠摩罗什五种译经复音词研究》,武汉大学硕士学位论文。

王云路 2002《百年中古汉语词汇研究概述》,《词汇训诂论稿》,北京:北京语言文化大学出版社。

王宗炎 1981《关于语素、词和短语》,《中国语文》,第 5 期。

汪维辉 2007《〈齐民要术〉词汇语法研究》,上海教育出版社。

魏达纯 1996《〈颜氏家训〉中的并列式同义(近义、类义)词语研究》,《古汉语研究》第 3 期。

魏德胜 1999《〈睡虎地秦墓竹简〉复音词简论》,《语言研究》第 2 期。

吴晓露 1984《从〈论语〉、〈孟子〉看战国时期的双音词》,《南京大学学报》第 2 期。

吴泽顺 1987《〈百喻经〉复音词研究》,《吉首大学学报》第 1 期。

伍谦光 1992《语义学导论》,长沙:湖南教育出版社。

伍铁平 1999《模糊语言学》,上海:上海外语出版社。

伍宗文 2001《先秦汉语复音词研究》,四川:巴蜀书社。

武占坤、王勤 1983《现代汉语词汇概要》,呼和浩特:内蒙古人民出版社。

郗政民 1984《反训浅说》,《西北大学学报》第 4 期。

夏丏尊 1946《双字词语的构成方式》,《国文月刊》第 41 期。

向熹 1989《〈诗经〉里的复音词》,《词汇学论文汇编》,北京:商务印书馆。

——1998《简明汉语史》,北京:高等教育出版社。

谢庆绵 1987《西方哲学范畴史》,南昌:江西人民出版社。

薛祥绥 1919《中国言语文字说略》,《国故》第 4 期。

徐从权 2003《〈释名〉双音词研究》,苏州大学硕士学位论文。

徐烈炯 1990《语义学》,北京:语文出版社。

徐世荣 1989《古汉语反训集释》,合肥:安徽教育出版社。

徐通锵 1997《语言论语义型语言的结构原理和研究方法》,长春:东北师范大学出版社。

——2004《编码的理据性和汉语语义语法形态的历史演变——附论语言结构异同的比较研究与语言理论建设》,北京大学《语言学论丛》第 30 辑。

徐振邦 1998《联绵词概论》,北京:大众文艺出版社。

许嘉璐 1987《论同步引申》,《中国语文》第 3 期。

许威汉 2002《20 世纪的汉语词汇学》,太原:书海出版社。

薛祥绥 1919《中国言语文字说略》,《国故》第 4 期。

严廷德 1992《古汉语词汇学》,成都:四川大学出版社。

阎玉文 2003《〈三国志〉复音词专题研究》,复旦大学博士学位论文。

颜洽茂 1997《佛教语言阐释——中古佛经词汇研究》,杭州:杭州大学出版社。

杨钢 1989《试论汉语复音化与语音简化的关系》,《四川大学学报》第 5 期。

杨海峰 2005《〈吴越春秋〉词汇研究》,四川大学硕士学位论文。

杨红华 1993《汉语构词法分类标准质疑》,《广西师大学报》第 4 期。

杨会永 2005《〈佛本行集经〉词汇研究》,浙江大学博士学位论文。

杨柳桥 1957《汉语语法中字和词的问题》,《中国语文》第 1 期。

杨荣祥 1988《"反训"研究综述》,《中国语文天地》第 5 期。

姚振武 1996《汉语谓词性成分名词化的原因及规律》,《中国语文》第 1 期。

叶蜚声、徐通锵 1997《语言学纲要》,北京:北京大学出版社。

叶文曦 2004《汉语语义范畴的层级结构和构词的语义问题》,北京大学《语言学论丛》第 29 辑。

易熙吾 1954《汉语中的双音词》,《中国语文》第 10 期。

殷焕先 1979《联绵字的性质、分类及上下两字的分合》,《山东大学文科论文集刊》第 2 期。

殷孟伦 1958《关于汉语复音词构词形式二三例试解》,殷孟伦著《子云乡人类稿》,济南:齐鲁书社。

殷晓明 2003《〈荀子〉复音词研究》,南京大学硕士论文。

尹斌庸 1984《汉语语素的定量研究》,《中国语文》第 5 期。

应奇 2000《概念图式与形而上学——彼得·斯特劳森哲学引论》,上海:学林出版社。

于国良 2005《〈大戴礼记〉词汇研究》,四川大学硕士学位论文。
俞敏 1984《化石语素》,《中国语文》第 1 期。
俞理明 1993《佛经文献语言》,成都:巴蜀书社。
喻华 2002《〈释名〉释语复音词研究》,湖南师范大学硕士学位论文。
喻遂生、郭力 1987《〈说文解字〉的复音词》,《西南师范大学学报》第 1 期。
袁毓林 1995《词类范畴的家族相似性》,《中国社会科学》第 1 期。
苑春法、黄昌宁 1998《基于语素数据库的汉语语素及构词研究》,《世界汉语教学》第 2 期。
张博 2003《汉语同族词的系统性与验证方法》,北京:商务印书馆。
张敏 1998《认知语言学与汉语名词短语》,北京:中国社会科学出版社。
张焕新 2004《〈法言〉复音词研究》,东北师范大学学位论文。
张世禄 1980《汉语同源词的孳乳》,《张世禄语言学论文集》,上海:学林出版社。
——1986《同义为训与同义并行复合词的产生》,吴文祺主编《语言文字研究专辑(下)》,上海:上海古籍出版社。
张寿康 1957《略论汉语构词法》,《中国语文》第 6 期。
——1981《构词法和构形法》,武汉:湖北人民出版社。
张双棣 1989《吕氏春秋词汇研究》,济南:山东教育出版社。
——1989《〈吕氏春秋〉词汇简论》,《北京大学学报》第 5 期。
张希峰 1999《汉语词族丛考》,成都:巴蜀书社。
——2000《汉语词族续考》,成都:巴蜀书社。
——2004《汉语词族三考》北京:北京语言文化大学出版社。
张谊生 2000《论与汉语副词相关的虚化机制-兼论现代汉语副词的性质、分类与范围》,《中国语文》第 1 期。
张正霞 2003《〈五十二病方〉构词法研究》,西南师范大学硕士学位论文。
——2004《〈毛公鼎〉构词法研究》,《大理学院学报》第 6 期。
张志毅、张庆云 1994《词和词典》,北京:中国广播电视出版社。
——2001/2005《词汇语义学》,北京:商务印书馆。
——2002《语言研究的创新论》,《来自首届中国外语教授沙龙的报告》,北京:商务印书馆。

章建文、赵代根 2003《〈荀子〉复音词初探》,《池州师专学报》第 1 期。

章士钊 1907《中等国文典》,上海:商务印书馆。

赵静莲 2005《〈淮南子〉合成词构词法初探》,陕西师范大学硕士学位论文。

赵艳芳 1995《语言的隐喻认知结构》,《外语教学与研究》第 3 期。

——1998《认知的发展与隐喻》,《外语与外语教学》第 10 期。

——2001《认知语言学概论》,上海:上海外语教育出版社。

赵元任 1948《北京口语语法》,1952 年李荣译,北京:开明书店。

——1968《汉语口语语法》,1979 年吕叔湘译,北京:商务印书馆。

赵振兴 2001《〈周易〉的复音词考察》,《古汉语研究》第 4 期。

锺海军 2003《〈国语〉复音词研究》,西南师范大学硕士学位论文。

周荐 1991《复合词词素间的意义结构关系》,《语言研究论丛》第六辑,天津:天津教育出版社。

——1994《词语的意义和结构》,天津:天津古籍出版社。

——1999《双字组合与词典收条》,《中国语文》第 4 期。

——2004《汉语词汇结构论》,上海:上海辞书出版社。

周伯戡 1997《佛教初传流布中国考》,台湾省:《文史哲学报》第 47 期。

周法高 1962《中国古代语法·构词编》,台湾省:台北中央研究院历史语言研究所。

周生亚 1982《〈世说新语〉中的复音词问题》,《吉林大学社会科学学报》第 2 期。

周世琦 1986《实用解字组词字典》,上海:上海辞书出版社。

周裕楷 2002《中国佛教阐释学研究:佛经的汉译》,《四川大学学报》(哲社版)第 3 期。

周祖谟 1959《汉语词汇讲话》,北京:人民教育出版社。

朱德熙 1982/2004《语法讲义》,北京:商务印书馆。

朱广祁 1985《诗经双音词论稿》,郑州:河南人民出版社。

朱庆之 1990《佛经翻译与中古汉语词汇二题》,《中国语文》第 2 期。

——1990《佛典与中古汉语词汇研究》,台北市:文津出版社。

——1992《试论佛典翻译对中古汉语词汇发展的若干影响》,《中国语文》第 4 期。

祝敏彻 1981《从〈史记〉、〈汉书〉、〈论衡〉看汉代复音词的构词法》,北京大学《语言学论丛》第 8 辑。

祖生利 2002《〈景德传灯录〉中的联合式复音词》,《古汉语研究》第 3 期。

F. Ungerer, H. J. Schmid 2001 *An introduction to cognitive linguistics*,《认知语言学入门》,陈治安、文旭导读,北京:外语教学与研究出版社。

John Lyons. 2000 *Linguistic semantics: an introduction*,《语义学引论》,汪榕培导读,北京:外语教学与研究出版社.

John R. Taylor. 1995 *Linguistic categorization: prototypes in linguistic theory*,《语言的范畴化:语言学理论中的类典型》,蓝纯导读,北京:外语教学与研究出版社。

P. H. Matthews 2000 *Morphology*,《形态学》,汪榕培导读,北京:外语教学与研究出版社。

Paul J. Hopper, Elizabeth Closs Traugott 2001 *Grammaticlization*,《语法化学说》,沈家煊导读,北京:外语教学与研究出版社。

R. A. Hudson 2000 *Sociolinguistics*,《社会语言学教程》,杜学增导读,北京:外语教学与研究出版社。

Ralph Fasold 2000 *The sociolinguistics of language*,《社会语言学》,杨永林导读,北京:外语教学与研究出版社。

后 记

　　我硕士阶段师从烟台师范学院张志毅先生攻读以词汇语义学为主的语言学理论,具有了初步的理论意识;博士阶段师从南京大学高小方先生攻读汉语史料学、语料学。南大中文系素以重视语料、重视文献考证有名,因此,在先生的指导下也就具有了初步的文献功底,这样,我就养成了在理论的指导下挖掘汉语特点的做学问的路子。在两位恩师的影响下,《汉语构词法和造词法研究》就这样诞生了,向学界交出这样一份答卷,是好是坏,心里忐忑不安! 好的,我愿意把它作为礼物献给多年来照顾我关怀我鼓励我帮助我的老师、同学、好友,借以报答他们多年来对我的培养和关爱;坏的、差的,我乐意接受批评、愿意改正,以助于学业进步、学术发展。

　　人生有涯,学海无涯,博士毕业后,来到广西大学文学院教书,领导让我上"语言学名著导读"这门院选修课。我想语言学名著可不像文学名著,文学名著可以随便拿起来读,就能读懂意思,而语言学名著不是这样,如果你不把洪堡特、索绪尔、乔姆斯基的语言学名著放在学术史上研读,就会对他们的学术价值认识不深。在这种认识之下我就以罗宾斯《简明语言学史》作为教材,给学生讲。后来经过多方询问,才知道目前中国仅有北京大学等少数学校的中文系给本科生开设中国语言学史这门课程,而西方国家的大学则在20世纪70-80年代就开设了语言学史这门必修课。

　　中文系是中国语言文学系的简称,顾名思义中文系的同学应该学习两大类课程:语言类和文学类,目前文学类课程有中国古代、现代、近代文学史和外国文学史、文学批评史等有关史的课程,而语言类却没有史的课程,我想这不利于学生全面系统地掌握知识,须知中国的语言理论大多是借用西方的,如果不学习西方语言学史,那么大多数本科学生就不知道:为什么会有印欧语这一说法? 为什么会有谱系树的提法？等等。

　　因此，我提倡全国高校中文系应为本科生开设"中国语言学史"和"外国语言学史"两门课程，我在广西大学力行推广"西方语言学史"这门课程，使广西大学成为继北京大学后在国内开设语言学史的院校之一。

　　我先是以"语言学名著导读"这门课为名，实际上成了"语言学史"主讲西方语言学史兼及中国语言学史，上了3个学期的课后，经过申请，正式开了选修课"语言学史"，有朝一日希望它成为一门必修课。

　　南京大学有个BBS叫小百合，它能把校内校外的在校生、毕业生联系起来，即使已经毕业，我也会天天登陆小百合，知道南大的近况，体会那山、那水、那情，仿佛如在校园。通过小百合我不仅可以继续关注南大的发展，还可以经常在南大身上吸取到营养。有一次在广西大学图书馆，看到有一本书是南大老师巩本栋编的《中国现代学术演进——从章太炎到程千帆》(北京：北京大学出版社，2009)，就借回来看，马上便被书中所述的各位名师的治学方法、治学原则吸引住了；联系到南大另一位老师鲁国尧在《亟需填补的空白》(《南大语言学：第三编》，北京：商务印书馆，2008)中说"如今各个学科的思想史著作琳琅满目，但笔者发现，亦有繁荣之称的中国语言学却独缺《中国语言学思想史》"；再联系到自己在教"语言学史"时知道的西方语言学家罗宾斯写语言学史的指导原则是"把语言学史放在一般学科发展的历史、放在人类思想发展史中论述"，反过来看看当今的中国语言学界：中国的语言学由小学蜕变而来，启蒙时期的语言学家兼小学家如章黄学派无不精通古今学术思想，而今的语言学界好像只是沉浸在语言学这个世外桃源之中，对学术思想比较淡然，语言学研究俨然脱离当代占主流地位学术研究。

　　于是，我就开始阅读一些学术史、思想史、学术思想史等类的著作，及至读到梁启超《清代学术概论》、《中国近三百年学术史》，钱穆《国学概论》、《中国近三百年学术史》等著作时，不觉余香满口、拍案而起、忘乎所以，忘记了自己是语言学专业的老师应该读语言类书籍而不是读这些书，大呼这才是真学问。我们搞语言学，不能游离于当今学术主流之外，应该使语言学研究汇入到中国当代学术研究的大潮

后 记

中去,为当代中国学术的繁荣增砖添瓦。

宋代黄庭坚评陈师道为学时说"读书如禹之治水,知天下之脉络",我想一个人做学问如果不懂学术史,不知学术发展脉络怎能做好呢?于是为广西大学语言学研究生开设了"当代语言学学术思想史研究"这门课程。在广西大学是没有这门课程的,因此我也是顶着其他课程的名字来上这门课,争取先上着,找时机再更名。

在广西大学是没有"当代语言学学术思想史"这门课程的,全国其他高校有没有呢?我想也可能没有吧?为此,我提倡在全国语言类的研究生中开设"语言学学术思想史"这门课程,我在广西大学力行开设"当代语言学学术思想史研究"这门课程。

以上,就是我毕业后转型的学习与工作,是为记。

广西大学　李仕春
2010 年 3 月 9 日